基本的人権の事件簿

憲法の世界へ

〔第７版〕

棟居快行・松井茂記・赤坂正浩
笹田栄司・常本照樹・市川正人　著

有斐閣選書

第７版　はしがき

2023年の暮れ行くいま，本書の執筆者はみな，第７版の刊行に向けて最後の校正にいそしんでいます。1997年にスタートしたこの本は，『基本的人権の事件簿』というタイトルそのままに，憲法をめぐるさまざまな新しい問題（＝「事件」！）の事実関係や，裁判所の判例の動きを取りこみ，日本国憲法の成熟度を見つめ続けてきました。

この本を読んでおられるみなさんは，本書が取り上げている「事件」の大半が，みなさんの少年期から成熟期にかけて世間（の一部の人々）をにぎやかせ，裁判所（多くは最高裁判所です）によって，論点の整理と回答がつけられたことに気づかれるでしょう。

1990年代から，日本は「失われた30年」などと言われるように，経済活動は停滞しつづけてきましたね。少子高齢化問題もご覧のとおりです。それでも日本国憲法の人権は，裁判所の結論はさまざまでありますが，事案はより複雑化・高度化し，弁護士さん（および憲法学者）の理論武装は，（個人の感想ですが）よりきめ細かくなってきました。

その意味で，日本国憲法の人権規定は，条文はそのままでありながら，中身はどんどん活性化してきたと思います。『基本的人権の事件簿』も，若いみなさんといっしょに成長してきたわけです。

もちろん，小学生時代からインターネットが当たり前の日常で育ってきたみなさんから見ますと，「憲法の人権規定なんてもう古いよ。ネット空間ではなんでもありなんだよ！」と感じられるかもしれません。

そうしたみなさんにこそ，答えのないようなややこしい「事件」から，憲法の人権規定（だけ）で真の問題点を発見し，説得力のある回答を引き出してゆく道筋を，この「事件簿」で楽しんでほしいですね。

いろんな新しい現象を生き抜くみなさんの近未来に，憲法と人権を活かしてゆくためにも，この「事件簿」の現実の事例が役に立ってくれることを，筆者一同，切に願います！

2023年　冬

著者一同

初版はしがき

学校にくるとちゅう，交差点で何げなく上を見ると，監視カメラがじっとみていた。何となく不気味だと思わないだろうか。いったい誰が，何のためにこのカメラをのぞいているのだろう。高校のとき，学校で髪にパーマをかけるなといわれた。バイクに乗りたかったのに，バイクに乗ることもだめだといわれた。免許を取ってもいけないという。いったい学校に何の権利があってそんなことがいえるのだろう。

じつは，こういった身のまわりに起こるさまざまなできごとが，憲法にかかわっている。「憲法」などというと，お堅い法律で，毎日の生活にあまり関係ないものだと思うかもしれない。ところが，実際には，私たちの生活のありとあらゆるところに，憲法はかかわっているのである。

この本は，これら身のまわりのできごとから憲法が問題とされた事件を集めたものである。集められた事件は，どちらかというと，典型的な憲法事件というよりは，新しい，微妙な事例ばかりである。そのどれから読んでいただいてもけっこうである。一番興味を持った事件から読んでもらえれば，それでいい。この本では，このような事件の中で，憲法がどのように問題とされたのかを探る。そして，事件の当事者の双方がどのように主張したのかを示す。そのうえで，これらの事件をどのように考えたらいいのか，この本を読む人がそれぞれ自分で結論を出せるようにするための素材を提供する。いずれの事件についても，結論を出すのは，あくまでこの本を読んだ人である。そして，自分で出した結論と，裁判所の判断を比べていただきたい。裁判所の判断をどう思うだろうか。裁判所の判断に納得したであろうか。それとも，裁判所の判断はどこかおかしいと思ったであろうか。

この本は，このような方法で，この本を読む人に憲法をもっと身近なものと感じていただき，憲法事件を考える道筋を知っていただきたいと思って書かれている。大学の法学部ではじめて憲法を学ぶ方や，法学部以外の学部で憲法を勉強しようと思う方，憲法についてあまり勉強したことはないが何となく関心だけはあるという方，これらのすべての人に，この本を通じて，憲法のおもしろさを少しでもわかっていただければ，幸いである。

1997 年 春

著 者 一 同

この本を読む前に（使用上の注意）

この本は日本国憲法を人権を中心に学ぶためのテキストです。執筆者としては，大学低学年生向けの授業のテキスト，あるいは3，4年生向けのゼミの教材といった使われ方を想定しています。レポートをまとめるための参考書という場合もあるでしょうし，法科大学院生の「未修者」の方々の自習用としても有用だと信じています。1回ずつ頭から読み下すことで一応の理解が得られるように書いたつもりですが，若葉マークの方が独習される際には，読む順序を工夫したほうがわかりやすいかもしれません。そういう方は，まず「できごと」を読み，自分ならどっちの勝ちだと思うかという裁判の見通しを立ててみて下さい。そして次に末尾の「裁判所はどのように判断したか」をチラっと見て自分の答えと合っているかを確かめ（違っていても気にする必要はまったくなし），それから教科書的にはどう考えればよいのかを知るために「考えてみよう」に目を移すのがいいでしょう。「当事者の主張」は後回しでけっこうです。「参考文献」はさらに上をめざす場合に利用して下さい。

業界用語の略語だけ，以下に記しておきます。いずれも判決文を収録した公式判例集です。

民集＝最高裁判所民事判例集　　刑集＝最高裁判所刑事判例集

判例時報（判例時報社），判例タイムズ（判例タイムズ社），判例地方自治（ぎょうせい）は，公式判例集ではありませんが，図書館によく置かれており，参照するのに便利です。LEX/DB インターネット（TKC 法律情報データベース）も，大学経由で使えれば便利です。また，『法学教室』の付録であった『判例セレクト』を1冊にまとめた『判例セレクト '86～'00』『判例セレクト 2001～2008』『判例セレクト 2009～2013 Ⅰ・Ⅱ』（2002年，2010年，2015年，有斐閣）が学生向け解説付きの判例ダイジェストとしておすすめですが，本書では，解説の初出時に合わせて『法学教室』の号数で引用しています（『法学教室』2016年7月〔430〕号以降は，「判例セレクト Monthly」として毎号の連載となっています）。

目　次

Part 1　自己決定権

Part 2 新しい人権

Part 3　元祖・基本的人権のいま

イラスト：与儀勝美
写真・記事提供：安保法制違憲訴訟の会・事件 14
時事通信社・事件 4
中京テレビ・事件 2
日本経済新聞社・事件 5，6
毎日新聞社・事件 8，20
読売新聞社・事件 18

著者紹介

◇は読者へ贈ることば

棟居快行（むねすえとしゆき）

1955年生まれ

1978年　東京大学法学部卒業

現　在　専修大学大学院法務研究科教授

主　著　『憲法フィールドノート〔第3版〕』（2006年，日本評論社）
　　　　『いちばんやさしい憲法入門〔第6版〕』（共著，2020年，有斐閣）

◇いつも心に太陽を！　憲法と，ほんの少しの勇気であなたの人生を変えてみませんか？

担当事件　2，14，15，18，概説（Part 1），「この本を読む前に」

松井茂記（まつい しげのり）

1955年生まれ

1980年　京都大学大学院修士課程修了

現　在　ブリティッシュ・コロンビア大学ピーター・A・アラード・スクール・オブ・ロー教授

主　著　『アメリカ憲法入門〔第9版〕』（2022年，有斐閣）
　　　　『日本国憲法〔第4版〕』（2022年，有斐閣）

◇法律学を学ぶには自由な発想と創造力が大切です。

担当事件　3，9，16，17，概説（Part 3）

赤坂正浩（あかさかまさひろ）

1956年生まれ

1984年　東北大学大学院博士課程満期退学

現　在　法政大学大学院法務研究科教授

主　著　『憲法1人権』『憲法2統治』（共著，第8版，2022年，有斐閣）
　　　　『憲法講義（人権）』（2011年，信山社）

◇人権を理解する鍵は，他人の苦痛に対する想像力だと思う。

担当事件　1，4，10，11

笹田栄司（ささだ えいじ）

1955年生まれ

1984年　九州大学大学院博士課程修了

現　在　早稲田大学政治経済学術院教授

主　著　『裁判制度のパラダイムシフトⅠ』（2023年，判例時報社）

『トピックからはじめる統治制度〔第2版〕』（共著，2019年，有斐閣）

◇人権問題はその国を映す鏡です。あなたの目にはどう見えたでしょうか。

担当事件　5，6，12，22

常本照樹（つねもと てるき）

1955年生まれ

1983年　北海道大学大学院博士課程修了

現　在　北海道大学名誉教授

主　著　『目で見る憲法〔第5版〕』（共著，2018年，有斐閣）

『憲法裁判50年』（共著，1997年，悠々社）

◇英国の諺に曰く，戦と訴訟と恋愛には楽しみあれど悩みも多し。

担当事件　7，19，21，23

市川正人（いちかわ まさと）

1955年生まれ

1984年　京都大学大学院博士課程学修認定退学

現　在　立命館大学大学院法務研究科特任教授

主　著　『基本講義 憲法〔第2版〕』（2022年，新世社）

『現代の裁判〔第8版〕』（共著，2022年，有斐閣）

◇やさしそうに見えるものは難しく，難しそうなものが実はやさしい。学問に王道なし。

担当事件　8，13，20，24，概説（Part 2）

Part 1
自己決定権

事件 1　頭髪の自由
事件 2　障害者の自由
事件 3　母親となる権利
事件 4　同性婚の権利
事件 5　性同一性障害者の自由
事件 6　再婚の自由
事件 7　治療拒否の自由
事件 8　ダンスの自由

わたしはわたし

「自己表現」とか「自己実現」といった言い方が，最近日常的に用いられている。自分らしさを人に伝えたり，自分の夢を追い続けるのが人生の意味なのだと人々が感じはじめたためだろう。お仕着せの人生観や価値観に流されるのでなく，本当の自分と向きあい，この世にふたりといない自分を大事にし，自分の自分による自分のための人生を生きたいというわけである。このように「自分を生きる」うえで何よりも大事なのが，いかに生きいかに行動するかを他人に干渉されずに自分で決めることができること，すなわち自己決定権の保障なのである。

このように重要な自己決定権というものについて，実は日本国憲法はまったく触れていない。しかし条文をよく読むと，13条は「生命，自由及び幸福追求に対するその他の権利」（まとめて「幸福追求権」という）を各人に保障している。この幸福追求権は，個人の尊厳（13条は「個人の尊重」という表現を使っている）を実現するためのものだといえる。ところが，個人が人間としてのプライドをもった，尊厳ある存在として尊重されるためには，自己決定権はなによりもまず保障されなければならない人権だといえる。そこで自己決定権は，13条の幸福追求権に当然に含まれると理解すべきなのである。

なお，学説のなかには，13条に自己決定権を含めることに否定的な見解もある。しかし，そのような見解も個人の自己決定がみんなの多数決でおびやかされてもいいと主張しているわけではない。むしろ自己決定権という人権ふうの言い方よりも，端的に民主主義的多数決によっても決めていいこと（もともと公共のルールに関する事柄）と決められないこと（つまり個人が自己決定すべき事柄）があるのだ，という観点から問題をとらえ直そうという提案なのである。

この提案には共感するが，少なくとも比喩的な表現として「自己決定権」という言葉を使うことは許されるだろう。

❊ 自己決定といっても…… ❊

自分の人生を自分で決めたいという願望は誰でも持っている。しかし，自分の人生を100パーセント自分で決められる人など，どこにもいない。人間は個人の生まれ育った環境を選べないし，生きる時代を選べない。偶然の災難を避けるすべもない。また交遊関係や結婚，就職も相手のあることであるから，自分の好みだけではどうしようもない。ゼミの教授が「さあ何でもおごってやるぞ」といっても，そこが学食だったら学生はあまり喜ばないだろう。人は偶然のいきさつや他人から与えられた条件に縛られながら，そのなかで自分の人生を可能なかぎり自己決定していくことしかできないのである。

問題は，そのようなささやかな自己決定であっても，しばしば他人や社会からの干渉にさらされているということにある。「自己表現」や「自己実現」が日常語になり，憲法解釈の世界でも「自己決定権」がキーワードとなってきたのは，それだけ自己決定が窮屈だということの表れでもあるだろう。

❊ 自己決定したいこと ❊

人は自分のことは自分で決めたいのだが，同時に他人のことには口をはさみたいという欲求を持っている。たとえば，学校から服装や髪型を強制されるのはごめんだが，派手な服の同級生を街で見かけると一言いいたくなるといった具合にである。また，自分のことを人からとやかく言われることもあるからこそ，むきになってでも自己決定にこだわるのである。そこで，自己決定権の内容としてよく挙げられるのは次のような事柄であるが，これらは同時に他人の干渉を招きやすい事柄でもある。

①服装・身なり・外観，同性愛などの性的自由，結婚，離婚といったライフスタイルの自己決定。②危険なスポーツ，飲酒運転や高速運転，登山・ヨット，ヘルメット・シートベルト不装着，喫煙といった危険行為の自己決定。③生む権利，生まない自由といったリプロダクションにかかわる自己決定。④治療拒否，安楽死，自殺といった生と死にかかわる自己決定。

①の例としては，声に障害のある議員が，議場でパソコン音声による発言のみが許され，第三者の肉声による代読という本人の希望が認められないこと（事件２参照），ホモセクシュアルの団体が公立の宿泊施設を使わせてもらえないといった差別を受けること（事件４参照）や，女性の再婚が離婚後すぐにはできないこと（事件６参照，民法 733 条１項）などが，世間の現実や法律にはある。

とくにライフスタイルに対する干渉は，広くいえばいくらでもある。結婚したら夫婦仲良く同じ名字を使え，というのも，実際には女性に「夫の人生についていけ」と強制しているようなものだから，それもあって，事実婚を選ぶ人が増えているのだろう。大人がダンスを楽しむと，「体は何 cm 離れていますか？」などと警察が干渉してくるのは，戒律に目を光らせている宗教警察とまぎらわしいほどのお節介であろう（事件８参照）。

②の例としては，道路交通法による飲酒運転の禁止，スピード制

民法 733 条　①女は，前婚の解消又は取消しの日から起算して 100 日を経過した後でなければ，再婚をすることができない。〔2016〈平成 28〉年改正〕

限やヘルメット・シートベルトの着用強制などがある。

他人の人権や安全に危害を及ぼすような自己決定は，やはり許されない。このことは，いわば当たり前である。しかし無人の道路を猛スピードでとばすことも，実際には他人に何の迷惑もかけないにもかかわらず，一律に禁止されている。ヘルメットやシートベルトは，事故の際に自分の身を守るためのものであるから，それをしないのは本人が自分で勝手にアブナイことをやっているだけである。冬山登山で遭難して無事救出されると，記者会見で計画が無謀だったのではないかなどと突っ込まれて世間にお詫びをさせられているが，あれも冬山登山自体を否定するところまでいくと，やはり自己決定権の侵害だろう。

危いことはゴメンだという常識的な国民が，自分が安全地帯にいるのは勝手なのだが，そうでない連中にも自分たちの価値観を押しつける権利は誰にもないのである。似たようなことは，本人がしたいことを，それはあんたのタメにならないよといって世間が邪魔するという場合にもあてはまる。自分にあう偏差値の大学を受けろよと進路指導の先生が押しつけるのも，どうしても行きたい大学がある受験生にとってはいい迷惑だろう。外国のポルノなんか見ずにマシなことを考えろよ，と役所から説教されると，誰だってうるさく思うだろう。

③については，女性の人工妊娠中絶を権利として認めたアメリカ合衆国の連邦最高裁判決（ロー対ウェイド判決〈1973年〉）が2022年6月24日に連邦最高裁によって破棄され，各州ごとに人工妊娠中絶を認めるか認めないか，判断が分かれてしまっている。日本でも母体保護法自体は，中絶できる場合を限定している。出産の形態については日本は完全な後進国で，代理母や試験管ベビーが話題になると，すぐ「倫理上の問題」が指摘される。中絶は胎児の生命が断

たれてしまうが，代理母は当事者の問題であって，誰の迷惑にもなりはしない。しかし日本では，なぜか中絶より代理母の方が世間の槍玉にあがるのだ（事件３参照）。女性の身体で生まれた性同一性障害者が戸籍上も男性に性別変更をし，法律婚をしたにもかかわらず，第三者の精子提供によって産まれた子を嫡出子として出生届を提出しようとしたら「父」の欄を空欄にされるという事件も記憶に残りつづけるだろう（事件５参照）。

④についてはちかごろ，無意味な延命治療はお断わり，という尊厳死の宣言が増え，他方で痛みの緩和に限定した末期がんなどの終末医療（ホスピス）が普及している。しかし，まだ医療が有効な場面での治療拒否はどうか，という難しい問題は残っている。また，カトリックやプロテスタント等のキリスト教の主要な宗派からは，異端視などがなされているようだが，聖書にかかわる，ある宗教団体（エホバの証人）は輸血しないと助からない大ケガや病気で手術の際にも，信者が輸血を受けることを戒律で禁じている。信者でない肉親は，とにかく助けてくれと医者にいい，患者は輸血されるくらいなら死んだほうがましだという。間に立たされる医者は気の毒だが，どうすべきか。がん患者本人による輸血拒否の場合に，判例は患者の側に立つことを明らかにしている（事件７参照）。

事件1 頭髪の自由

パーマをかけたら退学ですか？

S高校パーマ退学事件

最高裁（第1小法廷）1996〈平成8〉年7月18日判決

（判例時報1599号53頁）

校則による生徒の生活規制は，1980年代・90年代にいくつかの裁判事件にもなって社会の注目を浴びたが，結局たいした変化は訪れず，2020年代の今日でも，日本の中学高校における「校則文化」は健在である。しかし，しばらく下火だった校則裁判も最近また目に留まるようになり，「ブラック校則」という言葉も現れた。少子化や人々の意識の多様化のなかで，校則によるがんじがらめの生徒規制も曲がり角に来ているのではないだろうか。ここでは1980年代・90年代の校則裁判の代表である「S高校パーマ退学事件」と2022年に最高裁判決の出た「黒髪染髪訴訟」を取り上げてみたい。

☑ できごと

1987年，私立S高校の3年生だったA子さんは，「本校の生活指導について」と題する校則集で原則として禁止されていた車の免許を7月に学校に無断で取得した。これが，匿名の通報で9月になってから学校に発覚した。学校側は厳重注意の上，罰として当分の間早朝登校を命じた。上記の校則集は生徒がパーマをかけることも禁止していたが，A子さんは謹慎期間中の10月にパーマをかけ，卒業をひかえた1月の末になって担任の教師にそれを見とがめられた。

S高校女子部の職員会議は，これまでA子さんが教師に対してしばしば反抗的だったこと，運転免許を学校に無断でとったこと，その謹慎期間中に今度はパーマ禁止校則に違反したこと，これらを理由として自主退学の勧告を決定した。A子さんはすぐにはこの勧告に応じなかったが，結局1月30日付けで退学願いを出して受理された。しかし，学校側の措置がどうしても納得できなかったA子さんは，3月のなかばに退学願いを取り下げ，さらに卒業の認定などを求めて訴訟を起こした。

A子さんは第一審でも（東京地裁1991〈平成3〉年6月21日判決・判例時報1388号3頁以下），控訴審（東京高裁1992〈平成4〉年10月30日判決・判例時報1443号30頁以下）でも敗訴し，最高裁に上告して争った。

☑ 当事者の主張

1 A子さんの主張

① 憲法の人権規定は，私立高校の在学関係にも直接適用される。

② 校則でパーマを禁止したり，運転免許の取得を制限することは，憲法 13 条の幸福追求権を侵害する。
③ 自主退学勧告はきわめて重い懲戒処分なので，A 子さんの違反行為とつりあいがとれず（比例原則に反する），他の生徒の校則違反行為に対する処分と比べても不平等だ（平等原則に反する）。
④ 学校側は A 子さんに十分な弁明の機会を与えていない。だから，処分は憲法 31 条の適正手続の保障にも反する。

2 学校側の主張

① 憲法は，私立高校の在学関係には直接には適用されない。校則でパーマを禁止したり，運転免許の取得を制限することには合理的な根拠があり，違法ではない。
② 自主退学の勧告は，A 子さんの日頃の行動と，再度にわたる校則違反を総合的に判断して行われたものであるから，社会通念に照らしても合理的である。比例原則や平等原則違反とはいえない。

☑ 考えてみよう

1 校則と校則裁判の流れ

「校則」とは，もともと正式の法令用語ではなく，学校単位で法令の明示的な根拠なしに作られてきた「生徒の心得」の類の総称である。

1873〈明治 6〉年に文部省が作成した「小学生徒心得」が校則の原型ともいわれるが，その後は府県単位で，さらに 1890 年に天皇の名で教育勅語が発布されて以降は次第に学校単位で校則が作られるようになった。

第 2 次世界大戦後，民主教育の理念に従って内容には変化が見られたが，公立・私立を問わず学校が「生徒の心得」の類を作り，そのなかで服装や頭髪についても事細かな規則を定める慣習は存続した。とりわけ1970年代の後半には，生徒が教師に暴力をふるう「校内暴力」など「荒れる学校」が社会問題となり，学校による生徒の「生活指導」の強化（「管理教育」）が図られるなかで，厳しい内容の校則の制定と適用が全国的な傾向となった（大津・後掲1～34頁）。

その反動で校則に基づく生活指導をめぐるトラブルも多発し，1980年代になると，学校から懲戒処分を受けた（元）生徒と親が学校を訴える「校則裁判」も目立つようになった。その皮切りが，公立中学校の男子生徒に対する「坊主頭」の強制が問題となった「熊本丸刈り訴訟」（熊本地裁昭和1985〈昭和60〉年11月13日判決，判例時報1174号48頁）であり，このような校則裁判第1期の掉尾を飾るのがここで取り上げた「S高校パーマ退学事件」である。

1996年のこの判決以降，しばらく校則裁判も途絶えて，校則に基づく生徒の生活指導が社会の関心を呼ぶことも少なくなった。この本でも，第5版のときに他のアクチュアルなテーマに譲って，1996年判決を素材としたこの項目はカットされた。しかし，学校側の生活指導が大きく変化したわけではなく，2010年代の後半になって，校則に基づく生徒の頭髪や服装の事細かな規制が，再び社会的な注目を浴びるようになった。そのきっかけとなったのが，2021年に裁判所の判断が示されたいわゆる「黒髪染髪訴訟」である（内田＝山本編・後掲49頁）。そこで第7版では，再び校則裁判を取り上げることとなった。

2　黒髪染髪訴訟とはどんな事件か

(1)　この事件の事実関係は次のようなものだ。大阪府立Y高校は，生徒手帳などで頭髪について「ジェル等の使用やツーブロック等特異な髪型やパーマ・染髪・脱色・エクステは禁止する。また，アイロンやドライヤー等による変色も禁止する。カチューシャ，ヘアバンド等も禁止する」と定めていた。

Xさんは，2015年4月にY高校に入学したが，入学直前に，入学後の写真撮影時には髪を黒く染めて登校するよう頭髪指導を受けてこれに従った。Xさんは入学後も，1年生の5月・7月・12月・1月・3月に，髪を黒く染めるようにという4日間の期限を定めた頭髪指導を受けてこれに従ったが，Xさんの母親はその間2回，Xさんの地毛は茶色だとして頭髪指導に電話で抗議している。裁判所の認定では，頭髪指導時のXさんの頭髪は，いずれも根元は黒色で，全体的には茶色でまだらだったとされている。2年生の1学期にも，5月・6月・7月に頭髪指導が行われ，Xさんはそのたびに髪を黒く染めた。Xさんは，夏休み中の2016年7月27日までオレンジがかった茶色の髪で部活に登校し，その点について教員から厳重な指導を受けたが，帰宅後過呼吸で救急搬送された。

Xさんは2学期始業式の8月22日には全体的にまだらな茶髪で登校し，これ以降，黒く染めるようにという頭髪指導に従わなくなった。これに対して9月8日学年主任は，このままだと別室指導となって通常授業には参加できず，修学旅行にも参加できない旨を通告した。Xさんは翌9月9日以降登校しなくなり，修学旅行にも参加しなかった。高校側は12月から学習課題と解答などを交付し，Xさんがこの課題を果たしたため2017年4月に3年生への進級を認めた。

3年生になった2017年6月15日，Xさんは，母親および弁護士と共に登校したが，玄関付近に置かれた「名列表」によって，自分が名簿に記載されておらず，配属されたはずの3年5組には座席も与えられていないことを知った。母親と弁護士がこの取扱いに強く抗議したが高校側はすぐには善処せず，教育委員会の指導を受けて11月になって教室に座席を設けたことを通知した。Xさんは，結局6月15日以降登校せず，9月8日に本件訴訟を提起した。ただし，高校側から交付された課題は履修したので，高校は2018年3月末日付けでXさんの卒業を認定した。

(2) Xさんは，Y高校の過剰な頭髪指導と黒染めの強要および不登校後の措置を違法だとして，国家賠償を求める訴えを起こした。第一審大阪地裁は，「華美な頭髪，服装等を制限することで生徒に対して学習や運動等に注力させ，非行行動を防止するという目的は……正当な教育目的である」とし，校則の頭髪規制とこれに基づいて行われた頭髪指導は，「その目的，態様，方法，程度において本件高校の教員らの有する……裁量の範囲を逸脱した違法があったということはできない」と判断して，この点に関するXさんの請求は棄却した。ただし，Xさんの不登校後，3年生への進級は認めたが，名列表に氏名を記載せず，クラスに座席も設けなかった高校側の措置については，「登校回復に向けた教育環境を整える目的をもってされたものとは認められ」ないとして，この点に裁量権の逸脱・濫用があったという理由で国家賠償請求を認めた（大阪地裁2021〈令和3〉年2月16日判決・判例時報2494号51頁）。

Xさん側は敗訴部分を不服として控訴したが，控訴審はこれを退けた（大阪高裁2021〈令和3〉年10月28日判決・判例時報2524・2525合併号328頁）。Xさん側はさらに最高裁に上告受理申立てを行ったが，最高裁は中身の審理に入らず上告不受理決定を下したため，頭髪指導自体についてはXさんの敗訴のまま判決が確定した（最高裁〔第2小法廷〕2022〈令和4〉年6月15日決定，LEX/DB25593067）。

3　頭髪の自己決定は憲法上の権利か

S 高校パーマ退学事件と黒髪染髪訴訟という 2 つの事件で問題となったパーマをかけるとか髪を染めるといった頭髪の状態を決める行為は，そもそも日本国憲法で保護されているのだろうか。そんなおおげさな，と言う人もいるかもしれないが，そうではない。ヘアスタイルの選択は，誰にとっても日常的なだけに，むしろけっして些細とは言えない基本的な行為だからだ。ヘアスタイルの選択は自己表現の一種と言えるので，最初の校則裁判である「熊本丸刈り訴訟」の原告側は，これを憲法 21 条の「表現の自由」で保護された行為と解釈した。しかしその後は，むしろ服装の選択などと共に，他の人権規定ではカバーされていない一般的なライフスタイルの自己決定と位置づけられて，憲法 13 条の「幸福追求権」で保護された行為と理解されている。

憲法は，みずからが保障する権利を「基本的人権」＝人間にとって基本的な権利だと謳っているのだから（11 条・97 条），日本にいる人は誰でも日本国憲法上の権利を保障されている。つまり，S 高校パーマ退学事件と黒髪染髪訴訟という 2 つの事件の高校生の行為は，憲法 13 条で保護された行為だということになる。

4　公立高校と私立高校では違いがあるのか

(1)　S 高校パーマ退学事件と黒髪染髪訴訟という 2 つの事件の高校を見ると，S 高校パーマ退学事件の高校は私立，黒髪染髪訴訟の高校は公立である。この違いには意味があるだろうか。憲法学的には yes である。憲法が私たちに保障している人権は，直接的には公権力に向かって主張できる権利と理解されてきた。憲法上強大な強制力を認められた公権力（具体的には職務中の公務員）は，その職務に関しては自分の人権を主張できず，公権力に服従する一般市民の側が，権力の濫用に対抗する安全弁として人権を主張できる。他方，憲法は一般市民同士（「私人間（しじんかん）」）の関係には直接は関知しない。一般市民同士は契約で自分たちの権利義務を自発的に設定すればよい。これが近代法の基本的な発想だ。

そうすると，公立高校による生活指導はストレートに生徒の人権を侵害する可能性があるが，私立高校のそれは単に生徒や親との契約の問題であるようにも見える。たしかに，私立学校には，公立学校には認められない私学の教育の自由という，これも公権力に向かって主張できる憲法上の権利がある（憲法26条）。だから，黒髪染髪訴訟の場合には，Y高校によるXさんの人権の一方的な制限が問題となるのに対して，S高校パーマ退学事件の場合には，Aさんの人権とS高校の人権とがぶつかり合っているという見方も可能だ。

(2) しかし，日本の高校教育の現実を見た場合，これはあまりにも形式的な法律論だろう。たしかに，私立のS高校には，公立のY高校にはない教育上の自由を認められる部分があるが，だからといって，私立高校と生徒や親との「在学契約」は当事者の同意がありさえすれば何でも自由に決められるというわけではない。生徒の人権の制限は，入学した以上納得ずくでしょ，ということにはならず，場合によって直接には民法90条の「公序良俗」違反の契約となったり，民法709条の不法行為となるのである。

生徒の人権を基本に据えて，生徒は権利の主体なのだという出発点に立てば，公立高校と私立高校で，許される生活指導の範囲や程度に決定的な相違を見出すことは困難だ。18歳になれば高校生でも民法や公職選挙法上の成人であることも考慮されなければならない。にもかかわらず，現に黒髪染髪訴訟の高校は公立だが，自分たちを国家権力の一翼と捉えて，生徒の人権制限には私立高校よりも抑制的に臨まなければならないという姿勢はまったく感じられない。

また，生徒や親にとっては私立高校といえども強大な権力であるから，法律論的な構成は違ってきても，この問題について私立と公立の区別は実質的には成り立たないと言うべきだろう。

5　高校の頭髪規制は合憲・適法なのか

もちろん，校内の秩序を維持して教育目的を達成するためには，それぞれの高校が，校内ルールという意味での「校則」を決めておく必要があることは否定できない。しかしながら，従来日本の高校は，公立・私立を問わず，生徒の生活を全面的に管理し指導する姿勢を当然視しすぎてきたきらいがある。親や社会の側にも，生徒を安心して預けることができる面倒見のよい学校を期待する風潮が強かったと言えるだろう。

しかし，人々の意識に変化が現れ，これまで際限のない部活の指導など，当然視されてきた小中高校教員の労働環境にも改善の動きが見られる今日，校外生活を含めた生徒の全面的な管理教育も，生徒の権利と教師の労働条件の観点から根本的な見直しの時期にきているのではないだろうか。

校則のうち，頭髪の決定，バイクや車の免許の取得，アルバイトなど，生徒の校外生活や広くライフスタイルを規制する部分の合憲性・適法性判断に当たっては，その目的と規制内容について，裁判所のより慎重で厳しい審査が求められていると言えよう。2つの事件のいずれについても，非行行動を防止し，生徒を学習や運動等に注力させるという教育目的は重要なものだが，頭髪の厳しい規制がはたしてこの目的を達成する手段として有効・必要であるかは大いに疑問だ。現に黒髪染髪訴訟の第一審判決は，Xさんについて「1年生のときの学年評定は，いずれの科目についても5段階評価の4または5であり，頭髪指導に関する点のほかに特段の生徒生活上の問題点を指摘されることはなかった」と認定している。

S 高校パーマ退学事件からほぼ 30 年後に起きた黒髪染髪訴訟第一審の事実認定を読むと，頭髪の色や髪型の画一化に執着してきた高校教育の現場に，30 年を経て何の変化も見られないことに衝撃を受ける。事実認定からは，近年強調されるようになった「ダイバーシティ」の尊重は，高校教育の現場では謳い文句にすぎず，じつは画一化・横並び＝善という呪縛が教師たちをがんじがらめにして，黒髪への染髪を執拗に求める「生活指導」が結局 X さんを「壊して」しまい，「善意ある」教師たちがこの結果に困惑する姿が浮き彫りになる。2 つの事件のいずれにおいても，裁判所は厳しい頭髪指導の違法性を認めるべきであった。

2022 年には，文部科学省も 12 年ぶりに「生徒指導提要」を改訂して，子どもや保護者の意見を聴きながら学校が校則を見直すことを促すようになったという（内田＝山本編・後掲 49 頁）。自分の個性を主張しながら他者の個性も尊重する自由で寛容な個人なしには，グローバル化や少子高齢化に直面する日本社会の維持と発展もありえず，学校教育の現場で実際に「ダイバーシティ」を尊重する教育が実践されなければ，自由で寛容な個人も育たないことを痛感させる事件である。

裁判所はどのように判断したか

最高裁判所は，以下のような理由で A 子さんの上告を棄却した。

① 人権規定は，私人相互の関係に当然には適用されない。したがって，私立 S 高校の校則が直接に人権規定に違反することはない。

② パーマの禁止は，高校生にふさわしい髪型を維持し，非行を防止するためということだから，本件校則は社会通念上不合理とはいえず，民法 1 条，90 条にも違反しない。

参考文献

憲法学者による「S高校パーマ退学事件」の解説としては，たとえば戸波江二「憲法から考える1――校則と生徒の人権」法学セミナー1993年4月号（460号）74頁参照。「黒髪染髪訴訟」の解説としては，大島佳代子「校則裁判――黒染め訴訟からみた校則の合理性」季刊教育法211号（2021年）6頁参照。

校則をめぐる2010年代後半以降の動き全般については，荻上チキ・内田良『ブラック校則』（東洋館出版社，2018年），大津尚志『校則を考える』（晃洋書房，2021年），内田良＝山本宏樹編『だれが校則を決めるのか』（岩波書店，2022年）を参照。

事件２　障害者の自由

声が出せない議員は
パソコン音声に頼るべし？！

市議会代読拒否事件

名古屋高裁 2012〈平成 24〉年５月 11 日判決

（判例時報 2163 号 10 頁）

NNN ドキュメント'07
声の壁
発言できない議員

父，Ａさんの仕事は市議会議員。
この４年間，市民の切実な願いを市政に届けたい，と
人に代わりに読み上げてもらう「代読」で
議会での一般質問を求め続けてきました。

父と娘が４年間，挑み続けた「声の壁」。
岐阜県の山あいの町での出来事が教えてくれる
とても，とても，大切なこと――。

（中京テレビウェブサイトより一部引用）

☑ できごと

岐阜県の中津川で市議会議員を務めていたA氏は，2002年夏に下咽頭がんと診断されて入院し，秋に咽頭の摘出手術を受けた。議員にとり自分の意見を伝える貴重な手段である「声」を失った同氏は，しかし家族や支持者が本人の言いたいことを文字どおり代弁するというやり方で，翌2003年春の2期目の選挙運動も勝ち抜くことができた。しかし，議場でも同様に，第三者に代わりに肉声で本人の意見を代弁してもらう「代読」を希望したところ，議会側はなかなか態度を決めず，結局この申し入れを拒否し，代わりにパソコンの音声変換機能（人工音声）による読み上げなら認める，という回答をした。この代案を拒否したA氏は，議員としての発言の機会を得ることができなかった。同氏は，人間の声で伝わるものでもパソコンの人工音声では伝わらない，そもそも発声に障害のあるA氏が自分の希望する手段・方法で自己表現することは障害者の自己決定権に含まれる，と反論し，精神的損害の回復を求める国家賠償請求訴訟を提起した。併せて同氏は，申し入れを拒否する判断を下した議会運営委員会委員や市議会議長など公務員個人も被告にしているが，「公権力の違法な行使」による損害の賠償を求める際の法律である国家賠償法では，直接に違法行為を働いた公務員個人に対する請求は理由がなく，損害賠償責任は公務員が属する国や自治体だけが負うとされている（同法1条1項参照。なお，当該公務員が故意または重過失でそのような損害を引き起こした場合には，国や自治体はこの公務員に弁償を求めることができる。同条2項）。したがって，この点の訴えは，あっさりと斥けられている。以下の解説も，市に対する国家賠償請求に絞って取り上げる。

第一審の岐阜地裁2010〈平成22〉年9月22日（判例時報2099号

81頁）は，市議会が代読を認めず発言方法を制限したことには，原告が障害者であるがゆえに議会に参加するという参政権を一部侵害する違法があったとして，10万円の慰謝料を認めた。控訴審名古屋高裁は，賠償額を300万円に引き上げた。被告中津川市が上告しなかったため，この判決で確定した。

✓ 当事者の主張

1 A氏の主張

① 市議会は議員が自由活発に議論できるように環境を整備する義務があるのに，原告が望んだ第三者による代読という方法を認めなかった不作為は，表現の自由，障害者が発言方法を決定する障害者の自己決定権，参政権などを侵害している。

② 発声障害者である原告は，社会生活を営むために自己の障害を補完する補助手段を自ら選択する権利（自己決定権）を有しており，これは障害者の人格的生存に直結する重大な利益である。なおこの権利は，本件事件の発生後，2011〈平成23〉年に抜本改正された障害者基本法の3条（地域社会における共生等）が，共生社会の実現と障害者の個人の尊厳の保障のために列挙したうちの3号「全て障害者は，可能な限り，言語（手話を含む。）その他の意思疎通のための手段についての選択の機会が確保される……こと。」によって，具体的権利とされたところである。

③ 日本も批准している国際人権規約の自由権規約（市民的及び政治的権利に関する国際規約。B規約とも呼ばれる）の19条2項は，「すべての者は，表現の自由についての権利を有する。この権利には，口頭，手書き若しくは印刷，芸術の形態又は自ら選択する他の方法により，国境とのかかわりなく，あらゆる種類の情報及び考えを求

め，受け及び伝える自由を含む。」とうたっており，原告が求める代読という方法は「自ら選択する他の方法」に相当する。なお，2006年に国連で採択された「障害者の権利に関する条約」（以下，「障害者権利条約」。日本の批准は2014年1月20日。発効は同年2月19日）は，自由権規約の解釈指針という面を持つ（つまり批准していなくても自由権規約を通じてその内容は日本政府や自治体を拘束する）が，その21条（表現及び意見の自由並びに情報の利用の機会）で，「締約国は，障害者が，第2条に定めるあらゆる形態の意思疎通であって自ら選択するものにより，表現及び意見の自由（他の者との平等を基礎として情報及び考えを求め，受け，及び伝える自由を含む。）についての権利を行使することができることを確保するための全ての適当な措置をとる。この措置には，次のことによるものを含む。……(b) 公的な活動において，手話，点字，補助的及び代替的な意思疎通並びに障害者が自ら選択する他の全ての利用しやすい意思疎通の手段，形態及び様式を用いることを受け入れ，及び容易にすること。」とされている。

2　市議会側の主張

①　地方議会はその議事進行について，広範な自律権を有しており，その具体的な是非については裁判所による適法・違法の司法審査の対象とならない。

②　第三者の代読では，誤読のおそれがある。家族や支援者などが代読する場合には，代読自体が直近の選挙向けのパフォーマンスとして行われる可能性がある。

③　本件は，一般社会生活上の障害者の権利の問題とは別問題であり，議員の公的な場での発言をどう正確に記録するかといった要請が優先されるから，パソコンによる発声というルールは不当ではな

いし，選挙で選ばれた以上，このような自治的ルールに従うべきである。

☑ 考えてみよう

1 「障害」は社会の壁が生み出す

障害者の表記で「害」という字を用いることには批判もあり，障碍者，障がい者などと表記されることもあるが，以下では法律名として用いられている「障害者」の表記による。言い訳めいているだろうが，この用語に対して次のような一応の説明も可能であろう。

そもそも障害者の定義として，障害者基本法2条は1号で障害者を「身体障害……その他の心身の機能の障害（以下「障害」と総称する。）がある者であって，障害及び社会的障壁により継続的に日常生活又は社会生活に相当な制限を受ける状態にあるものをいう。」と定義している。そこで用いられている「社会的障壁」については，同2号では，「障害がある者にとって日常生活又は社会生活を営む上で障壁となるような社会における事物，制度，慣行，観念その他一切のものをいう。」としている。

つまり，「障害」それ自体は，手足が自由に動かないなどの機能障害があるという医学的見地を中心とした概念であるが（医学モデル），「障害者」は障害がある人を社会が障壁を設けて排除することで生み出される存在だ（社会モデル）という考えが採られている。障害者権利条約の前文(e)も，「障害が，機能障害を有する者とこれらの者に対する態度及び環境による障壁との間の相互作用であって，これらの者が他の者との平等を基礎として社会に完全かつ効果的に参加することを妨げるものによって生ずることを認め，」としているように，障害（者）は社会の側が作り出している，という考え方が国際標準になってきている。

こうしてみると，障害の「害」の字は，社会が特定の人を妨害し排除していることを表していると考えれば，社会モデルという理解の下では必ずしも不自然ではないかもしれない。ただし，昔は「障碍」という字が使われていたのだが，「碍」という進行を妨げるといった意味を持つ漢字（例えば電流を妨げる部品に「碍子」と呼ばれるものがある）が常用漢字に含まれないことから，「害」という漢字が法律用語などで使われるようになってしまった。「障碍」なら，より社会モデルらしいニュアンスが出るだろう。

2　障害者差別とは？

これも，障害者権利条約の第２条に，目下の国際標準の定義が書かれている。「『障害に基づく差別』とは，障害に基づくあらゆる区別，排除又は制限であって，政治的，経済的，社会的，文化的，市民的その他のあらゆる分野において，他の者との平等を基礎として全ての人権及び基本的自由を認識し，享有し，又は行使することを害し，又は妨げる目的又は効果を有するものをいう。障害に基づく差別には，あらゆる形態の差別（合理的配慮の否定を含む。）を含む。」

この定義文は障害者差別を「社会的障壁」そのものと同視しているようにも見えるが，後半をよく読むと，社会の側が障壁を設けて障害者を排除することで，障害のない者と平等の基本的自由の享有や行使が妨げられることが「差別」とされていることが分かるだろう。つまり，障害者だから，という決めつけ（社会的排除）によって，差別する側が当たり前のように享受し行使している自由が平等には享受し行使可能でない，という点に，障害者に対する差別が存在する。

こうしてみると，障害者を障害のない者とは別のグループとして扱うこと自体が，壁を作っている点で差別に当たる可能性が高い。たとえ，福祉の対象として障害者を「保護」しようとする場合であっても，彼らの自由な自己決定を否定したら，それはもう差別なのである。障害のある者もない者も，同じように個人の尊厳を認められ，自分のことを自分で決め（自己決定権），自分の自由を行使して自分で思い描く幸福を追求することができるべきである。

3　障害者の自己決定とそれを可能にする合理的配慮

以上に述べた事柄からは，障害者の人権を考えるうえで重要な2つの要請が導き出される。第1は，すでに触れたように，障害者に自己決定権が保障されるべきだ，ということである。障害者差別の禁止は，なによりも障害者が自己決定できるための大前提なのであり，逆に，障害者の自己決定を脅かすさまざまの制度や作為・不作為がすなわち障害者差別なのである。

また，いま一つには，障害者が障害のゆえに自分では自己決定を実現することが不可能である場合に，それが可能であるような条件を社会や国の側が提供すべきだ，ということが帰結される。いわゆる「合理的配慮義務」，ないし「合理的配慮の提供義務」である。

たとえば，レストランが車いす障害者の入店をあからさまに拒否すれば，これは障害を理由に不利益に扱っていることから障害者差別に該当するが，建前としては「どうぞ」と言いながら，店の入り口に階段がありスロープが併設されていなかったらどうだろうか？これまでは，「店構え」はその店の営業政策だから，店の側がどういう設計をしていてもしょうがない，という考えがまかり通ってきた。

しかし，障害のない多くの市民も，自分たちの平均的な身体能力に合わせて店舗や公共施設が作られているからこそ，そうした施設を自由に利用できるのである。超高層ビルで階段しかなければ，ほとんどの人間は高層階にたどりつけない。そこでは，エレベーターは車いす障害者だけでなく，全員の必需品である。障害のない者は無意識に，自分たちの身体能力で足りない部分は社会や国が補助的な装置（いまの例ではエレベーター）を提供してくれることを期待している。それで，30階のレストランにたどりついて最後に3段のステップが入り口にあったら，障害者は入店をあきらめるしかない，というのはアンフェアだろう。スロープがなくても臨時に板を渡して店員が車いすを押すとか，裏側にある業務用のエレベーターを障害者が使うことを認めるとか，大抵はささいな融通をきかせれば，障害者がこの店で食事がしたい，という自己決定を実現することができるのである。

先に2で挙げた障害者権利条約第2条の条文には続きがあり，そこでは，「『合理的配慮』とは，障害者が他の者との平等を基礎として全ての人権及び基本的自由を享有し，又は行使することを確保するための必要かつ適当な変更及び調整であって，特定の場合において必要とされるものであり，かつ，均衡を失した又は過度の負担を課さないものをいう。」とされている。条約締約国は，このような「合理的配慮」が，国と障害者との間ではもとより，レストランなどの民間事業者や障害のない個人と障害者の間においても提供されるように法制度等を設けることを，条約によって義務づけられているのである。

4　障害者差別解消法の成立

こうした合理的配慮の提供義務をどう日本の法体系のなかで保障してゆくか，そもそも合理的配慮とはどういうものか。こうした点を解決するために，障害者基本法の制定を受けて，さらに障害者差別禁止のための法制度のあり方について障害者団体の代表などを交えて内閣府で議論が繰り返され，その結果を相当程度反映して「障害を理由とする差別の解消の推進に関する法律」（略称「障害者差別解消法」）が 2013 年 6 月に成立した（施行は 2016 年 4 月 1 日）。

この法律では，障害者に対して「障害を理由として障害者でない者と不当な差別的取扱いをすることにより，障害者の権利利益を侵害してはならない。」という差別禁止（差別的取扱いをすれば違法となる）の規定を，行政機関および民間事業者に対して設けている（行政機関について 7 条 1 項，事業者について 8 条 1 項）。

また，「合理的配慮」の提供義務については，行政機関については，「……その実施に伴う負担が過重でないときは，……当該障害者の性別，年齢及び障害の状態に応じて，社会的障壁の除去の実施について必要かつ合理的な配慮をしなければならない。」（7 条 2 項）として，法的義務であることを明記した。レストランなど民間事業者については，「……その実施に伴う負担が過重でないときは，……社会的障壁の除去の実施について必要かつ合理的な配慮をするように努めなければならない。」（8 条 2 項）という努力義務の規定にとどまってきたが，2021 年に法的義務へと改正された（2024 年 4 月 1 日に施行）。

なお法律制定当初より，国は障害関係者の意見を反映させた基本方針を定めるとともに（6 条 4 項参照），事業者が適切に対応するための「対応指針」を作成し（11 条），そこに定める事項について民間事業者から報告を求め，指導や勧告をすることができる（12 条）とされており，民間事業者についても一定の規模の店舗などについては，必要な合理的配慮の提供について，ある程度の実質的な効力が期待できる制度設計となっている。

5　本件のケースでの合理的配慮とは？

本件は，声の出せない原告である議員が，「代読」が自分の声に代わる表現方法であると自己決定したにもかかわらず，パソコンの音声変換によるべきだ，と市議会側がかたくなに考えを譲らなかった，というケースであった。代読を市の職員にさせることにすれば，議会が心配する過剰なパフォーマンス（その具体的な中身は想像しにくいが）を防ぐことも可能であるし，市議会にとり「過剰な負担」ともいえないように思われる。障害者差別解消法では，障害者に対する国や自治体の直接の法的義務の対象は行政機関等（第1条（目的）は「行政機関等及び事業者」を対象とする）である。しかし本件で大事なのは，議員の発言権である。「代読」を希望すれば，一定の条件の下でなら市議会の合理的配慮として認められることになるのではないだろうか。なお，本件と事案は異なるが，地方議会における議員の懲罰（出席停止）に対する議員本人からの出訴（無効確認や取消しの訴えなど）については，裁判所は司法審査を否定してきたが，岩沼市議会事件で最高裁大法廷判決（2020〈令和2〉年11月25日，民集74巻8号2229頁）は判例を変更し，司法審査の対象と認めている。

なお，2019年7月の参院選で当選した障害者のうち，音声に障害のある舩後議員は，議員活動においても介助者と意思疎通し，介助者が投票用紙に記入することなどが議院によって受け入れられている。

裁判所はどのように判断したか

①　市議会の自主性，自律性は，市議会議員各自に議会において発言する権利，自由が認められることを前提として，各議員の発言方法や発言時期，場所等を調整し，地方議会としての統一的な意思を

適正・円滑に形成するためのものであるから，その前提となる各議員の発言の自由や権利そのものを一般的に阻害し，その機会を奪うに等しい状態を惹起することは，市議会の自主性，自律性の範囲を超える。

② 特に，一審原告のような発声障害者の場合，健常者と異なり，その発言し得る方法が限定されることから，議会における発言方法の制約により，議会での発言の機会そのものを奪われる結果となるおそれが大きいといえる場合には，一般市民法秩序に関わり，一審原告の一審被告らに対する訴えは，裁判所法３条１項にいう「法律上の争訟」にあたり，裁判所の審査の対象となる。

③ 発声障害者である一審原告は，議会の本会議のみならず委員会での発言も事実上できない状態が継続していたのであるから，市議会および一部議員らの対応は，一審原告の議会での発言の権利，自由を侵害するものであった。本会議場に音声変換機能付きパソコンを持ち込むことを認めただけでは，一審原告が実際にパソコンを操作できるかどうかや，パソコンによる音声変換機能がどのような内容，操作性のものであるかなどについての調査，検討は何らなされていないことから，一審原告の市議会における発言の機会が確保され，その阻害状態が解消されたとみることはできない。

参考文献

岡田俊幸「地方議会議員の発言権と表現の自由――中津川市議会代読拒否訴訟をめぐって」日本法學83巻２号（2019年９月）43頁，植木淳『障害のある人の権利と法』（日本評論社，2011年），同「発声障害のある地方議会議員の発言保障――中津川市代読拒否訴訟控訴審判決」平成24年度重要判例解説（2013年）12頁，川越敏司＝川島聡＝星加良司編著『障害学のリハビリテーション』（生活書院，2013年），川﨑和代＝井上英夫編著『代読裁判――声をなくした議員の闘い』（法律文化社，2014年）。

事件3 母親となる権利

代理出産によって生まれた子どもの母親となる権利はあるか

向井亜紀事件

最高裁（第2小法廷）2007〈平成19〉年3月23日判決

（民集61巻2号619頁）

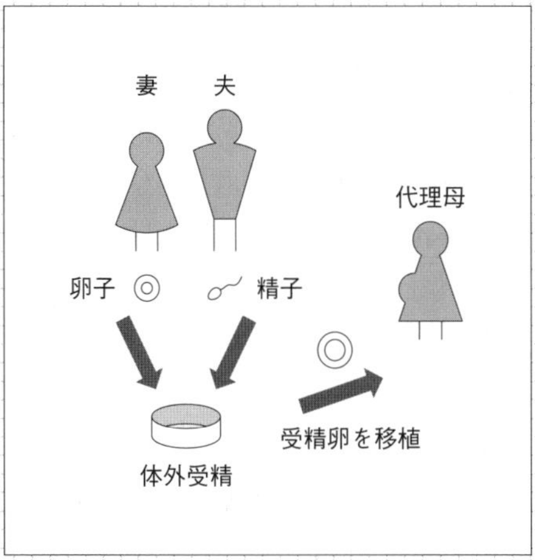

自分では子どもを生めない女性がどうしても子どもがほしいと思う場合，唯一残された方法は他の女性に子どもを生んでもらうという方法である。自己の卵子が利用可能であれば，その卵子と夫の精子を体外受精させ，その受精卵を他の女性の子宮に移植し，子どもを生んでもらう。代理出産という方法である。生まれた子どもの生物学的な母親は，卵子を提供した女性である。生まれた子どもの法律上の母親は誰であろうか。卵子を提供した女性には法律上の母親として認めてもらう権利はあるのであろうか。

☑ できごと

タレントの向井亜紀さんは，子宮頸がんの治療のため子宮摘出手術を受け，自分では子どもを生めなくなったが，将来代理出産により子どもをもつことも考えて，手術前に卵巣を骨盤外に保存していた。その後アメリカのネバダ州で代理出産契約を結び，自己の卵子と夫髙田延彦さんの精子とを体外受精させ，代理母の子宮に移植し，代理母は双子を出産した。ネバダ州では代理出産契約が法律上認められており，生まれてきた子どもは出産を依頼した夫婦の実の子どもとして法律上認められていた。そこで向井亜紀さん夫婦は，州の裁判所に親子関係確定の申立てをし，ネバダ州は，夫婦を両親とする出生証明書を発行した。帰国後，この子どもを自分達夫婦の嫡出子として品川区で出生届を提出したが，向井さんに分娩の事実が認められないことを理由に出生届は受理されなかった。向井夫婦はこれに対し不服を申立てた。

☑ 当事者の主張

1 向井さん達の主張

① 本件の子どもは，申立人夫婦の卵子および精子からなる受精卵から生まれたものであり，申立人は本件子らの生物学的母であるから，法律上も申立人を母と認めるべきである。申立人が分娩者でないことを理由とする出生届の受理拒否は違法である。

② 民法772条以下の規定はあくまで父性の推定およびこれを前提とする嫡出関係の推定を規定しているにすぎず，母子関係について出産・分娩を必要とする旨定めたものではない。我が国の民法は血縁主義に基づくものと解釈すべきであり，婚姻中の夫婦間の子ども

で明確な血縁関係にあるものは出生当初から嫡出子という身分を与えるべきである。

③ 申立人らはネバダ州地方裁判所で法律上の両親であると認められ，出生証明書にもその旨記載されている。代理出産契約は有効である。他方でもし代理母を法律上の母親とすると，代理母には子どもの監護養育を期待できないし，相続を認めることになり，相互に扶養義務を負わすのは不合理であるなど様々な不都合が生じる。

2 品川区長の反論

① 我が国の民法上，法律上の母子関係は子を懐胎および出産した者と子との間に発生すると解されるので，本件出生届を受理しなかった本件処分は適法である。

② 民法 772 条以下の規定が，妻が子を懐胎および出産したことを前提として，嫡出親子関係について規律していることは明らかである。つまり，民法が規定する嫡出子とは，妻が夫によって婚姻中に懐胎し，出産した子をいうものと解されている。

☑ 考えてみよう

1 代理出産という方法

自然には子どもができない夫婦の割合が増えている。その場合，生殖補助医療が可能である。まず試みられるのが人工授精であり，夫の精子を妻の子宮に人工的に注入し，妊娠を試みる。卵子は女性自身のものであるが，精子は夫以外の場合もある（非配偶者間人工授精。事件 5 参照）。子どもを生むのはその女性であり，母親は子どもの生物学上の母親でもある。次に考えられるのは体外受精であり，女性の卵子を取り出し，夫の精子と体外受精させ，女性の子宮に移植する。この場合には，卵子と精子とも夫婦のものの場合もあるが，理論的には卵子もしくは精子のどちらかあるいは双方とも本人のものではない場合もありうる（非配偶者間体外受精。日本産科婦人科学会は従来非配偶者間の体外受精を認めてこなかったが，厚生労働省の報告書では、例外的な場合にはこれを認める可能性が示されており，日本生殖補助医療標準化機関では、実際にこれが認められている）。子どもを生むのは妊娠した女性である。だがその女性は，受精卵が自分のものであれば生物学上も母親であるが，もしその女性本人のものではない場合，子どもの生物学上の母親ではないことになる。

だが，自分ではどうしても妊娠できない女性もいる。子宮頸がんなどのために子宮を摘出してしまった女性はその典型例である。このような女性が子どもをほしいと思った場合，養子をとるという方法以外で唯一可能な方法は，代理出産である。とりわけ自己の卵子が利用可能な場合は，その卵子と夫の精子を体外受精させ，他の女性の子宮に移植し，子どもを生んでもらう。そうすれば，自分の遺伝子を受け継いだ子どもをもうけ，生物学上の母親になれる。

このような代理出産については，倫理的に難しい問題があり，日本では従来産婦人科医師の学会である日本産科婦人科学会が，代理出産を認めないと決めていた。だが，他の国では代理出産が法律上も医学的にも認められているところもあり，この事例のように，アメリカのネバダ州では法的に代理出産契約が認められている。しかも，日本における代理出産の禁止は，産婦人科医師の任意の団体である学会の規則であるに過ぎず，法律上禁止されているわけではない。そこで，産婦人科医師の中には，例外的な場合に限って代理出産による出産を補助する医師もいる。

そういうわけで，渡米して代理出産で子どもを生んでもらう夫婦や，日本国内で代理出産により子どもを生んでもらう夫婦が少しずつ増えている。

2　誰が子どもの母親か

代理出産によって子どもが生まれた場合，誰がその子どもの法律上の母親になるのかが難しい問題となる。

民法には，誰が母親なのかについての規定はおかれていない。他方，誰が子どもの父親と推定されるべきなのかの規定はおかれている。民法 772 条によれば，妻が婚姻中に懐胎した子は，夫の子と推定され，婚姻の成立の日から 200 日を経過した後または婚姻の解消もしくは取消しの日から 300 日以内に生まれた子は，婚姻中に懐胎したものと推定された。2022（令和 4）年の改正では，「妻が婚姻中に懐胎した子は，当該婚姻における夫の子と推定する。女が婚姻前に懐胎した子であって，婚姻が成立した後に生まれたものも，同様とする」とされ，さらに，「前項の場合において，婚姻の成立の日から 200 日以内に生まれた子は，婚姻前に懐胎したものと推定し，婚姻の成立の日から 200 日を経過した後又は婚姻の解消若しくは取消しの日から 300 日以内に生まれた子は，婚姻中に懐胎したものと推定する」とされている（2024〔令和 6〕年 4 月 1 日施行予定)。そして夫が子の嫡出を否認する手続などについても規定がある（民法 774 条以下)。だが，母子関係については，最高裁は，子どもと母親との親子関係は出産の事実によって確定されるという立場を採ってきた。とすれば，子どもを懐胎し出産した女性が法律上は母親だということになる。

しかし，この最高裁の立場は，生殖補助医療の発達前に形成されたものである。親子の関係を規律している民法が制定されたのは，明治時代である。家族法が全面的に改正され，現在の家族法が制定されたのも，第 2 次世界大戦後の 1947 年であるが，当然このような生殖補助医療は存在しなかった。ところが，「生殖補助医療の提供等及びこれにより出生した子の親子関係に関する民法の特例に関する法律」も生殖補助医療を通じて生まれた子どもの母親については，第９条で，「女性が自己以外の女性の卵子（その卵子に由来する胚を含む。）を用いた生殖補助医療により子を懐胎し，出産したときは，その出産をした女性をその子の母とする」とだけ定め，それ以外の場合については何も規定しなかった。そのため現在でも問題は解決されていない。代理母に自分の生物学的な子を産んでもらうといった事態は想定されなかったのである。とすれば，子どもを懐胎し出産した女性が法律上も母親だという想定は見直されてもよいのではなかろうか。

実際もし本件のような場合に，子どもを出産した代理母が法律上の母親であるとすると，申立人らの主張するように，いろいろな不都合が生じかねない。代理母は子どもに対するすべての権利を放棄しており，代理母に子どもの養育を期待することはできない。相互の扶養義務も期待できない。さらに，たとえ代理出産を依頼した夫婦が子どもを養子として引き取ったとしても，代理母と子どもとの実の親子関係は残る。代理母が死亡した場合，子どもには相続権があり，逆に子どもが死亡した場合にも，状況によっては代理母に相続権が認められることもある。

日本では，普通養子縁組とは異なる特別養子縁組の制度がある。この制度は，普通の養子の場合は戸籍にも養子と記載されるため，子どもが様々な不利益を受けることに鑑み，子どもを実子として育てることを可能にする制度であり，この制度を利用した場合，戸籍にも養子とは記載されず，実の親との親子関係も切断される。とすれば，この制度を利用することによって，申立人らが法律上も両親となり，子どもと代理母との親子関係は切断される。もし民法上子どもを懐胎し出産した女性が法律上の母親だというのであれば，申立人らはこの制度を利用するほかあるまい。実際自らは出産できなかった女性が自分の母親に代理出産してもらった事例では，この特別養子縁組制度が利用されたようである。だが，特別養子縁組を成立させるためには家庭裁判所の判断が必要である（民法 817 条の 2）。しかもこれは，「父母による養子となる者の監護が著しく困難又は不適当であることその他特別の事情がある場合において，子の利益のため特に必要があると認めるときに」認められるものである（同法 817 条の 7）。さらに，戸籍上は養子と記載はされないが，民法 817 条の 2 によることは記載される。出生の時点から実の子どもとして認めてほしいと思う母親に対して，これを強いることが正当化されるのかどうかが問題とされよう。

3　外国の裁判で実の親子と認められているはずでは

さて，たとえ民法上は，子どもを生んだ女性が法律上母親だとしても，本件夫婦は，代理出産を行った外国において，法律上子どもの実の親と認められている。外国の裁判所の判決で認められているのであるから，日本でもその判決が尊重されるべきではないのか。

国際化の時代である。多くの国民が外国で暮らし，多くの外国人が日本で暮らしている。しかしそれぞれの国にはそれぞれの法律があり，同じ問題に対しても異なった法律関係が認められている。ただ，それぞれの国がそれぞれの国の法律に固執し，他の国で認められている法律や裁判を無視すれば，様々なトラブルが発生する。そこで，いずれの国でも，外国の法律や裁判を尊重する慣行が形成されてきており，それぞれの国において外国の裁判所の判決が国内の裁判所の判決と同様の効力が認められる制度が導入されている。

しかし，外国の裁判所判決を尊重するといっても限界がある。そこでいずれの国でも，自分の国の公の秩序に反するような場合には，外国の裁判所の判決も承認されないという姿勢を採っている。日本でも，民事訴訟法 118 条 3 号が公の秩序に反する場合に外国の裁判所判決の効力を否定している。

このような事情を背景にして，本件では，代理出産で生まれた子どもに対し，出産を依頼した母親を子どもの実の親と認めた外国の裁判所の判決が日本でも承認されるべきかどうかが問題となる。申立人らはネバダ州では代理出産契約は適法であり，出産を依頼した夫婦が子どもの実の両親と認められていると主張する。品川区長の反論ははっきりしないが，誰が法律上の母親かは民法上定められており，それとは異なるルールに基づき申立人らを実の両親としたネバダ州の裁判所の判断は日本の公序に反するので，日本では承認されないという趣旨の反論になるのであろう。はたしてどちらの主張の方が説得力があるであろうか。

4　子どもを生む権利そして母親となる権利

もし民法上，法律上の母親は子どもを生んだ女性であって，代理出産を依頼し，卵子を提供した女性ではないと定められていたとしたら，それで本件は終わりであろうか。実はそうとは限らない。もし民法の規定の上でそうなっているのであれば，それが憲法に反し違憲であると主張する可能性が残されている。

日本国憲法には，子どもを生む権利や，母親になる権利などを定めた規定は存在しない。唯一手がかりとなりそうなのは，生命・自由および幸福追求の権利を保障した憲法 13 条と，婚姻および家族に関する事項に関しては，法律は，個人の尊厳と両性の本質的平等に立脚して，制定されなければならないと定める憲法 24 条であろう。この点，このような権利は，人によっては憲法 13 条によって保障された自己決定権と考えられているが，日本ではむしろ憲法24条の権利と捉えたほうがよいように思われる。また憲法24条は従来家族に関する平等を定めた規定であって，平等権を一般的に保障した憲法14条の特則規定だという理解が有力であった。この理解では，憲法24条は単に平等を保障しているに過ぎず，子どもを生むなどの実体的な権利を保障した規定ではないということになるが，はたしてそのような理解が適切かどうかは疑問である。

ただ，子どもを生む権利が基本的人権として認められたとしても，これに他の女性に自分の子どもを生んでもらう権利まで含むのかどうかが問題となりうる。つまり他の女性に生んでもらった子どもも，自分の子どもとして認めてほしいということである。あるいは，子どもを生むかどうかにかかわりなく，子どもをもつことを基本的人権とみることも可能かもしれない。

もし子どもを生む権利が基本的人権と認められ，さらにそれには他の女性によって自分の子どもを生んでもらう権利も含まれるということになると，その他の女性に生んでもらった子どもの母親となる権利も基本的人権と言えるかもしれない。ならば，もし民法の規定がこれを否定し，子どもを生んだ女性が母親であって，子どもを生んでもらった女性から母親となる機会を奪っているとすれば，それが憲法違反となりうることになる。

なぜ子どもを懐胎し出産した女性が法律上の母親とされなければならず，生物学的な母親が法律上の母親となれないのであろうか。申立人らは，民法の規定の違憲性を争ってはおらず，品川区長の反論では，民法は子どもを懐胎し出産した女性が法律上の母親であることを前提としていると主張するのみで，もしそれが民法の趣旨であるならなぜそれが憲法に反しないのかの議論がない。おそらく，子どもを懐胎し出産した女性を法律上の母親と推定することは許されるであろう。だが，明確な生物学的な関係が証明できる場合に，例外的に生物学的な母親を法律上の母親とすることができないという理由はあるであろうか。

他方でもし子どもを生む権利，子どもをもつ権利を憲法で保護される基本的人権として認めた場合，様々な状況をさらに検討する必要が生じる。たとえばいま代理出産を禁止する法律の規定はないが，厚生労働省の厚生科学審議会生殖補助医療部会の最終報告書は代理母を禁止することを提言している。はたして代理出産を禁止すべき根拠はあるであろうか。

さらに，日本では日本産科婦人科学会が生殖補助医療の実施を夫婦に限っている（かつては法律上婚姻していることを要求していた）。だがアメリカでは，独身の女性が子どもを望んで生殖補助医療を利用して，妊娠・出産する事例が少なくない。結婚していない女性はなぜ子どもをもってはいけないのであろうか。

養子をとるには結婚していなければならないとの法律上の要件はない。だが特別養子については，結婚していないと認められていない（民法817条の3）。またカナダなどの国では同性婚も法律上認められている。男性同士の同性婚のカップルでも，子どもをもちたいと思う場合がありうる。日本では，そもそも同性婚が認められていないのが問題となるが，同性婚が認められた場合にも，同性婚のカップルが子どもをもつことが認められるべきかどうかが，さらに問題となろう。

裁判所はどのように判断したか

① 民法は，懐胎し出産した女性が出生した子の母であり，母子関係は懐胎・出産という客観的な事実により当然に成立することを前提としている。

② 我が国の身分法秩序を定めた民法は，同法に定める場合に限って実親子関係を認め，それ以外の場合は実親子関係の成立を認めない趣旨と解すべきである。とすれば，民法が実親子関係を認めていない者との間にその成立を認める内容の外国裁判所の裁判は，我が国の法秩序の基本原則ないし基本理念と相容れないものであり，民事訴訟法118条3号にいう公の秩序に反すると言わなければならず，したがって我が国においては効力を有しない。
③ 本件における嫡出親子関係の成立については，本国法である日本法が準拠法となるところ，日本民法の解釈上本件子らとの間には母子関係は認められない。

参考文献

向井亜紀『家族未満』（小学館，2007年），水野紀子「生殖補助医療を契機に日本実親子関係法を振り返る」法曹時報2009年5月号（61巻5号）1460頁，棚村政行「代理出産により生まれた子の母子関係と外国判決の承認」判例評論593号（判例時報2002号，2008年）190頁，星野豊「代理出産契約に基づき出生した子の親子関係」法律時報2010年2月号（82巻2号）116頁。

事件 4　同性婚の権利

同性同士だとなぜ婚姻届けを受理してもらえないの？

同性婚訴訟

札幌地裁 2021〈令和 3〉年 3 月 17 日判決

（判例時報 2475 号 3 頁）

（写真：時事）

近年では日本でも，性的指向や性自認に多様な形があることが広く認識され，LGBTQ といった言葉もかなり一般化してきた。しかし，いまでも時折，性的少数者を貶める政治家の発言が報道されるし，性的少数者が差別を受けずに自分らしく生きることができる法的な仕組みが整っているかというと，それはまだまだである。その一例として，最近相次いで裁判で争われている同性カップルの婚姻の問題を考えてみよう。

☑ できごと

Aさんたちをはじめとする3組の同性カップルが，同性同士の婚姻を認めない現在の民法や戸籍法は憲法違反であり，国会が同性婚を認める法改正を怠ってきたことは国家賠償法上の不法行為に当たるとして，損害賠償を求める訴訟を起こした。

☑ 当事者の主張

1 Aさんたち原告側の主張

① 憲法24条1項は「婚姻の自由」を保障しており，この規定は同性同士の婚姻を禁止するものではない。だから，同性同士の婚姻を認めない民法739条1項・戸籍法74条1号などの規定は憲法24条に反する。

② 婚姻の自由は個人の自己実現にとって不可欠であり，民主政の基盤ともなるものであるから，個人の人格と深い関係をもつ事柄について公権力の干渉を受けない個人の自己決定権として，憲法13条でも保障されている。だから上記の民法等の規定は憲法13条にも反する。

③ 同性同士の婚姻を認めない現行法は，異性愛・同性愛という「性的指向」に基づいて，人々を別異取扱いし，これによって同性同士の婚姻を妨げているので，憲法14条1項にも反する。

④ 少なくとも1980年代後半には，同性愛が精神疾患ではなく，自分の意思では左右できない個性であるという専門的知見が世界的に確立したこと，1990年代から2000年代には，国際人権条約や国際機関の声明において，性的指向や性自認を理由とする差別を禁止する措置をとることが各国に求められるようになったこと，2010

年代には欧米諸国で同性婚を認める法改正が相次いだこと，2015年以降，日本でも同性パートナーシップを導入する地方自治体が現れるようになったことなどから，Aさんらが婚姻届を提出した2019年1月より相当以前に，国会は同性婚の権利が認められるべきことを認識でき，相当の期間，合理的理由なく法改正を怠ったと言えるので，国には国家賠償法上の損害賠償責任が成立する。

2　被告・国側の主張

①　日本の婚姻制度は，明治時代から，生殖と結びつけられ，男女間の結合の法的承認と理解されてきた。憲法24条の「両性」「夫婦」という表現からも，婚姻が男女を前提としていることは明白だ。だから，同性婚を認めない現行法は憲法24条違反ではない。

②　憲法13条は新たな婚姻制度の創設を求める権利まで保障するものではない。

③　現行法でも同性愛者が異性と婚姻することは可能なので，現行民法などの婚姻規定が同性愛者を差別しているとは言えず，憲法14条1項違反にはならない。

④　現行法の規定が合憲である以上，国会が法改正をしないことによる国家賠償責任も，当然成立しない。

☑　考えてみよう

1　そもそも異性愛者と同性愛者の二項図式的発想は適切だろうか

ある人が，誰に対して性的関心や恋愛感情を抱くのかという傾向を，その人の「性的指向」という。「性的指向」の違いに基づいて，人を異性愛者と同性愛者という2つのグループに分ける議論は一般的だ。

しかし，異性愛者と同性愛者という二項図式は，人間の現実の姿を単純化しすぎているのではないだろうか。「性的指向」がもっぱら異性だけに向けられる人々と，もっぱら同性だけに向けられる人々の間に，さまざまなグラデーションで「性的指向」が異性にも同性にも向けられる人々がいるのが人間の現実の姿だからだ。

今日の医学的知見では，同性愛という「性的指向」はかつてのように治療が必要で可能な精神疾患とは考えられていないし，本人が自分の意思で任意に選択できる事柄とも考えられていない。純粋な同性愛者は，いつの時代にもどの社会にもいただろうが，数的には少数派で，別に人類の存続を脅かしたりしていない。たとえば，1980年にアメリカ精神医学協会の元会長は，成人男性の5～10%，成人女性の3～5% が同性愛者だろうと見積もっている。

自分を異性愛者だと理解している人は，「性的指向」は自分の意思では変えられないこと，純粋な同性愛者はつねに存在する少数派であり，精神疾患などではないこと，異性愛者と同性愛者の区別はバイセクシュアルな傾向の人を含むなだらかなグラデーションであること，まずこれらの現実を受け入れる必要があるだろう。

すべての個人が人間として尊重され，その尊厳が守られることが，13条や24条に示された日本国憲法の拠って立つ理念であるから，この社会を構成するさまざまな個性の人々が，他者に実害を与えない限り，自分の個性に従って生きていく機会を最大限認められることが，憲法上の人権解釈の出発点だ。このことは，「性的指向」にもあてはまる。

2 「婚姻の自由」は「制度利用権」である

「婚姻は，両性の合意のみに基いて成立」するという憲法24条1項は，個人の「婚姻の自由」を保障した規定と理解されている。ここに言う「婚姻」とは，単に1組のカップルが生活共同体を形成することを意味するのではなく，1組のカップルが民法などの法令の定めに従って「法律婚」を行うことを意味する。つまり，憲法24条1項が保障しているのは，「法律婚の自由」である。だから，ここで問題となっているのは，法律婚を望む同性のカップルに，憲法は「法律婚の自由」を保障しているか，である。

「婚姻の自由」=「法律婚の自由」は，「自由」とは言うが，じつは表現の自由，集会の自由，居住移転の自由，信教の自由などの「自由権」一般とは性質に違いがある。ふつうの自由権は，いつ誰とどこに旅行に行って何をするのか（居住移転），いつどのようなグループでどんなジャンルの音楽のコンサートを開くのか（表現），どの企業のエントリーシートをダウンロードして応募するのか（職業）など，その人権が保護する行為に関して，個人には具体的な行動の内容・タイミングなどについて非常に広い選択の余地がある。まさに「自由」の保障だ。

もちろん「法律婚」についても，いつ誰と「法律婚」を行うのか，行わないのかについては，1組のカップルに広い選択の余地がある。しかし，あるカップルが「法律婚」を決意した場合，彼らは民法や戸籍法の関連規定が定める唯一の手続・方法に従わなければ「婚姻」することができない。つまり，「法律婚の自由」とは，民法などが提供する「法律婚制度の利用権」なのである。

憲法上の権利として保障されているもののうち，じつはこのように純然たる制度利用権であることが明確なのは「選挙権」だ。選挙権は「自由権」ではなく「参政権」に分類されるが，「投票の自由」をコアとする権利だから，やはり自由権的な面をもつ。しかし，たとえば私が，今日の午後たまたま時間が空いたので，散歩をする，映画を見る，ネットに何か書き込む，というのと同じように衆議院議員の選挙をする，というわけにはいかない。選挙で１票を投票する自由は，法令が方法・期日・場所などを細かく特定した「投票制度の利用権」なのである。「法律婚の自由」は，当事者がタイミングを選択できる点では「投票の自由」よりも自由度が大きいが，「制度依存性」の程度は，一般の自由権よりも「投票の自由」に近い。

このように憲法上の人権が，実際には特定の法的な制度を利用する以外の選択肢を保障できない場合，誰かをその制度の利用から締め出すには，よっぽど無理からぬ不可避の理由がなければならない。最高裁も，かつて選挙権に関して「……国民の選挙権又はその行使を制限することは原則として許されず，国民の選挙権又はその行使を制限するためには，そのような制限をすることがやむを得ないと認められる事由がなければならない……」と述べている（在外国民選挙権判決・最高裁〔大法廷〕2005〈平成17〉年9月14日判決，民集59巻7号2087頁）。

法律婚には，１組のカップルが継続的な生活共同体を形成することを互いに確認しあい，周囲の人々にも認識してもらうという，その人たちの人格や人生と密接に結びついた意義があるのみならず，税や社会保険料の負担，子の養育，相続，病気や事故の折の治療方針の決定など，生活のさまざまな場面で非婚者と比べて優遇されるという効果もある。だから法律婚という制度は，その利用を希望するカップルに最大限開かれることが望ましい。

3　同性カップルには法律婚制度の利用権はないのか

では，ある同性カップルが法律婚を望んでいるのに，このカップルを法律婚制度の利用から排除することに，どのような無理からぬ差し迫った根拠があるのだろうか。それが問題である。

憲法24条の「両性」「夫婦」という表現は，文字どおりには1組の男女を意味すると考えるのが自然だ。しかし，この規定が制定された1946年時点で，同性同士の婚姻はまったく想定されていなかったことも考慮しなければならない。むしろ24条は，婚姻には「戸主」の同意を要件とするなど，江戸時代以来の「家制度」を制度化していたそれまでの家族法を否定する意義をもっていた。条文の国語的意味や制定当時の理解だけが法解釈の決め手となるわけではないことは専門家の常識だから，24条の表現を同性同士の法律婚を禁止する意味だと考える必要はない。

また，たしかに被告・国側が主張するように，婚姻は伝統的には「子づくり」と密接な関係をもってきた。しかし，現在の民法でも，子どもをもうける意思や能力をもたない男女のカップルが法律婚を行うことは認められているし，婚姻後子どもができなくても，当事者が望んでいれば法律婚を継続することも認められている。同性カップルも，養子をとることは可能だ。子づくりを基軸と見る婚姻観や，自然的血縁を絶対視するような家族観は，現代日本の人々の意識と実情には合っていないのではないだろうか。

さらに，被告・国側が，同性カップルの法律婚を認めることが誰かに何か実害をもたらすことを立証できたとも言えない。世界の状況を見ると，同性愛を敵視するキリスト教的伝統が色濃かった国々において，2000年のオランダを皮切りに，2005年スペイン・カナダ，2009年スウェーデン，2010年アルゼンチン，2013年ニュージーランド・フランス・ブラジル・イギリス，2017年フィンランド・ドイツ・オーストラリアなど，近年次々と同性婚を認める法改正が行われた。またアジアでも，2017年に違憲審査機関である司法院大法官会議が違憲判断を下したのを受けて，台湾で同性婚を認める民法改正が2019年に実現した。同性婚を認めるこうした世界中の法改正の結果，目に見える実害が生じたという報告は見当たらない。

これらの点を考えると，1組のカップルに「婚姻の自由」＝自分たちの意思のみで法律婚制度を利用する権利を保障した憲法24条を，人々の意識の変化を反映して，当初想定された男女のカップルのみならず，同性のカップルにも保障する規定だと理解しても，特段の不都合はないはずだ。伝統的な婚姻観とか過去の経緯（つまりは偏見）以外に，法律婚を望む同性カップルを，この制度の利用から排除する実質的な理由があるとは到底思われない。現在の民法739条等は憲法24条違反だと考えられる。

4　同性カップルの法律婚制度利用権は新たな制度の創設権か

そもそも「性的指向」に基づく多様なライフスタイルの選択権は，憲法13条の「幸福追求権」によっても保障されている。そのうちの同性婚が，憲法24条1項の保護を受けるということだ。

そこでさらに問題となるのは，憲法24条・13条は，同性婚を認める法制度の創設を求める権利まで保障しているか，である。日本国憲法の違憲審査制は，特定の法律を制定するように裁判所が国会を義務づける権限まで含むものではない。その意味では，裁判で実現される憲法上の人権は，法律による制度の創設を求める権利だとは言えない。だから，憲法24条・13条が婚姻に関する何らかの自己決定権を含むとしても，新たな婚姻制度の創設を求める権利まで保障しているとは言えないという被告・国の主張は，一般論としてはもっともなことだ。家族法の制定にあたって国会が「個人の尊厳」と「両性の本質的平等」に立脚することを求める憲法24条2項も，具体的な法律の内容については国会に広い裁量権を認めていることになる。

しかし，新たな制度の創設を求めると言っても，ここで問題となっているのは，既存の民法・戸籍法の婚姻に関する諸規定に，同性同士の婚姻も可能にする条文を追加することだけだ。しかも，裁判所が国会を直接義務づけるわけではなく，民法に規定がないという理由で婚姻届けの受理を拒まれた（＝法律婚制度の利用を拒否された）同性カップルに対して，法律の不備を理由とする国家賠償を認めることで，裁判所が国会に間接的に法改正を促すにとどまる。

だから同性カップルも法律婚制度を利用できる明文規定が民法等に欠けていることが，憲法 24 条の法律婚制度利用権，13 条のライフスタイルの自己決定権を侵害するとして，法律の不備を理由とする国家賠償請求を認容することを，ことさらに新たな制度の創設権の承認だと見なして否定する必要もないと思う。

5　同性カップルを法律婚制度から排除するのは差別ではないか

憲法 24 条が「法律婚の自由」すなわち「法律婚制度の利用権」を保障しているとすれば，同性カップルにその利用を拒む法令は，人権保障について「性的指向」に基づく別異取扱いを定めたことになって，憲法 14 条 1 項の平等権侵害の問題も生じさせる。

ある法律規定（ここで問題となっている法律規定の不備を含めて）が 14 条 1 項の平等権侵害となるかどうかを判断する方法として，判例と学説はいわゆる「目的手段審査」を採用してきた。また平等権について学説は，次の 2 つのいずれかに該当する場合には，裁判所による「目的手段審査」は厳しく行われるべきだと主張してきた。

①　1 つは，法律が「人種」「信条」「性別」「社会的身分」「門地」という 14 条 1 項後段列挙事由のどれかを基準として人々を複数のグループに分け，グループごとに別異取扱いを定めている場合である。「性的指向」は本人の意思で任意に選択できる事柄ではなく，

性的少数者がこれまでさまざまな偏見や差別を受けてきたことを考えると，「性的指向」というグループ分けの基準は「社会的身分」に含まれるという解釈が成り立つ。そうすると，同性婚を認めない現行法が 14 条 1 項違反か否かについては，こうした排除の目的は「重要」と言えるか，法律婚制度からの排除は目的と「実質的な関連性」をもつかが，厳しくチェックされなければならないことになる。

② いま 1 つは，法律が，憲法上の人権の享受について複数のグループの別異取扱いを規定している場合だ。憲法 24 条 1 項が同性カップルにも「法律婚制度の利用権」を保障しているならば，その規定をもたない民法等の 14 条 1 項適合性は厳しくチェックされなければならない。

③ しかし，憲法 24 条・13 条は同性カップルの「法律婚の自由」まで保障するものではないと考えても，法令が「性的指向」に基づいて一般市民相互（異性カップルと同性カップル）に異なる取扱いを定めているわけだから，やはり平等権侵害の問題は発生し，現行法が憲法 14 条 1 項違反ではないというためには，その目的が「正当」で，手段としての同性婚規定の欠如が目的と「合理的関連性」をもっていなければならない。

法律婚は伝統的には男女を前提としてきたのだから，これからもこれを維持したいという理由だけでは，以上①～③のいずれの「目的手段審査」を行っても，同性カップルを排除する「重要な目的」，あるいは「正当な目的」を示したとはとても言えない。現在の法状況は，憲法 14 条 1 項違反にもなるだろう。

裁判所はどのように判断したか

① 条文の表現や制定事情に照らすと，憲法 24 条 1 項が保障しているのは異性婚の自由であるから，民法等が同性婚を認めなくても憲法 24 条違反ではない。

② 憲法 24 条 2 項は家族法について国会に合理的な裁量権を認めており，憲法 13 条も同性婚を含む特定の制度の創設を求める権利を保障していると解することはできない。現行法は憲法 13 条にも違反しない。

③ しかし，性的指向が本人の任意に選択できる事柄ではなく，精神疾患でもないことを考慮すると，「異性愛者に対しては婚姻という制度を利用する機会を提供しているにもかかわらず，同性愛者に対しては，婚姻によって生じる法的効果の一部ですらもこれを享受する法的手段を提供しないとしていることは，立法府……の裁量権の範囲を超えたものであるといわざるを得ず，本件区別取扱いは，その限度で合理的根拠を欠く差別取扱いに当たる……。したがって，本件規定は，上記の限度で憲法 14 条 1 項に違反する……。」

このように札幌地裁は，同性婚を認めない民法等の規定が憲法 24 条・13 条に違反することは否定し，判決文からすると，同性婚までは認めなくても，同性カップルを保護する法改正をすれば 14 条 1 項違反も回避できるとみているようでもある。しかし，日本の裁判所が同性婚を認めていない現行法をはじめて違憲と判断した意義はきわめて大きい。

参考文献

この判決の解説には，大野友也「同性婚を認めていないという不作為が憲法 14 条 1 項に違反するとされた事例」法学論集（鹿児島大）56 巻 1・2 号（2021 年）17 頁，白水隆「同性婚訴訟一審判決の比較検討」ジュリスト 1588 号（2023 年）66 頁などがある。

事件5　性同一性障害者の自由

心のままの性別でいたい

性同一性障害者による戸籍訂正事件

最高裁（第3小法廷）2013〈平成25〉年12月10日決定

（民集67巻9号1847頁）

性同一性障害の問題は，TVドラマ「3年B組　金八先生」（2001年）で，当時16歳の上戸彩が性同一性障害の生徒役を演じたころから話題になりはじめた。そして，2003年に，性同一性障害者に戸籍上の性別変更を認める法律が制定された（なお，日本精神神経学会は2014年に，「性同一性障害」を「性別違和」に変更することを提案している）。この法律は性同一性障害に苦しむ人にとって重要な一歩となったが，本件事件が示すように，問題はまだまだ残っている。

血縁ない子との父子関係

性別変更の男性に認定

最高裁初判断

性同一性障害で性別を女性から変更した兵庫県宍粟市の男性（31）と妻（31）が第三者からの精子提供でもうけた長男について、最高裁第3小法廷（大谷剛彦裁判長）は11日までに、男性との戸籍上の父子関係を認める決定をした。夫妻の申し立てを退けた一、二審の判断を破棄した。（関連記事を社会面に）

性別変更に伴う同種事案で、血縁関係のない父子に法的な親子関係を認める司法判断は初めて。家族のあり方を巡る議論に影響を与えそうだ。決定は10日付。裁判官5人中3人の多数意見で、2人は反対意見を付けた。

男性は女性として生まれたが、2004年に心と体の性が一致しない性同一性障害と診断された。性別変更の手続きなどを定めた性同一性障害特例法に基づいて戸籍上の性別を男性に変更し、08年に結婚。妻は第三者の精子提供で長男（4）を出産した。夫妻は出生届を出したが、役所は「血縁関係がないのは明らか」として、父親欄は空欄のまま妻の「婚外子」とする戸籍を作成した。

特例法は、性別が変更された後は、変更後の性別とみなして民法などを適用すると定めている。

同小法廷は決定理由で、男性に性別変更した人について「夫として結婚できるだけでなく、『婚姻中に妻が妊娠した場合は夫の子と推定する』という民法の規定が適用される」と指摘。血縁関係がないことを理由に親子関係の形成は認めないのは「法律上許されない」と結論付けた。

（記事：日本経済新聞2013年12月12日）

☑ できごと

Aさんは女性として生まれたが，2004年に性同一性障害と診断され，性別適合手術を受けた。そして，2008年に，「性同一性障害者の性別の取扱いの特例に関する法律」（以下では，「特例法」と呼ぶ）に基づき，性別取扱いの変更の審判を受け，戸籍上も男性に性別変更した。Aさんは2008年4月にBさんと婚姻し，Bさんは，Aさんの同意を得てCさんからの精子提供を受け，人工授精によってDを2009年11月に出産した。Aさんは東京都S区役所に，DをAさん夫婦の嫡出子とする出生届を提出したが，S区長はそれを認めず，子の父の欄を空欄とし，母の欄にBさんの氏名を記載する（DをBさんの非嫡出子とする）「職権記載」を行った。Aさんはこの S区長の処分に対し，「父の欄にAと記載する旨の訂正を許可する」審判を求めたが，東京家庭裁判所および東京高等裁判所とも認めなかったので，最高裁判所に許可抗告した。

☑ 当事者の主張

1 Aさんの主張

① Dは父Aと母Bとの婚姻が成立した2008年4月から200日を過ぎた翌年の11月に誕生したのであるから，Bが婚姻中に出産した子であり，DはAの子と推定される（民法772条1項・2項参照）。

② 特例法4条1項は，「他の性別に変わったものとみなす」と規定し，審査・判断の過程で生殖能力の有無を考慮してはならないとしているから，Dを非嫡出子として戸籍に記載することはS区長の審査権の及ぶところではない。

③ 本件戸籍記載は，社会的身分，性別，障害による差別として憲

法14条に違反し，自己が望む「父であること」を認めないことは，個人の尊厳を否定し，幸福追求権を侵害するものとして，憲法13条に違反する。

2　抗告審である東京高裁平成24年12月26日決定の判断

① 嫡出親子関係は，生理的な血縁を基礎としつつ，婚姻を基盤として判定されるものであって，父子関係の嫡出性の推定に関し，民法772条は，妻が婚姻中に懐胎した子を夫の子と推定し，婚姻中の懐胎を子の出生時期によって推定することにより，家庭の平和を維持し，夫婦関係の秘事を公にすることを防ぐとともに，父子関係の早期安定を図ったものであることからすると，戸籍の記載上，生理的な血縁が存しないことが明らかな場合においては，同条適用の前提を欠くものというべきである。

② 本件戸籍記載はAの父欄を空欄とするものであって，戸籍上の処理は，あくまでもAが客観的外観的に抗告人らの嫡出子として推定されず，嫡出でない子であるという客観的事実の認定を記載したものであるから，抗告人らの主張を考慮しても，本件戸籍記載が憲法14条または13条に反するものということはできない。

☑ 考えてみよう

1　性同一性障害とは何だろう

性同一性障害について，厚生労働省のウェブサイトは，「生物学的性別（sex）と性別に対する自己意識あるいは自己認知（gender identity）が一致しない状態」としている。男性として出生したが性別を女性に変更したい，逆に，女性として出生したが性別を男性に変更したい。仮にこういうことを望んだとしても，以前は法制上，無理だったが，2004 年 7 月施行の特例法によってできるようになった。実際に全国の家庭裁判所で性別変更が認められた件数は 2022 年は 889 人で，2004 年に特例法が施行されてからの件数をみると 1 万 1919 件に及んでいる（日経新聞電子版 2022 年 12 月 7 日（https://www.nikkei.com/article/DGXZQOUF07B0H0X01C22A2000000/）および『令和 4 年司法統計年報 3 家事編』（2022 年））。

この法律は性同一性障害を，「生物学的には性別が明らかであるにもかかわらず，心理的にはそれとは別の性別（以下「他の性別」という。）であるとの持続的な確信を持ち，かつ，自己を身体的及び社会的に他の性別に適合させようとする意思を有する者であって，そのことについてその診断を的確に行うために必要な知識及び経験を有する 2 人以上の医師の一般に認められている医学的知見に基づき行う診断が一致しているもの」と定義する（特例法 2 条）。先に挙げたものと比べると，狭く定義されていることが分かるだろう。2 人の専門の医師による診断が一致することが必要なのだ。

定義だけではなく，家庭裁判所で性別取扱いの変更が認められるための要件も，かなり厳格に定められている。それが次の 5 つの要件だ。①18 歳以上であること，②現に婚姻をしていないこと，③現に未成年の子がいないこと，④生殖腺がないことまたは生殖腺の機能を永続的に欠く状態にあること，⑤その身体について他の性別に係る身体の性器に係る部分に近似する外観を備えていること（特例法 3 条 1 項）。これらの要件をすべて満たすことが求められている。これらの要件はひとつひとつ見ていくと，問題をはらんでいる。たとえば，③は，結婚して子を生み，その後離婚した「元女性の性同一性障害者」は，子が成年になるかあるいは死亡するかしない限り性別の変更を申し立てることはできないのである（参照，棚村・後掲 7 頁）。

さらに問題なのが，④だろう。つまり，「生殖腺がないことまたは生殖腺の機能を永続的に欠く状態にあること」という要件を満たすために，生殖腺除去手術を受けなければならないのである。この点については，個人の人格的生存を侵害し，憲法 13 条に反するのではないか，という疑問がある。最高裁は，生殖腺除去手術によって「その意思に反して身体への侵襲を受けない自由を制約する面もあることは否定できない」としつつも，変更前の性別の生殖から子が生まれることからくる社会の混乱，男女の区別について急激な変更を避ける等の配慮をあげて，「現時点では」，憲法 13 条，14 条 1 項に反しないと判示した（最高裁〔第 2 小法廷〕2019〈平成 31〉年 1 月 23 日決定，判例時報 2421 号 4 頁）。この「現時点」という限定は，2 人の裁判官が違憲の疑いを示したことも関係したのかもしれない。いずれにせよ，憲法問題の完全決着は先送りされた（2023 年 10 月 25 日，最高裁大法廷は，性別変更の生殖腺除去要件（特例法 3 条 1 項 4 号）について，同規定による「身体への侵襲を受けない自由の制約については，現時点において，その必要性が低減しており，その程度が重大なものとなっていることなどを総合的に較量すれば，必要かつ合理的なものということはできない」として，同規定は憲法 13 条に違反すると判示した。本決定で，最高裁は，同法 3 条 1 項 4 号による「制約の必要性は，その前提となる諸事情の変化により低減している」とするが，その際，我が国の社会状況に加え，「現在では，欧米諸国を中心に，生殖能力の喪失を要件としない国が増加し，相当数に及んでいる」ことを指摘する。また，「制約の程度」について，生殖腺除去要件を「課すことは，医学的にみて合理的関連性を欠くに至っている」として，同法 3 条 1 項 4 号を「過剰な制約を課すもの」とする（最高裁ウェブサイト，LEX/DB 25573119））。

2 性同一性障害と親子関係

Bさんは夫であるAさんの同意を得て，第三者のCさんから精子提供を受けて人工授精によってDを出産した。このような生殖補助医療は，「非配偶者間人工授精（AID）」と呼ばれている。それでは，民法772条の嫡出推定によりDをAとBの嫡出子とすることは可能であろうか。Aさんは次のように考えた。民法772条を素直に読めば，DはAさんとBさんの婚姻成立から200日を経過した11月に誕生したのだから，DはAさんの子と推定される。それどころか，AさんはDが嫡出子であることを積極的に主張している。したがって，民法772条の嫡出推定により，Dは嫡出子である，と。

この問題について，日本産科婦人科学会が，2011年に法務省に見解を求めたことがある。法務省は，このような場合の戸籍実務における取扱いについて，民法772条の嫡出推定を「D」に及ぼすことはできないので，「性別の取扱いの変更の審判を受けた者の実子として法律上の父子関係があると認めることはできず，嫡出子であるとの出生届を受理することはできない」と回答した（法務省は，夫がAID子を「養子とする特別養子縁組届」を出す場合は受理するとしたほか，AID子と夫が「普通養子縁組届をすることにより，両者の間に嫡出子として法律上の親子関係を創設することも可能」としている）。これは「血縁」あるいは「生物学的なつながり」を前提とするものだろう。法務省の回答と同様の考え方をとるのが本件事件の原審である東京高等裁判所だ。同裁判所は，「嫡出親子関係は，生理的な血縁を基礎としつつ，婚姻を基盤として判定されるもの」とし，「戸籍の記載上，生理的な血縁が存しないことが明らかな場合」においては，民法772条は適用されないとしている（東京高裁2012〈平成24〉年12月26日決定，判例タイムズ1338号284頁）。

ところで，不妊の夫婦が第三者の精子を提供されて，人工授精で子が誕生した事例において，AID 子と夫の間には，「真実の親子関係が存在せず，嫡出推定が働かない」とする考え方もあるが，東京高等裁判所は，AID 子の法的地位について，「夫の同意を得て人工授精が行われた場合には，人工授精子は嫡出推定の及ぶ嫡出子であると解するのが相当」と判示している（東京高裁 1998〈平成 10〉年 9 月 16 日決定，判例タイムズ 1014 号 245 頁)。この不妊夫婦と AID 子の関係は性同一性障害の夫婦と AID 子の関係と，「生物学的つながり」という観点からすれば，きわめて類似した状況と見ることはできないだろうか。特例法 4 条 1 項は，「性別の取扱いの変更の審判を受けた者は，……法律に別段の定めがある場合を除き，その性別につき他の性別に変わったものとみなす。」と定める。「性別の取扱いの変更の審判を受けた者」と AID 子との関係については「法律に別段の定め」がない以上，生来的な男性と異なった取扱いをすることは特例法の趣旨に反するのではなかろうか。

3　平等原則と非配偶者間人工授精（AID）

A さんはＳ区役所に，D を A さん夫婦の嫡出子とする出生届を提出したが，Ｓ区長はそれを認めず，子の父の欄を空欄とする「職権記載」を行った。一方，夫が生来的男性で，AID により子が生まれた場合，夫が同意しているのであれば，AID 子は嫡出子とされる。そこで A さんは，Ｓ区長による職権記載は憲法 14 条 1 項に反すると主張している（ただし，最高裁判所に対する許可抗告申立書では，この点については主張していない)。

憲法 14 条 1 項に反するかどうかについて，2 つの考え方がある。1 つは，法律や行政処分が違憲かどうかを判断する際には，ある「人・集団」の異なった取扱いが（後段列挙事由である)「人種，信条，性別，社会的身分，門地」に基づくのであれば，厳格な審査基準を用いるという考え方だ。A さんは女性から男性に性別変更をしているから，「性別」もしくは「社会的身分」に基づく差別という主張が考えられる。社会的身分は，「自分の意思で左右できず，社会的な評価をともなう固定的な地位」と解することができよう。S 区長による職権記載（D を A さんの嫡出子としない処分）が A さんに対する「性別」もしくは「社会的身分」に基づく差別だとすると，この処分には単なる合理性を超える「強度の」正当化根拠が必要である。この正当化根拠について，「法務省の回答」から読み取れるのは，「当該子について，性別の取扱いの変更の審判を受けた者との間で民法第 772 条による嫡出推定を及ぼすことはできない」ということである。「生物学的つながり」を重視するこの見解が「強度の」正当化根拠として十分かは，不妊夫婦の AID 子について嫡出子たる法的地位を認めていることからして，疑わしいだろう。

平等原則についてのもう 1 つの考え方は，最高裁判例が展開するものだ。最高裁判所は憲法 14 条 1 項の後段列挙事由を例示と解し，憲法 14 条 1 項を，「事柄の性質に即応した合理的な根拠に基づくものでない限り，法的な差別的取扱いを禁止する趣旨」とする（最高裁〔大法廷〕2008〈平成 20〉年 6 月 4 日判決，民集 62 巻 6 号 1367 頁）。これは緩やかな審査といわれる。というのも，合理的根拠を全くもたない法律や行政処分を見いだすのは難しいから，なにがしかの合

民法 900 条 4 号（2013〈平成 25〉年法律 94 号による改正前）
子，直系尊属又は兄弟姉妹が数人あるときは，各自の相続分は，相等しいものとする。ただし，嫡出でない子の相続分は，嫡出である子の相続分の 2 分の 1 とし，父母の一方のみを同じくする兄弟姉妹の相続分は，父母の双方を同じくする兄弟姉妹の相続分の 2 分の 1 とする。

理性があれば合憲とされる可能性があるからである。もっとも，最高裁判所は，最近の判決で，重要な権利・法的地位に対する制約が問題になっており，（嫡出子たる身分の取得のように）本人の意思や努力ではいかんともしがたい事柄である場合，平等権侵害の際の審査基準を厳格にしている（上記最高裁大法廷判決）。本件でも，A さんが生殖能力をもたないことは本人の意思や努力ではいかんともしがたい事柄といえよう。「生物学的つながり」だけを A さんに対する制約の合理的根拠とすることは，不妊夫婦の場合の AID 子が嫡出子とされることとの対比から，ここでも説得的ではない。そうすると，この考え方からも S 区長の処分が違憲とされる可能性は高い。

A さんは，「自己が望む『父であること』を認めないことは，個人の尊厳を否定」するもので，幸福追求権を保障する憲法 13 条に反する，と主張していた。A さんを個人として尊重することは，民法 772 条の適用にあたり「生物学的つながり」を前提とすることと相容れないであろう。最高裁判所は（2013 年改正前の）民法 900 条 4 号但書が憲法 14 条 1 項に違反するとした判決で，「個人の尊厳と法の下の平等」を基軸としたうえで「家族という共同体の中における個人の尊重」を強調している（最高裁〔大法廷〕2013〈平成 25〉年 9 月 4 日決定，民集 67 巻 6 号 1320 頁）。この判決も A さんの主張を裏付けるものだろう。個人の尊重を欠く「特定人に対する制約（差別と言い換えてもよい）」は憲法 14 条 1 項を侵害する可能性が大きいのである。

裁判所はどのように判断したか

最高裁（第3小法廷）2013〈平成25〉年12月10日決定（民集67巻9号1847頁）は，Aさんの抗告を認め，「『届出人　父』と記載する旨の戸籍の訂正」をすることを許可した。

「特例法3条1項の規定に基づき男性への性別の取扱いの変更の審判を受けた者は，以後，法令の規定の適用について男性とみなされるため，民法の規定に基づき夫として婚姻することができるのみならず，婚姻中にその妻が子を懐胎したときは，同法772条の規定により，当該子は当該夫の子と推定されるというべきである」。

「性別の取扱いの変更の審判を受けた者については，妻との性的関係によって子をもうけることはおよそ想定できないものの，一方でそのような者に婚姻することを認めながら，他方で，その主要な効果である同条による嫡出の推定についての規定の適用を，妻との性的関係の結果もうけた子であり得ないことを理由に認めないとすることは相当でない」。

したがって，「妻が夫との婚姻中に懐胎した子につき嫡出子であるとの出生届がされた場合においては，戸籍事務管掌者が，戸籍の記載から夫が特例法3条1項の規定に基づき性別の取扱いの変更の審判を受けた者であって当該夫と当該子との間の血縁関係が存在しないことが明らかであるとして，当該子が民法772条による嫡出の推定を受けないと判断し，このことを理由に父の欄を空欄とする等の戸籍の記載をすることは法律上許されない」。

なお，本決定から7年経過した，2020（令和2）年12月4日に成立した生殖補助医療特例法は，10条において，「夫の同意を得て，夫以外の男性の精子……を用いた生殖補助医療により懐胎した子については，夫は〔嫡出推定否認権行使の可能性を認める〕民法第774条の規定にかかわらず，その子が嫡出であることを否認することができない。」と規定する。

参考文献

本判決については，白水隆「性別変更をした夫とその妻との間で生まれた子の摘出推定――憲法学の視点から」新・判例解説 Watch 2014年10月号（15号）15頁，および麻生多聞「生殖補助医療とリプロダクティブ・ライツ」法学セミナー 2014年6月号（713号）112頁があるほか，西村枝美「性別取扱いを変更した者の妻が第三者の精子により出産した子に関する区長の職権による戸籍記載の合憲性」判例セレクト2013［Ⅰ］7頁が前審の東京高裁決定を検討するなかで触れている。本テーマについては，梶村太市「性同一性障害の夫婦による嫡出子出生届をめぐる法律問題（上）（下）」法律時報 2012年9月号（84巻10号）97頁以下，10月号（84巻11号）70頁以下，中村恵「性同一性障害者の親子関係」法律時報 2011年11月号（83巻12号）44頁，棚村政行「性同一性障害をめぐる法的状況と課題」ジュリスト 2008年10月1日号（1364号）8頁が参考になる。

最高裁〔第2小法廷〕2019〈平成31〉年1月23日決定については，上田健介「性同一性障害者特例法による性別変更の生殖腺除去手術の合憲性」法学教室 2019年5月号（464号）117頁，渡邉泰彦「性別の変更と生殖不能要件――家族法の視点から」新・判例解説 Watch Web版 民法（家族法）No. 97（2019年3月8日掲載）（z18817009-00-040971722）が参考になる。

事件 6　再婚の自由

女性はなぜすぐに再婚できないの？

再婚禁止期間違憲訴訟

最高裁（大法廷）2015〈平成 27〉年 12 月 16 日判決

（民集 69 巻 8 号 2427 頁）

離婚は確実に増えている。1960 年代までは離婚件数は 1 年間に 10 万組に達しなかったが，2020 年代には 18 万組前後を推移している。ところで，離婚が成立し，新しい配偶者との家庭を望む場合，男はすぐ再婚できるのに女は 6 か月間結婚できない。その理由は，離婚即再婚となると，生まれる子の父親が誰かわからなくなるからだという。このように女にのみ再婚を制限する民法 733 条は，医学の発達や女性の地位向上が著しい今日においてそのまま維持すべきだろうか。

再婚 幸せ近づいた

「法改正 一日も早く」

規定全廃求める裁判官も

海外は廃止の流れ

同姓義務は日本だけ

夫婦の姓を巡る各国の状況

日本	同姓
米国	州によって異なる
ドイツ	同姓か結合姓。法改正で別姓も可能に
フランス	別姓。妻は夫の姓も可
イタリア	夫は自分の姓、妻は結合姓
ロシア	同姓、別姓、結合姓から選べる
トルコ	夫の姓。法改正で妻は結合姓も可能に
中国	別姓
韓国	別姓
タイ	夫か妻の姓。法改正で別姓も可能に

（注）衆院調査局など調べ

（記事：日本経済新聞 2015 年 12 月 17 日）

☑ できごと

A子さんは，ドメスティック・バイオレンス（DV）が原因で，2006年9月に前夫Bさんと別居し，Bさんとの離婚を望み離婚訴訟を提起したが，Bさんが控訴するなどしたため時間がかかり，ようやく2008年3月28日にBさんとの離婚にこぎ着けた。A子さんは（現在の夫）Cさんと直ちに再婚することを望んだが（A子さんは離婚成立の直前にCさんの子を妊娠していたのだ），女性にのみ6か月の再婚禁止期間を定める2022年改正前民法733条1項を理由に婚姻届を受理されず，2008年10月7日にようやく婚姻することができたのだった。

民法旧733条は，男性については再婚禁止期間を定めていなかった。したがって，A子さんの前夫であるBさんは，離婚後直ちに別の女性と結婚することも可能だったのである。ところで，この事件のように，DVが引き金となったケースでは離婚が容易に成立しないことがままある。DVを行った側が離婚に同意しないのである。離婚調停がうまくいかないため，離婚訴訟を家裁に起こしそこで勝訴しても相手方が控訴することもあり（本ケースがそうだ），離婚の成立まで時間がかかるのだ。ようやく離婚が成立したとしても，あと半年は再婚ができないということは女性にどんな気持ちを抱かせるだろう。A子さんは，離婚成立後，「再婚までにさらに6か月待たなければならなかったことに悲しみを感じ，『自分以外の人にこのような思いをさせたくない』と考えて今回の訴訟に至ったという」（毎日新聞岡山版2012年10月19日）。A子さんは，離婚成立直前にCさんの子を妊娠しているが，離婚成立の前後に事実上の夫婦としての生活に入ることは珍しくないだろう。

A子さんは，民法733条1項の再婚禁止期間の規定のために婚姻が遅れ，精神的損害を被ったとして，民法 733 条 1 項をなんら改正することをしなかった国に対し，慰謝料を求める訴えを起こした。

☑ 当事者の主張

1 A 子さんらの主張

① 民法 733 条 1 項の立法趣旨は，道徳的な理由に基づき寡婦（夫に死別し再婚しないままでいる女性）に対し一定期間，喪に服することを強制するものであるから，本件区別を生じさせた立法目的自体に合理的な根拠がないことは明白である。

② かりに民法 733 条 1 項の立法趣旨が嫡出推定の重複を回避することにあり，立法目的自体に合理的な根拠が認められるとしても，当該目的を達するには 100 日の再婚禁止期間を設けることで足りるのであるから，本件区別は合理性を欠いた過剰な制約を課すものである。

③ したがって，民法 733 条 1 項の規定が本件区別を生じさせていることは，憲法 14 条 1 項および 24 条 2 項に違反し，本件立法不作為は，憲法上保障されている婚姻をする権利を違法に侵害することが明白な場合に当たるから，国家賠償法 1 条 1 項の適用上，違法の評価を受ける。

2 国側の主張

① 民法 733 条 1 項の立法趣旨は，父性の推定の重複を回避し，父子関係をめぐる紛争の発生を未然に防ぐことにあり，そのために，女性に対してのみ 6 か月の再婚禁止期間を設けることは，懐胎の有無という男女の生理的な違いを理由として男女間の法的取扱いに差異を設けるものであって，それが一見して合理性を有しないとはい

えない。
② 民法 733 条 1 項の規定は直ちに憲法 14 条 1 項および 24 条 2 項の規定に違反するものではなく，その相当性については立法政策の問題として議論されるべきである。ましてや，国会が民法 733 条 1 項を改正しないことが，個々の国民に対して憲法上保障されている権利を違法に侵害するものであることが明白であるとはいえない。

国会が民法 733 条 1 項の規定を改正しないことが，国家賠償法 1 条 1 項の規定上違法とされる余地はなく，A 子さんの請求は棄却されるべきである。

☑ 考えてみよう

1 再婚禁止期間が設けられたわけ

再婚禁止期間は，不倫は悪といった倫理的な理由から“懲らしめ”という意味で設けられる場合があり（したがって，男女とも対象となる），さらに前夫と死に別れたときに，習俗として喪に服する期間という意味で設けられる場合もある。しかし，**民法旧 733 条**はそれらとは異なり，前婚の解消後に生まれた子どもの地位を明確なものにするという目的に立つものと一般にいわれる。つまり，前婚の解消後にすぐ婚姻したとすれば，父親がどちらかわからない状況が出てくるおそれがあるので，6 か月の再婚禁止期間を置くとい

民法 733 条 1 項（平成 28 年法律 71 号による改正前）
① 女は，前婚の解消又は取消しの日から 6 箇月を経過した後でなければ，再婚をすることができない。
② 女が前婚の解消又は取消しの前から懐胎していた場合には，その出産の日から，前項の規定を適用しない。

うことである。父親の確定が子どもにとり重要な意味をもつことは言うまでもない。出産という役割が生理的に女性に負わされていることから再婚禁止期間は女性にのみ課され，また離婚後6か月以内であっても出産後は当然に再婚が許される（同条2項）。

これに対し，A子さんは，民法733条1項は男性優位の思想に基づき女性の再婚を忌み嫌うもので，女性に対してのみ再婚を制限するもの，と主張する。実は，民法733条がいかなる目的で制定されたかということは，再婚禁止期間の合憲性を考えるうえで重要な意味をもっている。この点をもう少し具体的に見てみよう。

2　再婚禁止期間は必要か？

A子さんらの考え方（A子さんらの主張①）に立てば，そもそも民法733条の立法目的が憲法上許されないことになる。したがって，民法733条違憲論，つまり，再婚禁止期間を設けることは憲法上許されないという結論にたどり着くだろう。しかし一方で，前婚の解消後に生まれた子どもの地位を明確なものにするということが民法733条の立法目的という考え方も成り立ちうる。実は，A子さんらもこの考え方を一部取り入れている（A子さんらの主張②）。それによれば，女性にのみ再婚を一定期間禁止する規定は，その目的に関しては憲法14条違反を生じない。憲法14条の保障する平等原則は合理的差別を許容するものだから，出産という生理的機能の差異に基づいた男女の異なる取扱いは，合理的差別として許されるからだ。しかし，立法目的はよいとして，その目的を達成する手段に合理性があるかどうは別の問題だ。つまり，父親が誰かを推定するという目的を達成する手段として，6か月の再婚禁止期間は長すぎて合理性に欠ける（必要以上に女性の再婚の自由を制限している）と見るか，あるいは6か月はやはり必要と見るかである。

ところで，再婚禁止期間が現実にどのように機能していたかも考えておく必要がある。というのも，前婚の離婚が成立する以前に「後婚」が事実上スタートするケースもあるからだ。実際，それはかなりの数になると思われる。本件も，離婚調停がうまくいかず，離婚訴訟を提起し，ようやく離婚が成立したのである。たとえば，前婚の離婚直前に妊娠し，子どもが生まれれば，再婚の夫との間の子なのに前夫の子と推定されることとなり（民法772条参照），子どもの利益は明らかに損なわれるであろう。特にDVが原因となって離婚という結果が生じた場合，居所を隠すために出生届を出さないケースさえ考えられる。そうすると，子は無戸籍児となり，その不利益はきわめて大きい。ところで，前婚の嫡出推定を覆す方策として，2007年に，離婚後，「300日以内の出産でも，離婚後の妊娠と医師が証明すれば現夫の子としての出生届を受理する」との法務省通達が出されたが，これによっても，離婚成立前の妊娠のケースは救済されない。子どものために再婚禁止期間を守れという意見には，「6か月」の前に長期にわたる事実上の離婚状態が存在していることが多く，「再婚禁止期間」は女性にのみ合理性を欠く負担を課し，再婚の夫との間に生まれてくる子どもに重大な不利益を及ぼす，と反論できるだろう。

3　解決のゆくえ――6か月の期間は妥当か

父親が誰かを推定する，より詳しくいうと，父性の推定が重複することを避けることが，民法旧733条の立法目的だろう。もちろん，この主張については，DNA検査の進歩により生物学上の父を確定することは可能という反論もありうる。この考え方に立てば，再婚禁止期間自体が不要になり，民法旧733条違憲論を導くことが容易になる。ただし，DNA鑑定については，それを強制することができるのか，鑑定の結果血縁上の父が不明の場合には父性の推定はどうなるかなど，問題がある。さらに考えておくべきポイントは，再婚禁止期間により女性の婚姻の自由が制約されることである。婚姻の自由に関わる法律は，「個人の尊厳と両性の本質的平等に立脚して，制定されなければならない」(憲法 24 条 2 項)。

次に，立法目的を達成するための手段たる「6 か月」という再婚禁止期間について，検討を進めよう。再婚禁止期間が 6 か月というのは，明治時代からいろいろと議論を呼んだらしい。4 か月が適当という意見もあったようだが，それでは妊娠の有無を確実に判断することは難しいという反論が出されている。これは，当時の医学のレベルということに加え，6 か月もたてば妊娠の有無は誰の目にも明らかだろうとする世間一般の認識に重きを置いている。また，当時の諸外国の例を見ても，6 か月はけっして長くはなかったという事情もあったようだ。時代も移り，医学の発達がめざましく，また，家族観の変容がみられる現在，民法旧 733 条の問い直しがでてくるのは当然のことだろう。

父親が誰かを確定するため再婚禁止期間が必要だとしても，その期間は 100 日でよく，6 か月は違憲の疑いがあるとする有力な見解が唱えられていた。それは次のようにいう。**民法 772 条**は，結婚した日から 200 日以後，または離婚した日から 300 日以内に生まれ

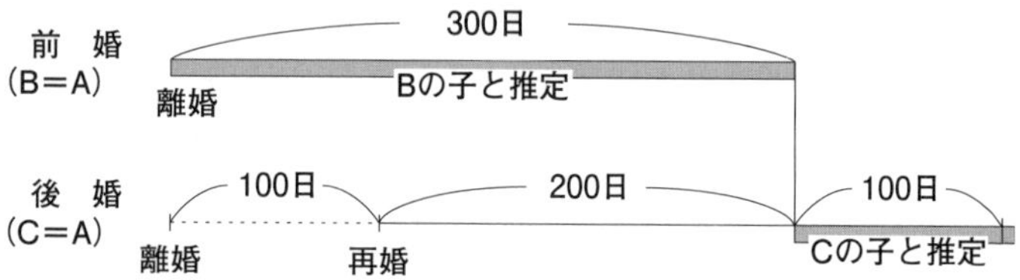

(父性推定の重複を
回避する期間設定)

民法 772 条　①妻が婚姻中に懐胎した子は，夫の子と推定する。
②婚姻の成立の日から 200 日を経過した後又は婚姻の解消若しくは取消しの日から 300 日以内に生まれた子は，婚姻中に懐胎したものと推定する。

た子は，夫の子，つまりその夫婦の子と推定する。ということは，再婚を考えた場合，離婚後 300 日以内に生まれた子は前夫の子と推定される以上，再婚可能な日を離婚後 101 日目に設定することは可能だ。なぜなら，101 日目に再婚して妻が妊娠していることが判明しても，再婚から 200 日（つまり離婚後 300 日）以内に生まれた子は前夫の子と推定され，再婚から 200 日以後に生まれれば現夫の子と推定されるから，少なくとも父親が誰かという法律上の推定が重複することはなくなるのだから。そうすると，現行規定の 6 か月（180 日）は 80 日ほど女性の再婚の自由を不必要に制限しており違憲ということになりそうである（この見解の特徴は医学的観点を問うことなく，純粋に民法規定内部の矛盾をついている点にある。医学的にみれば，100 日の再婚禁止期間であっても不合理で無意味だともいえるだろう）。はたして，この見解は妥当だろうか。

4　最後のハードル――救済の仕組み

2010 年代に入ると，再婚禁止期間違憲論は，家族法学者や憲法学者の中で一段と力を増していた。それなら，A 子さんらはこの訴訟に勝てるかもしれないと楽観的な結論が出そうだが，その前に，この裁判は国家賠償請求訴訟である点に注意しなければならない。民法 733 条を立法し，同条を廃止・改正しない国会議員の行為が，国家賠償法 1 条 1 項の「違法な公権力の行使」に当たるかどうかについて，最高裁判所は次のような判決を下している。

国会議員の立法行為は，立法の内容が憲法の一義的な文言に違反しているにもかかわらず国会があえて当該立法を行うというような例外的な場合でない限り，違法の評価を受けない，と。この基準によると，立法内容が違憲だとしても，国家賠償法上も違法であるとはなかなかいえそうにない。憲法違反の立法行為の中で「憲法の一義的な文言に違反している」ものだけが国家賠償法上も違法というのだ（違憲であっても違法でない立法行為なんて，本当に分かりにくい）。そうすると，民法 733 条を改廃しないことが「憲法の一義的な文言に違反」する例外的な場合といえないと勝訴は無理だ。最高裁判所も，1995 年の判決で国会が民法 733 条を改廃しないことが直ちに「例外的な場合に当たると解する余地のないことが明らか」と判示していた（最高裁〔第 3 小法廷〕1995〈平成 7〉年 12 月 5 日判決，判例時報 1563 号 81 頁）。

ところが，最高裁判所は 2005 年の判決で，「例外的な場合」を拡大し，「立法の内容又は立法不作為が国民に憲法上保障されている権利を違法に侵害するものであることが明白な場合」には，「例外的に，国会議員の立法行為又は立法不作為は，国家賠償法 1 条 1 項の適用上，違法の評価を受ける」と判示した（最高裁〔大法廷〕2005〈平成 17〉年 9 月 14 日，民集 59 巻 7 号 2087 頁）。これを「憲法の一義的な文言に違反」と比べてみると，違法とされるケースが広がったと，受けとめられたのだ。この事件で「国民に保障されている権利」とは選挙権であったが，本件では平等権そして婚姻の自由が問題になった。はたして，2005 年の最高裁判決が打ち出した定式は本件で用いられるだろうか。それが，最後の難問である。

裁判所はどのように判断したか

女性について再婚禁止期間を定める民法 733 条 1 項（以下，「本件規定」）について，最高裁は以下のように，100日超過部分を違憲とした。

民法733条1項の立法目的は，「女性の再婚後に生まれた子につき父性の推定の重複を回避し，もって父子関係をめぐる紛争の発生を未然に防ぐこと」にあり，それには合理性が認められる。そして，民法772条の規定からすると，「女性の再婚後に生まれる子については，計算上100日の再婚禁止期間を設けることによって，父性の推定の重複が回避される」。「本件規定のうち100日超過部分」は「合理性を欠いた過剰な制約を課すもの」であり，「遅くとも上告人が前婚を解消した日から100日を経過した時点までには，婚姻及び家族に関する事項について国会に認められる合理的な立法裁量の範囲を超えるものとして，その立法目的との関連において合理性を欠くものになっていた」。以上のことから，100日超過部分は「憲法14条1項に違反するとともに，憲法24条2項にも違反する」。

平成20年当時においては「本件規定のうち100日超過部分が憲法に違反するものとなってはいたものの，これを国家賠償法1条1項の適用の観点からみた場合」に，「憲法上保障され又は保護されている権利利益を合理的な理由なく制約する」ことの違憲性が国会にとって明白であったということは困難である。従って，「本件立法不作為は，国家賠償法1条1項の適用上違法の評価を受けるものではない」。

この判決を承けて，2016年6月に，以下のような民法の一部を改正する法律が成立した。

民法733条① 女は，前婚の解消又は取消しの日から起算して100日を経過した後でなければ，再婚をすることができない。
② 前項の規定は，次に掲げる場合には，適用しない。
一 女が前婚の解消又は取消しの時に懐胎していなかった場合
二 女が前婚の解消又は取消しの後に出産した場合

2022年12月10日に「民法等の一部を改正する法律」が成立し，嫡出推定制度が見直された（2024〈令和6〉年4月1日から施行）。

まず，本テーマとの関係で注目すべきは，女性の再婚禁止期間を規定した民法733条が削除されたことである。次に嫡出の推定について，改正民法772条1項は，「妻が婚姻中に懐胎した子は，当該婚姻における夫の子と推定する」とし，「女が婚姻前に懐胎した子であって，婚姻が成立した後に生まれたものも，同様とする」。つまり，「婚姻の解消等の日から300日以内に子が生まれた場合であっても，母が前夫以外の男性と再婚した後に生まれた子は，再婚後の夫の子と推定する」規定が設けられたのである（法務省ウェブサイト「民法等の一部を改正する法律について」）。これまでの規定は離婚後300日以内に生まれた子は前夫の子と推定されるとしていた（本書69頁の民法旧772条参照）。最後に，嫡出の否認が，「夫」だけではなく，「子」および「親権を行う母，親権を行う養親又は未成年後見人が，子のために行使することができる」こととなった（民法774条）。また嫡出否認の訴の出訴期間は3年とされた（民法777条。従来は出訴期間は1年だった）。

女性の再婚の自由にとって上記民法改正が大きな進展となったことは疑いない。再婚禁止期間の廃止は象徴的だが，嫡出推定に「再婚後の出産は再婚後の夫の子」という例外が設けられたことも重要である。前夫の子という嫡出推定があることで，母が出生届を出さなかったことが推測されるのである。「法務省によると8月時点の無戸籍者793人のうちおよそ7割は嫡出推定を理由に出生届が出されなかったことが原因」（日本経済新聞朝刊2022年12月11日）だったという。加えて，嫡出否認権を母や子に認めたことも重要である。これまでは否認権が母に認められていなかったため，「母が出生届提出をためらう原因になっていた」（前掲日経朝刊）のである。

参考文献

本件判決については，木下智史・平成28年度重要判例解説（2017年）18頁，笹田栄司「再婚禁止期間違憲訴訟」法学教室2016年7月号（430号）125頁，神橋一彦「再婚禁止期間の違憲性と国家賠償法上の違法性」法学教室2016年7月号（430号）133頁の他，本件を担当した作花知志弁護士による「再婚禁止期間違憲訴訟」法学セミナー2016年3月号（734号）39頁が参考になる。

事件7 治療拒否の自由

自分の身体は自分のもの？

輸血拒否事件

最高裁（第3小法廷）2000〈平成12〉年2月29日判決

（民集54巻2号582頁）

「はい，どうしましたか。……じゃ，この薬飲んで。次の人。」
これで3分間（1分間？）。お医者さんにもいいたいことはあるだろう。朝早くから何十人という患者の診察をして，午後からも同じことの繰り返し。きのうの夜は当直で，急患のせいでろくに眠れなかったとしても，きょうの診察をサボるわけにはいかない。きまりきった患者の診察は省エネにしなくっちゃ。なにより，こっちは専門家なんだから，まかせておけば間違いはないんだよ。
ただのカゼならこれでもいいのかもしれない。でも，「じゃ，明日手術します」なんてことになったら？　そして，君の信仰する神が，外から血を体内に入れてはいけないと命じていたら？　そもそも患者はどこまで自分の身体に対する治療に口を出せるのだろうか。

☑ できごと

Aさん（当時68歳）は，B病院で肝臓がんと診断され，手術の必要があると告げられた。手術には輸血が伴うとのことであったが，Aさんは30余年来の「エホバの証人」の信者であり，いかなる場合にも輸血を受けることは拒否するという固い信念を有していた。そのため，無輸血手術の実績を持つT大学病院に転院し，約1か月後に手術を受けた。その際，Aさんは，T大学病院の担当医師に対して，輸血を受けることができないこと，および輸血をしなかったために生じた損傷に関して医師等の責任を問わないことを記載した免責証書を渡した。

キリスト教系の宗教団体とされる「エホバの証人」の教義は，「血を避けるように」という聖書の教えは医療上の輸血にも当てはまるとしており，聖書の教えに従えば，たとえ輸血を受けずに一命を失っても，やがて復活して永遠の生命を得られると信じているといわれる（同種事件における裁判所の認定。大分地裁昭和60年12月2日決定，判例時報1180号113頁）。

しかし，T大学病院では，エホバの証人の主張はできるだけ尊重するが，手術の際に輸血以外には救命手段がない事態が生じた場合には，本人や家族の意思にかかわらず輸血するとの方針を採っていた。今回も，症状が悪いために輸血の準備をして手術に臨んだところ，出血量が約2245ミリリットルに達するなどの状態になったため，担当医師は，輸血をしない限りAさんを救うことが難しいと判断して輸血をした。手術後にこれを知ったAさんは，精神的損害を被ったとして，担当医師およびT大学病院の設置者である国に対して損害賠償を請求する訴えを起こしたのである。

なお，Aさんは手術後約5年たって亡くなり，控訴審の途中から遺族が訴訟を受け継いだ（ちなみに，手術を受けない場合の余命は約1年と見込まれていた）。

☑ 当事者の主張

1　Aさんの主張

①　医師らがAと絶対に輸血をしないという合意をしたにもかかわらず輸血を行ったのは約束違反（債務不履行という）である。

②　輸血以外には救命手段がない事態が生じた場合には，本人や家族の意思に反しても輸血するとの方針を採っていたにもかかわらず，医師らがその説明を怠り，Aの意思に従うかのように振る舞って手術を受けさせ輸血をしたことは，Aの自己決定権および信教の自由の侵害である。

2　医師らの主張

①　医師は，手術に伴う大量出血により生命の危険が生じたときは，救命に必要な輸血をしないと不作為による自殺幇助の罪に問われかねない。医師に対し，このような犯罪的行為を行わせる約束（特約）は，公序良俗に反し，無効である。

②　Aに輸血をして救命することは，人命尊重の観点からも，また，医師にとって職業倫理上の責任，刑事上の責任を回避するという観点からも，社会的に正当な行為として許される。

☑ 考えてみよう

1　なぜ輸血を拒むのか

Aさんが信仰する「エホバの証人（ものみの塔聖書冊子協会）」は

1870 年代にアメリカで組織された宗教団体である。聖書の教えを戒律として日常生活でも守ることを厳しく要求し，たとえば国旗への敬礼は偶像崇拝に当たるとして拒否し，兵役義務も拒否する。また，選挙での投票，公務への就任もしない。輸血についても，旧約聖書・創世記にある「肉を，その命である血のままで食べてはならない」という記述や，新約の使徒行伝にある「必要事項は……偶像に供えたものと，血と……を避けるということである」という教えなどを基礎にして，他人の血を体内に入れることを拒むのである。ただ，より根本的には，血液は生命そのものであり（旧約・レビ記 17 章 14 節），輸血は他人の生命を食するに等しいと考えているからだとも言われる。こうみると，Part 3 の事件19 で扱う剣道実技の拒否の根底にある非暴力主義と共通する信念に基づくともいえよう。信者は国内に約 21 万人とされる（朝日新聞 2023 年 2 月 27 日）。

アメリカでは同団体をめぐる裁判例が少なくなく，なかには信教の自由や表現の自由の発展に貢献した重要な憲法判例もある。輸血拒否に関しても数多くの判例が出ている。

日本では，1985 年 12 月 2 日の前掲大分地裁決定が初期のものとして有名だ。これは骨肉腫にかかったエホバの証人の信者である患者（34 歳の男性）が輸血を拒否したのに対して，その両親が輸血を含む手術の実施を求めたという事件である。裁判所は，この患者にとって，輸血を強制されることは信仰の自由を侵されることに等しく，また，本人は助かることを強く願っており，輸血しないでもすむ治療方法もあることを考えると，本件の輸血拒否が直ちに自殺行為に類するものということはできない，として両親の申請を認めなかった。

大分の事件があった当時に行われたアンケートによれば，全国の主要 235 病院の 56％ が輸血拒否に直面したことがあり，50％ が無輸血手術を行ったと回答している（朝日新聞 1985 年 6 月 15 日）。その後も，医療機関における対応の検討が進み，輸血拒否の意思を原則的に尊重する病院が増加した。1994 年に東京都立病産院倫理委員会が作成した基準が，早い時期の代表的な例といえるので，その要旨を紹介しよう。「①患者が判断能力のある成人の場合は，その意思を尊重して無輸血治療を行う。ただし，患者に意識障害があり，救命に必要な場合には家族が反対しても輸血を行う。②患者が 18 歳未満の場合，生命に危険が及ぶときは親が反対しても輸血する。ただし，高校生については原則として成人の場合に準じるが，各事例に則して，成人の場合よりもさらに慎重に対応する。③妊婦の場合は，医師は胎児への影響も含めて輸血の必要性を説明し，同意を得るように努めるが，それでも拒否する場合は尊重する。」

2　輸血拒否は憲法上の権利か

輸血拒否を支える法的根拠としては，大分地裁は**憲法 20 条**の信教の自由を用いた。信教の自由の意味については Part 3 の事件19 の説明を参照して欲しいが，憲法 20 条が，個人がその信仰を理由に重大な不利益を受けたり，信仰を妨害されたりしないことを保障していることは間違いない。

もう 1 つの根拠として，本件の原告（A さん）は，自己決定権を主張した。**憲法 13 条**の幸福追求権に自己決定権が含まれることは Part 1 の各所で語られているが，その内容，つまり自分で決めることができる事柄のなかに「自分の生命，身体の処分にかかわる事柄」が含められることが多い。人の生死にかかわることであり，最も根源的な自己決定ということができるが，それだけに難しい問題もはらんでいる。

自分の生命・身体は自分のものだから，病気にかかったとしても，そもそも治療を受けるかどうか，受けるとしてもどのような治療を受けるかは自分で決めることができるはずだ，ということは可能だろう。もちろん，感染症などの場合は，自分だけの問題ではなくなるから，治療についての自己決定は大きく限定される。しかし，それ以外の場合は，治療に関する自己決定権を頭から否定することはできない。輸血の場合も同様である。最近，「インフォームド・コンセント」という言葉をよく聞くが，これは，患者が医師から十分な説明を受け，それを理解し同意した上で医療行為を選択するという考え方を意味する。アメリカでは裁判法理としても確立している。

しかし，問題はこれでは終わらない。患者に治療行為に関する自己決定権があるとするなら，論理的には，死期が近づいている患者にも決定権があるはずであり，そのなかには治療拒否権が含まれている。これが「尊厳死（そんげんし）」の問題である。すなわち，現代の医療技術を尽くしても治癒の見込みがなく，たんに生命を延ばすことしかできないという場合に，人間らしい尊厳を守って死を迎えることを選択し，そのために延命治療を拒否することができるかどうか。患者に十分な意思決定能力がある場合には，一定の手続の下に，これを認めるべきだという意見も強い。

ただ，これが認められると，たんに延命治療を拒むにとどまらず，積極的に薬物等を使って死期を早めることもできるのではないか，さらには，病気にかかっているかどうかにかかわらず，自ら生命を絶つ（自殺する）ことも認められることにならないか，という問題に行き当たらざるをえない。

どこで一線を引くことができるか。憲法の基本的人権の保障の前提には，「生きるということは尊いことだ」という考え方があるから，これに反するような人権の行使は，自己決定権であろうと許されない，という考え方がある。しかし，他方で，自分で選択するということこそが最も重要なことなのであり，その内容には限界がない，という考え方もないではない。憲法を解釈する人の根本的な考え方が問われるところではある。

3　はかりの反対側に

輸血拒否を含む治療拒否権を，このように信教の自由か，あるいは自己決定権で基礎づけうるとしても，それは絶対的な保障を意味するわけではない。それと対抗する権利ないし利益との調整のプロセスを経てはじめて拒否できるかどうかが決まることになる。

治療拒否裁判について長い歴史をもつアメリカでは，これに対抗する権利・利益として，①生命の維持，②自殺の防止，③第三者の利益，④医師の職業倫理・法的責任が挙げられることが多い。

これを本件に即して考えてみると，本件の第一審であった東京地裁は，事件の核心は治療法の選択に関する患者の自己決定権と人の生命の維持の対抗関係にある，とした上で，生命の価値が優位すると判断した（1997〈平成 9〉年 3 月 12 日判決，判例タイムズ 964 号 82 頁）。他方，控訴審の東京高裁は，自殺や緊急治療といった特別の事情がある場合を除いて，自己決定権に優位性を認めたのである（1998〈平成 10〉年 2 月 9 日判決，判例時報 1629 号 34 頁）。

第三者の利益としては，大分地裁の事件で両親が主張した「扶養を期待する権利（親族権）」が一例である。しかし，その事件で主張されたのは，あくまでも将来扶養してもらうことが必要になるかもしれないから，という抽象的内容であり，しかも一応自活能力がある成人である親が請求していることから，裁判所は，権利性はあまり強くないと考えたのだろう。これに対し，アメリカで問題にされることが多いのが，現に扶養されている家族，なかでも未成年の子どもが被る精神的・経済的不利益である。自己決定権の行使が認め刑法202条　人を教唆し若しくは幇助して自殺させ，又は人をその嘱託を受け若しくはその承諾を得て殺した者は，6月以上7年以下の懲役又は禁錮に処する。

※令和4年法67号により「懲役又は禁錮」は「拘禁刑」となる。

られる前提に，他の人には迷惑はかけない，という条件があるとすると，未成年者がこのような権利を主張した場合には裁判所の判断が変わることがありえよう。なお，大分の事件の患者にも3人の子どもがいたが，裁判所はその問題には触れていない。

医師の利益は，本件の被告の主張に含まれている。仮に輸血しなかった結果，患者が死亡したというような場合には，医師は業務上過失致死罪（刑法211条）や保護責任者遺棄致死罪（同法218条）の刑事責任を問われる可能性がないとは言い切れないし，刑法202条が規定する自殺幇助罪や嘱託殺人罪に当たる場合があるという指摘もないではない。民事責任については，無輸血手術を求める本人から「医療上の事前指示（輸血謝絶）兼免責証明書」を受け取ることにより，本人から責任を追及されることはなくなるとしても，民法711条は生命侵害に対して近親者固有の損害賠償請求権を認めているから，本人の親，配偶者，子などから慰謝料を請求される可能性は残る。なお，本件を扱った東京高裁の認定によれば，Aさんが初めて受診したときまでに，T大学病院では絶対的無輸血の条件下で実施された手術例が多数あり，その中には相当数の死亡例もありながら，死亡例について医師が刑事訴追された事例はなかったようだ。また，日本医師会のホームページでは，会員への情報提供として，「患者の意思に従い無輸血下手術を行う……場合には，手術時に一般的な注意義務を尽くしている限り，患者が出血死しても医師は法的責任を免れると考えられる。」としている（https://www.med.

or.jp/doctor/rinri/i_rinri/b06.html)。

4　子どもが拒否したら

本件で輸血を拒否したのは68歳の立派な大人だった。しかし，まだ判断能力が成熟していないと考えられる年少の子どもの場合はどうだろうか。とりわけ，輸血を禁じている神の教えに反したら，子どもと天国で再会できなくなると信ずる親が輸血を拒否する場合が深刻だ。親は子の利益のために監護および教育をする権利と義務をもつ（民法820条）ので，親が子への輸血を拒否したときは，医師は，親の同意が得られるよう説得に努めることになる。それでも，1985年には川崎市で10歳の子どもが，1989年には静岡県で17歳の子どもが，それぞれ交通事故後の手術に際して両親が輸血に同意しなかった結果，死に至った。

その後，このような扱いは親の監護義務違反であり，児童虐待の一種である医療ネグレクトに当たるという主張に基づき，医師または医師から虐待の通告を受けた児童相談所長が家庭裁判所に対して親の親権停止と職務代行者選任の審判前の保全の申立てをして（家事事件手続法105条，174条1項），一時的に親権を停止し，職務代行者の同意を得て輸血をするという事例が見られるようになった。

その後，宗教に関連する児童虐待等に対する社会的関心の高まりを受けて，厚生労働省は2022年12月に「宗教の信仰等に関係する児童虐待等への対応に関するQ&A」という自治体向け通知を策定した。信者の親等による児童虐待の防止が狙いで，「医師が必要と判断する治療行為（手術，投薬，輸血等）を受けさせない」こともネグレクトに当たると明記した。翌年3月には，さらに「宗教の信仰等を背景とする医療ネグレクトが疑われる事案への対応について」という通知が出された。これは上記Q&Aを踏まえ，「医療行為の実施に保護者が同意せず，児童の生命・身体の安全確保のため緊急の必要があると認める場合等には，……児童の生命・身体の安全確保を最優先に，児童相談所長は可及的速やかに一時保護をした上で……医療行為への同意等の対応」をすべきものとしている。

もっとも，仮に輸血によって救命されたとしても，その後の親子関係など，考えるべき問題は多い。

5　ガイドラインの作成

この問題に直面していた日本輸血・細胞治療学会，外科学会など関連５学会による合同委員会は，2008 年２月 28 日に 15 歳未満の患者に限り，本人や親が拒否していても命の危険があると判断される場合，輸血を行うとする指針を発表した。

これによると，患者が 15 歳未満の場合，親権者双方が拒否する場合でも必要なら輸血を行い，病院側の決定に対して親権者による妨げがあった場合は，子どもに対するネグレクト（養育放棄）行為とみなし，親権者の職務停止処分の手続きを進めるとしている。一方，15 歳以上 18 歳未満の場合は，親権者もしくは本人のどちらかの希望があれば輸血し，ともに拒否する場合，また 18 歳以上の場合は，本人の同意を得た上で無輸血手術を行うか，転院を勧める。

18 歳以上で判断能力のある人については，このガイドラインは，病院側が無輸血手術を貫く場合と，それは難しいと判断した場合に分け，前者については「免責証明書」の提出を求め，後者の場合は早めに転院を勧告すべきとしている。

本件最高裁判決および５学会ガイドラインの後，全国の病院では，新たにガイドラインを作成したり，都立病院のようにそれ以前からあったガイドラインを改訂している。その多くは十分な説明義務を果たした上で相対的無輸血（できるだけ患者の意思を尊重するが，やむを得ないときは輸血する）の立場を採ることとしているが，それに加えて，最高裁判決の趣旨を受けて，その立場をホームページ等で公表している。他方，少なくとも18歳以上の患者については，免責証明書の提出を受けて絶対的無輸血（いかなる事態になっても輸血をしない）手術を行うとする病院もある。

裁判所はどのように判断したか

最高裁判所は，次のように述べてAさんの主張を認めた。

「患者が，宗教的信念に基づき輸血を伴う手術を拒否する意思決定をする権利は尊重しなければならない。医師らは，万一の場合には輸血するという方針をとっていたことを患者に説明して，その方針の下で手術を受けるかどうかを患者自身の意思決定に委ねるべきであった。それをしないで手術をし輸血したことは，患者の意思決定をする権利の侵害にあたり，これにより患者が被った精神的損害を慰謝しなければならない」。

なお，最高裁は，自己決定権のかわりに，より伝統的な権利である「人格権」（事件13参照）に「宗教上の信念に基づき輸血を拒否する意思決定をする権利」が含まれるという，より限定的な論法を用いている。

参考文献

「エホバの証人」について滝澤信彦・判例評論332号（判例時報1201号，1986年）178頁，本件判決について，潮見佳男・平成12年度重要判例解説（2001年）66頁，淺野博宣・憲法判例百選Ⅰ〔第7版〕（2019年）50頁などがある。大泉実成『説得——エホバの証人と輸血拒否事件』（現代書館，1988年）は1985年の川崎市の事件のルポである。また，本件の地裁・高裁判決の詳しい解説として，棟居快行『憲法フィールドノート〔第3版〕』（日本評論社，2006年）20頁以下がある。

事件8　ダンスの自由

客にダンスをさせるのには お上の許しがいる？

クラブ NOON 裁判

大阪地裁 2014〈平成 26〉年 4 月 25 日判決

（裁判所ウェブサイト）

（クラブの象徴ともいえるミラーボール）（写真：毎日新聞社）

著者のような年代の者にとって（クにアクセントを置いて発音される）「クラブ」が店を指すとすれば，ナイトクラブのことであるが，本書の読者の皆さんにとって（平板に発音される）「クラブ」と聞けば，DJ が流す音楽を聞いて踊れるところを思いつくであろう。皆さんが頭に描くクラブは風俗営業なのだろうか。そもそもダンスをすることや，客にダンスをさせる営業をすることはどんな人権の行使なのだろうか。

☑ できごと

風俗営業等の規制及び業務の適正化等に関する法律（風営法）は，風俗営業を営もうとする者に都道府県公安委員会の許可を受けることを義務づけ（3条1項），許可を受けないで風俗営業を営んだ者を処罰するとしている（49条1号）。さらに，風営法は，風俗営業について，営業所の構造・設備，営業時間，営業所内の明るさ，周辺での騒音・振動，広告・宣伝等について規制をしている（12条～26条）。そして，「風俗営業」には，従来，「ナイトクラブその他設備を設けて客にダンスをさせ，かつ，客に飲食をさせる営業」（以下，「ダンス営業」と略す）が含まれていた。

Xさんは，風俗営業にはあたらないと思い許可を得ることなく，いわゆるクラブである「NOON」を経営していた。NOONは，ステージ，50 m^2ほどのフロア（テーブルと椅子も置かれている），DJブースとバーカウンターからなるが，客はDJが流すロック・ミュージックをお酒を飲みながら聞き，また，音楽に合わせて踊って楽しんでいた。そうしたところ，Xさんは「風俗営業」を許可を受けずに営んだとして，風営法違反で起訴された。

☑ 当事者の主張

1　Xさんの主張

① NOONは，享楽的で，性風俗秩序を乱すおそれのあるようなダンスをさせる営業を行っていないのだから，風俗営業である「ダンス営業」にはあたらない。

② 風営法における「ダンス営業」の定義はあいまいであって，刑罰法規が明確であることを要求する憲法31条に違反する。

③　「ダンス営業」規制は，元々，ダンスを媒介として男女を引き合わせる営業の規制を目的として登場したものである。しかし，現代ではそのような営業は存在せず，規制の必要性がなくなっているのであるから，風営法の「ダンス営業」規制は，職業選択の自由を保障する憲法22条1項に違反する。

④　風営法の「ダンス営業」規制は，規制目的を基礎づける立法事実が失われ，規制目的と規制手段との間の合理的な関連性が認められないのであるから，表現の自由を不当に侵害するものであって，表現の自由を保障する憲法21条1項に違反する。

2　検察官の反論

①　風営法がいうダンスとは，男女の享楽的雰囲気の醸成，性風俗のびん乱等社会の風俗に影響を及ぼす可能性があると社会通念上認められる舞踊を意味する。NOONは，客がこうしたダンスをする場所を提供し，音楽を流すことなどによって客が楽しく踊れるような雰囲気を醸成していたのであり，かつ，飲食を提供していたのであるから，風営法上許可が必要な「ダンス営業」をしていた。

②　風営法の「ダンス営業」の規定は不明確ではないので，憲法31条に違反しない。

③　「ダンス営業」を許可制の下に置く風営法の規定は，「善良の風俗と清浄な風俗環境の保持，及び少年の健全な育成」という重要な公共の利益のために必要かつ合理的な措置をするものであり，かつ，営業活動の内容および態様に対する事後的規制によっては規制目的を十分に達成することができないのであるから，憲法22条1項に違反しない。

④　風営法の「ダンス営業」規制は，営業行為を制限するものであり，表現の自由を制約するものではない。また，ダンスが芸術的表

現活動に該当しうるものであるとしても,「ダンス営業」を営む者は自らダンスをすることを制限されておらず,また,客のダンス表現を受領・享受する者でもないので,表現の自由を制約されていない。

☑ 考えてみよう

1 ダンスの自由

今日では,憲法 13 条の「生命,自由及び幸福追求に対する国民の権利」(幸福追求権)を包括的(ほうかつてき)基本権ととらえて,個別人権規定で保障されていない人権をそこに読み込むことが一般的になっている(Part 2 の「概説」参照)。ただ,幸福追求権を人格的生存に必要不可欠な権利・自由を広く保障する包括的な人権であるとする立場(人格的利益説)と人の生活活動全般にわたって成立する一般的自由とする説(一般的自由説)とがある。

人格的利益説では,「人格」(自己が内心に有する根本的な基準によって事柄の是非の判断をし行動していく個人)として自律的に生きていくために必要な行為のみが,幸福追求権によって保障されることになる。そこで,人格的利益説に対して,人間は多様で多面的であるにもかかわらず,道徳的な存在としての人間にとって必要なものだけを人権であるとするのは不当な限定である,という批判が向けられている。

他方,一般的自由説の下では,明らかに反社会的でない限り,人の一切の活動が憲法の保障を受ける自由となるので,人権として保障される範囲は非常に広い。しかし,人格的利益説からは,きわめて些末(さまつ)な行為や,情念・欲望の所産にすぎないような行為をする自由まで,「人間である以上当然に有していなければならない権利」

である基本的人権と解することには疑問がある，と批判されている。そのような行為まで人権であるとすることは，結局，人権の価値を貶め，他の人権の規制の合憲性も安易に認められるという事態(「人権のインフレ化」)を引き起こす可能性がある，というのである。

ダンス，踊りは，一般的には楽しみを得るためになされるのであるから，ダンスをすること，踊りを踊ることが人格的生存に必要不可欠だとは言い難い。それゆえ，ダンスをすることは，人格的利益説からすれば，幸福追求権の保障対象に含まれないであろう。他方，一般的利益説からすれば，ダンスをすることは一般的自由の保護範囲に含まれ，憲法 13 条によって保障されるということになる。ただ，一般的自由としてのダンスの自由が憲法によって保障されるとしても，特別な必要性がある場合でなければ国による規制を受けないというものではなく，国による恣意的な規制を受けないというにとどまるであろう。

本事件の被告人である X さんは，(もっと強い保障を受ける) 他の人権が侵害されているという主張ができるのであるから，客のダンスの自由を持ち出しても裁判上それほど役立たない。実際，X さんは客のダンスの自由の侵害の主張をしていない。

2　表現の自由

クラブの DJ やそこで演奏するミュージシャンは表現活動をしており，それは表現の自由の行使である。また，ダンスをする客の中にも，ただ単に楽しむだけでなく，芸術的表現として，あるいは，何かを伝えたくてダンスをする人もいるだろう。そうしたダンスは表現の自由の保障を受ける。また，クラブの経営者も，クラブでのイベントを企画し，ふさわしいと思われる設備や音楽のジャンルを決め，出演する DJ やミュージシャンを選ぶなどしており，これは，クラブ経営者自身の表現活動だととらえられなくもない。とすると，風営法の「ダンス営業」規制は，表現の自由を制約するものだということになる（経営者自身の表現活動とは認められないとすると，経営者が，風営法がDJや客といった第三者の表現の自由を侵害するがゆえに自分は無罪だと主張できるか，という問題が生ずる。しかし，クラブ経営者はDJや客の表現の自由行使にとって必要な場であるクラブを提供する者であるから，DJや客の表現の自由侵害の主張を認められるべきであろう）。

ところで，日本国憲法21条1項が保障している表現の自由は，自己実現にとって不可欠であるばかりか（自己実現の価値），民主主義過程の維持保全にとっても不可欠な（自己統治の価値）きわめて重要な人権である。そこで，表現の自由のもつそうした価値を理由に，表現の自由は最大限に尊重されねばならず，表現の自由が制約されている場合，裁判所はそうした制約が本当に必要なのか，必要最小限度のものなのかを厳密に検討すべきであるとされている（表現の自由の「優越的地位」。事件20参照）。

それゆえ，風営法の「ダンス営業」規制が表現の自由を制約するものであるとするならば，それが本当に必要なのか，必要最小限度のものなのかについて厳密な検討がなされなければならない。しかし，風営法の「ダンス営業」規制は，次に見るように，そうした厳密な検討にとても耐えられそうもない。

3　職業選択の自由

クラブ経営者が風営法により風俗営業の許可を要求され，また，風俗営業に関する他の風営法上の規制を受けるということは，クラブ経営者の職業選択の自由（憲法22条1項）を制限するものである。職業選択の自由は，職業の選択そのものの自由だけでなく，選択した職業の遂行の自由（営業の自由）をも含むからである。

ところで，本事例においてXさんの側も，検察官も，そして裁判所も，薬事法における薬局の距離制限規定（既存の薬局から，条例が定める距離以上離れていなければならないとする規定）を憲法22条1項に違反するとした最高裁（大法廷）1975〈昭和50〉年4月30日判決（民集29巻4号572頁）の基準に依拠している。

この判決は，「職業は……本質的に社会的な，しかも主として経済的な活動であって，その性質上，社会的相互関連性が大きいものであるから，職業の自由は，それ以外の憲法の保障する自由，殊にいわゆる精神的自由に比較して，公権力による規制の要請がつよ」い，ということから出発する。しかし，①「許可制は，単なる職業活動の内容及び態様に対する規制を超えて，狭義における職業の選択の自由そのものに制約を課するもので，職業の自由に対する強力な制限であるから，その合憲性を肯定しうるためには，原則として，重要な公共の利益のために必要かつ合理的な措置であることを要」するとする。そしてさらに，②「それ［許可制］が社会政策ないしは経済政策上の積極的な目的のための措置ではなく，自由な職業活動が社会公共に対してもたらす弊害を防止するための消極的，警察的措置である場合には，許可制に比べて職業の自由に対するよりゆるやかな制限である職業活動の内容及び態様に対する規制によっては右の目的を十分に達成することができないと認められることを要する」，としている。②は，職業活動から生ずる弊害を抑止しようとする消極目的の規制である場合には，より厳しく規制の必要性が問われる，ということを意味する。

そして，風営法は風俗営業を許可制の下に置くものであるし，また，それは「善良の風俗と清浄な風俗環境を保持し，及び少年の健全な育成に障害を及ぼす行為を防止する」（風営法1条）という消極目的によるものであるから，薬事法判決によれば上記①②の基準を満たさなければならない。

Xさんが起訴された当時の風営法は「風俗営業」として8種類の営業を挙げていたが，パチンコ店営業等や一定の遊技場の営業といった客の射幸心をあおる営業以外の6種類の営業は，性風俗の保持を目的として規制を行うものである。実際，風営法の「ダンス営業」規制は，戦後直後の時期のダンスホール規制にさかのぼる。ダンスホールには女性ダンサーがいて，ダンサー目当てに来店した客とチークダンスを踊り，そこが売春の温床となるという状況を背景に始まった規制なのである。しかし，Xさんが指摘するように，現代では，ダンスを媒介として男女を引き合わせる営業はもはや存在しない。クラブでは，専属の女性ダンサーがいるわけでもなく，特に男女の体を密着させてのダンスがなされているわけでもない。クラブが性風俗を乱すものであるとは言えそうもない。にもかかわらず，風営法の「ダンス規制」は上記①②の基準を満たすであろうか。

4　明確性の要件

「何人も，法律の定める手続によらなければ，その生命若しくは自由を奪はれ，又はその他の刑罰を科せられない」と定める憲法31条は，刑罰法規は何が犯罪にあたるのか明確に記述していなければならないということを要求している，と一般に理解されている（明確性の要件。徳島市公安条例事件の最高裁（大法廷）1975〈昭和50〉年9月10日判決，刑集29巻8号489頁）。確かに，刑罰法規に何が犯罪になるのか明確に書かれていなければ，安心して生活ができないであろう。

風営法では風俗営業の1つである「ダンス営業」を無許可で営業すれば刑罰を科せられることになっていたのであるから，「ダンス営業」の定義を定める規定は明確なものでなければならない。踊りのたぐいがすべて同法がいう「ダンス」にあたるとすると，風俗営業規制の目的と全く関係のない営業まで「ダンス営業」に含まれてしまうので，本事件において検察官は，風営法がいう「ダンス」の意味をすべての踊りより限定している。しかし，検察官の理解が条文から自然に出てくるものか疑問がある。さらに，検察官がいう「男女の享楽的雰囲気の醸成，性風俗のびん乱等社会の風俗に影響を及ぼす可能性があると社会通念上認められる舞踊」とは何なのか，一般人が判断できるであろうか。摘発時 NOON では，ロック・ミュージックが大音量で鳴り響く中，10 人ほどの客がダンスをしていたが，男女のペアでのダンスは行われていなかったし，客どうしの体が触れるような状況ではなかった。一般の人はこれが上記の定義にあたると判断できるだろうか。

裁判所はどのように判断したか

大阪地方裁判所は，以下のように風営法の「ダンス営業」規定を合憲であるとしながらも，X さんの営業は風営法上の「ダンス営業」にあたらないとして，無罪判決を下した。

① 風営法上許可が必要な「ダンス営業」は，形式的に「ナイトクラブその他設備を設けて客にダンスをさせ，かつ，客に飲食をさせる営業」の文言に該当するだけでなく，その営業態様から，歓楽的，享楽的な雰囲気を過度に醸成し，わいせつな行為の発生を招くなど性風俗秩序の乱れにつながるおそれが，現実的に起こりうるものとして実質的に認められる営業を指す。

② 「ダンス営業」を上のように解すれば，風営法の規定が不明確であるとは言えないし，規制対象となる営業は一般人が判断することが可能なものである。

③ 上記のように解される「ダンス営業」の規制は，それを規制することにより「善良な性風俗秩序を維持するとともに，併せて少年の健全な育成に障害を及ぼす行為を防止する」という重要な公共の

利益を保護するため必要かつ合理的な措置である。さらに，この目的を営業の内容および態様に対する事後の規制によって十分に達成することはできないのであるから，風営法の「ダンス営業」規制は憲法 22 条 1 項に違反しない。

④　風営法の「ダンス営業」規制によって表現の自由が制約されるとしても，それは，表現行為としてのダンスが「ダンス営業」の中で行われる限度のことであり，「ダンス営業」を規制する必要性は高いのであるから，憲法 21 条 1 項に違反しない。

大阪高等裁判所も，X さんの営業は「設備を設け，男女が組になり，かつ，身体を接触して踊るのが通常の形態とされているダンスを客にさせ，かつ，客に飲食をさせる営業」である「ダンス営業」にあたらないとして，検察官による控訴を棄却した。大阪高裁 2015〈平成 27〉年 1 月 21 日判決（LEX/DB 25505605）。

さらに，最高裁判所も，簡単な理由付けで検察官の上告を棄却した。最高裁〔第3小法廷〕2016（平成28）年6月7日決定（LEX/DB 25543348）。

なお，最高裁判所の決定の直後に風営法が改正され，「ダンス営業」規制は撤廃された。

参考文献

本章の事件の第一審判決につき，新井誠「風営法によるダンス営業規制をめぐる憲法論」法律時報 2014 年 8 月号（86 巻 9 号）89 頁，大野友也「ダンスクラブの無許可営業が風営法に違反しないとされた事例」新・判例解説 Watch 2014 年 10 月号（15 号）27 頁，控訴審判決につき，平地秀哉・平成 26 年度重要判例解説（2015 年）22 頁参照。

Part 2

新しい人権

❊ 人権の爆発 ❊

日本国憲法は，第３章「国民の権利及び義務」においてさまざまな権利を保障しており，その中でかなり多くの人権を掲げている。しかし，それでも不十分であるとして，自己決定権，プライバシーの権利，環境権，自然享有権，嫌煙権，平和的生存権，知る権利，マス・メディアへのアクセス権，学習権，景観権等々といった「新しい人権」がつぎつぎと主張されている。まさに「人権の爆発」である。このように憲法の明文で保障されていない権利を「人権」として主張することは，どう理解したらいいのであろうか。

日本国憲法が保障する権利は，人間である以上当然に有する権利である「基本的人権」であるとされている（憲法 11 条・97 条)。このように日本国憲法は，「人間である以上当然に有していなければならない権利」を保障するという建前をとっているが，日本国憲法が明文で規定している権利は，当然ながら，制定当時に，それまでの歴史的経験や当時の政治的社会的状況からして「人間である以上当然に有していなければならない権利」と考えられたものである。しかし，憲法制定後，社会が変化する中で，新たに，「人間である以上当然に有していなければならない権利」として意識されるものが出てくることになる。たとえば，高度経済成長期以降，生態系を脅かすほどの自然環境の破壊がなされるようになり，自然環境に対する権利が「人権」と意識されるようになるといったように。

もっとも，そうであれば，憲法を改正して「新しい人権」を明文で保障すればよいという考え方もあろう。確かに，そういう方法もとることができるが，憲法は，抽象的・一般的な文言を用いており，解釈によって「新しい人権」を憲法に読み込んでいくこともできる。国の基本法である憲法は，抽象的・一般的な文言を用いることにより，政治的社会的状況の変化に対し柔軟な解釈によって対応していくことを予定しているのである。

❊ 新しい人権の憲法への読み込み(1)——個別人権の再構成 ❊

新しい人権を憲法に読み込む１つの方法は，憲法が明文で保障している個別の人権に読み込むという方法である。その典型が，知る権利である。知る権利は表現の自由の一内容であると主張されているが,「知る権利」という概念は実は多義的なものであり，さまざまな意味に用いられている。たとえば，報道機関の報道の自由は「国民の知る権利」に仕えるものなので強い保障を受けるといったように，報道の自由の基礎づけのために用いられている。そして，報道の自由の行使にとって必要な取材の自由が保障され，取材源をあかさないことが認められるとされている。また，読者・視聴者の読む自由，視る自由という意味で使われることもある。さらに最近では，政府が保有している情報を開示するよう求める権利という意味で「知る権利」がいわれることが多い。現代国家は，福祉国家として政治，経済，社会にかかわるさまざまな複雑で長期的視点の必要な活動をするにあたり，多種多様な情報を収集しているが，国家機関が保有する膨大な情報は，官僚による取捨選択を経て国民に知らされるにすぎない。そこで，主権者である国民には，政府が保有する情報を知る権利があり，知る権利を実現するための情報公開法が必要であると説かれている。もともと，表現の自由は，言いたいことを言う自由，知らせたいことを知らせる自由（情報を提供する自由）であったが,「知る権利」は，表現の自由を表現の受け手の視点から再構成する触媒としての役割を果たしているのである。また，市民がマス・メディアを利用して自己の伝えたい情報を流す権利である「マス・メディアへのアクセス権」も，表現の自由の一内容として主張されている。

さらに，学習権も，憲法26条の保障する教育を受ける権利の基礎にある権利として，あるいは，教育を受ける権利を再構成するものとして主張されている。なお，平和のうちに生存する権利，すなわち，平和的生存権は，憲法前文において触れられているが，憲法前文に書かれている権利も法的な権利でありうると主張されてきている（事件14参照）。もっとも，平和的生存権の直接の根拠を憲法9条や，次に述べる憲法13条の幸福追求権に求める見解もある。

❊ 新しい人権の憲法への読み込み(2)——幸福追求権 ❊

第2の方法は，憲法13条の「生命，自由及び幸福追求に対する国民の権利」すなわち幸福追求権に新しい権利を読み込む方法である。かつては，幸福追求権は，憲法が個別人権規定で保障する人権の総体をいうなどとして，憲法13条は，個別の人権規定で保障されている権利とは別個の権利を保障するものではない，と考えられていた。しかし，最近では，個別人権規定によって保障されていない権利を憲法13条の幸福追求権に読み込むことが一般的になっている。有力な説によれば，幸福追求権は，人格的生存に必要不可欠な権利・自由を広く保障する包括的な人権であるという（人の生活活動全般にわたって成立する一般的自由ととらえる見解もある）。要するに，人権の名に値するもので，個別人権規定に基礎づけることができないものは，幸福追求権に含まれることになる。

こうして，私的な事柄を公権力による干渉を受けずに自ら決定する権利である自己決定権（Part 1参照），氏名権（事件13参照），プライバシーの権利，環境権，嫌煙権などが幸福追求権の一内容であると主張されている。

プライバシーの権利は，もともとは，私生活をみだりに探られ，公表されない自由として登場したが，高度情報化社会（特に，他人がわれわれの個人情報を収集し，利用し，さらに別の者に流しているという事態）の到来を背景にして，自己に関する情報の流れをコントロールする権利であるととらえる見解が有力になってきている。つまり，私たちは，他人が私たちの個人情報を収集し，保有し，利用し，提供することに対してチェックを及ぼすことができるというわけである（事件 9〜事件 12 参照）。また，自己の姿を勝手に写真やビデオにとられない権利（肖像権）も，こうしたプライバシーの権利の一内容と解されよう。なお，良好な自然環境を享受し支配する権利である環境権も幸福追求権の一内容であると認める学説が一般的だが（事件 16 参照），良好な景観についても同様な権利が認められるであろうか（事件 15 参照）。

このように社会の変化に応じて意識されるようになった「新しい人権」を幸福追求権に読み込むことは，比喩的にいえば，のび太（われわれ）の要求に応じて，ドラえもん（憲法）がドラえもんのポケット（13 条）から，さまざまな道具（新しい人権）を出してくれるようなものである。しかし，このドラえもんのポケットからはどんな権利も引き出すことができるのであろうか。そこには限界がないのであろうか。ここにおいて，いったい「人権」とは何なのか，「人権」といいうる資格は何なのか，「人権」であるかどうかをどのような基準で判断するのか，が問題となってくるのである。

事件９　忘れられる権利

みんなに忘れてもらいたいこともある

検索結果削除請求事件

最高裁（第３小法廷）2017〈平成 29〉年１月 31 日決定

（民集 71 巻 1 号 63 頁）

誰にも忘れたい思い出の一つや二つはあるだろう。それとともに，みんなにも忘れてもらいたいこともあるのではなかろうか。かつては，どんなにみんなの噂になっても，いつしかみんなの関心は他の出来事に移り，忌まわしい記憶も忘却の彼方へと消えていったものである。だがインターネットの発達は，これを大きく変えた。インターネットの世界では，情報は消えない。一旦インターネットの世界に放り込まれた情報は，どこかでいつまでも保存されていて，折に触れて人々の目に触れる。こういった情報を消し去ることはほとんど不可能である。では，せめて検索エンジンに対し，検索された時に，検索結果にあげられないようにしてもらえないであろうか。

☑ できごと

Aさんは，児童買春・児童ポルノ処罰法の下で，児童買春の容疑で2011年11月に逮捕され，12月に罰金刑50万円の略式命令を受け，これを受け入れて納付した。この逮捕の事実は，逮捕当時に報道され，その内容の全部又は一部が，インターネット上の電子掲示板に多数書き込まれた。そして，有罪判決から年月が経過し，Aさんは，検索事業の最大手のグーグル・インクに対し，Aさんの居住する県名とAさんの氏名を入力して検索すると，これらの書き込みのあるウェブサイトが検索結果に表示されることをやめてほしいと申し出た。グーグルがこれを拒否すると，Aさんは，人格権ないし人格的利益に基づいて，グーグルを相手方として，これらの検索結果の削除を求める仮処分命令の申立てを裁判所におこなった。

☑ 当事者の主張

1　Aさんの主張

Aさんは，Aさんの居住する県名と氏名を入力すると逮捕歴に触れたウェブサイトが検索結果として表示されることによって，「更生を妨げられない利益」が侵害されており，本件検索結果がインターネット上に表示され続ければ，知人を含む多くの者に閲覧される可能性があり，それにより人格権侵害が拡大すると主張した。

2　グーグル側の主張

①　検索エンジンの管理者への削除請求は，元サイト（検索結果に表示されるURLのウェブサイト）ないし検索結果における表示内容が明らかに社会相当性を逸脱することが明らかで，元サイトの管理者

等に当該ウェブページに含まれる表現の削除を求めていては回復しがたい重大な損害が生じるなどの特段の事情があるときしか認められるべきでない。

② 検索エンジンに対する検索結果の削除請求を判断するにあたっての利益衡量においては，検索エンジンが，公衆の知る権利と表現活動の自由を充足するために利用され，いわば公益的役割を果たしていることも考慮されるべきである。

☑ 考えてみよう

1 忘れられる権利

みんなに忘れてもらいたい事実を忘れて欲しいと要求する権利は，しばしば「忘れられる権利」と呼ばれる。この権利は，2014 年，スペインの市民が，ヨーロッパのデータ保護指令のもとで検索エンジンのグーグルを相手取って検索結果の削除を求めたゴンザレス事件でヨーロッパ司法裁判所により認められ，多くの人に知られることになった。ヨーロッパでは，その後，EU 一般データ保護規則（GDPR）のなかで，データ主体が自分自身に関する個人データの消去を要求する権利（消去権）として明記されている（GDPR 17 条）。

このような展開に応じ，日本でも「忘れられる権利」を支持する声が高まった。「忘れられる権利」を新しい権利として認めるべきだというのである。そして日本でも「忘れられる権利」を援用して，検索エンジンに対する検索結果削除命令を求める訴訟が提起された。

2 プライバシーの権利と忘れられる権利

ゴンザレス事件判決は EU データ保護指令の解釈として忘れられる権利を導いたが，日本で忘れられる権利を主張するのであれば，民法の不法行為法のもとで保護を受ける人格権ないし人格的権利として主張する方が一般的であろう。民法上保護を受ける新しい権利としてであれば，忘れられる権利を容認すべきだという声にも理由があろう。

ただ，何も「忘れられる権利」などと新しい権利の形で，削除請求を正当化する必要はないかもしれない。すでに，何人も他の人に知られたくないと思うのが相当であるような私的な情報をみだりに公表されない権利としてのプライバシーの権利は日本でも確立している。それゆえ，プライバシーを同意なく勝手に公表した場合には不法行為となって損害賠償義務を負う（宴のあと事件・東京地裁 1964〈昭和 39〉年 9 月 28 日，判例時報 385 号 12 頁）。ただ，一般に社会公共の利害に関わるような場合には，それを公表する公益の方が上回るため，その公表は表現の自由として正当化されると考えられてきた。犯罪を犯したという事実は，公共の利害に関わる事実であり，一般的に言えばそれを公表する公益の方が上回る。それゆえ，ある人が犯罪を犯したという容疑を受け，逮捕され，起訴され，有罪判決を受け，服役したなどの事実は，その事件の性質や重要性，犯罪を犯した人の社会的地位などによるが，一般的には公表が正当化されると考えられている（逆転事件・最高裁〔第 3 小法廷〕1994〈平成 6〉年 2 月 8 日判決，民集 48 巻 2 号 149 頁）。ただ，犯罪から月日が経ち，有罪とされた人が服役を終え，社会復帰して，結婚し，企業に就職しているような状況では，もはや有罪判決を受けた人の実名を公表する公共の利益はプライバシーの権利を上回るものではなく，公表はプライバシーの侵害になるとされている（同）。この先例によれば，実名を使って検索した場合に，検索結果の中に過去の犯罪事実が記載されているウェブサイトが表示されるのは，有罪判決を受けたことを，実名を挙げて公表するのと等しく，プライバシーの権利の侵害になると主張することができる。そして，プライバシー侵害の場合には，損害賠償のみならず差止めを求めうることが確立しているので（石に泳ぐ魚事件・最高裁〔第3小法廷〕2002〈平成14〉年9月24日，判例時報1802号60頁），それに依拠して検索結果の削除を請求すればいいということになる。

もっとも，検索エンジンに対する検索結果の削除命令を求める前には，いくつかのハードルがある。

3　過去の犯罪事実はプライバシーか

考えてみなければならない第1の問題は，過去の犯罪事実はプライバシーかどうかである。確かに，ある人が犯罪に関わったという事実は，他の人に知られたくない事実であろう。問題は，知られたくないと思うことが社会的に相当な事実かどうかである。というのも，プライバシーの権利は，他の人に知られたくないと思う情報をすべて保護するものではなく，他の人に知られたくないと思うのが社会的に相当であるような情報のみを保護しているからである。

最高裁判所は，犯罪に関わったという事実は，名誉に関する事実であるのでみだりに公表されない法的利益があるとしている。ただし，犯罪に関する事実は公共の利害に関する事実であり，真実である限り，その公表は違法ではない。しかも，最高裁判所は，事件それ自体を公表することに歴史的または社会的な意義が認められるような場合や，その者の社会的活動の性質あるいはこれを通じて社会に及ぼす影響力の程度などのいかんによっては，前科に関わる事実の公表も許されうることを認めている（逆転事件）。

これに対し，過去に有罪判決を受けたという事実は，月日が経つことによってプライバシーになりうる（同。また京都市前科照会事件・最高裁〔第3小法廷〕1981〈昭和56〉年4月14日判決，民集35巻3

号620頁)。ところがアメリカでは，有罪判決は，裁判の結果であり，判決書は公文書として永久に公開されている。それゆえ，一般的には有罪判決を受けたという事実をプライバシーということはできない。過去の逮捕歴も同様である。したがって，まず本件の場合，過去の逮捕歴をプライバシーに属すると言えるかどうかが問題となる。

4　過去の犯罪に関する事実の公表は違法か

次に，プライバシーを同意なく勝手に公表することが，違法であることは確立している。そこで，本件でも，ユーザーがAさんの氏名と居住県名を入力して検索をかけた時に，検索エンジンが逮捕の事実を含むウェブサイトを検索結果にあげることを，プライバシーの違法な公表にあたると主張することになる。

この点，一般に新聞記事などで犯罪に関する事実が取り上げられて人々の記憶から忘れ去られても，新聞の縮刷版の中に記事が残される。そして縮刷版は，かねてから新聞社だけではなく公共の図書館などでも利用可能である。したがって探せば，過去の犯罪事実に関する記事を探し出すことは以前から可能であった。現在は，記事はデータベース化され，大手の新聞社などでは記事データベースのデータ検索提供サービスを有料で提供している。記事そのものはインターネットでも配信され，一定の期間経過後にウェブ表示が無くなるものの，データベース化された記事データベースの中の記事は決して消え去らない。検索提供サービスが提供されているということは，誰でも検索してアクセスすることが可能だということである。

このことは，犯罪に関する事実が年月の経過によってプライバシーの権利となったとすると，それを一旦公表した人は，一定の年月の経過ののちにはその記事を削除する法的な義務を負うのかどうかという問題を生じさせる。同じことは新聞だけではなく，書籍や雑誌の記事，インターネットのブログなどにも当てはまる。もしそのような法的義務があれば，新聞社だけでなく，出版社・著者・ブロガーなどきわめて多くの人が，一旦公表した事実を見直し，削除することを余儀なくされる。

この点，過去の犯罪に関わったという事実をインターネットに一旦公表し，そのまま放置する行為と，新たに公表する行為とを区別し，後者だけを違法とすることも考えられる。この考え方によれば，一旦公表したプライバシーを年月が経っても削除せず放置していただけでは違法ではないということになる。またデータベースにしておいて，有料で会員に検索提供サービスを提供した結果として認められるアクセスとインターネットのウェブへの掲載を区別し，後者だけを違法だとする考え方もありうるかもしれない。しかし，会費を払えば誰でも会員になれる有料のサービスで，会員には誰でもアクセスを認めていれば，それは公表であり，公表という事実を捉えて，プライバシーを削除せず放置していた場合と新たに公表する行為を区別する，あるいはデータベースへのアクセスを認める行為とウェブに掲載する行為とを区別することは難しいのではなかろうか（プライバシー情報の警察への同意のない提供であっても，違法だとされている。早稲田大学事件・最高裁〔第2小法廷〕2003〈平成15〉年9月12日判決，民集57巻8号973頁）。

ただ，もしデータベースに収納し，アクセスを認めることまで違法だということになり，データベースからの削除やデータへのアクセスも停止しなければならないことになれば，大きな影響を与える。しかも，そのような削除やアクセスの停止を命じることは，そもそも過去の情報をそのまま保存するというデータベースの存在意義自体を失わせることになろう。

5　検索結果の表示は，公表に当たるのか

さらに，果たして相手方のグーグルは，検索結果を表示することによって，プライバシーを公表しているのかどうかも問題となる。

グーグルは検索事業者であり，グーグルのサービスは，ユーザーが検索にかけた用語に応じて，関連性の高いウェブサイトを検索し，その検索結果を，ランクをつけて表示するだけである。果たして，検索エンジンは，ある人が犯罪事実に関わったという事実を公表しているかどうか疑問があり得よう。

確かに，検索リクエストに対して，グーグルは検索結果にあげられたウェブサイトに含まれる関連する記述の一部をスニペットとして表示する。そこでは，検索リクエストに入力された用語との関連性を示す表示がある。だが，そこにAさんが児童買春・児童ポルノ処罰法違反の容疑で逮捕されたという事実がはっきりと含まれているとは限らない。

しかも，スニペットは，特定の事実を指摘するためではなく，検索リクエストをかけた人がどのウェブサイトを訪れるのかの判断の参考になるように，テキストの一部を抜粋して表示しているだけである。グーグルには，Aさんが児童買春・児童ポルノ処罰法違反で逮捕されたという事実を公表する意図はない。

さらに，グーグルは，検索リクエストの用語に関連性の高いウェブサイトを独自のアルゴリズムによって選択し，優先順位をつけて表示しているだけである。そこに表示されているウェブサイトを実際にクリックしてアクセスするかどうかは，検索をかけたユーザーの判断に委ねられている。これでは，検索結果の中に表示されたからといって，グーグルがプライバシーを公表したというのは難しいのではなかろうか。

あるいはこの点，グーグル自体がプライバシーを公表したという

のは難しいとしても，検索結果の中に表示されることによって，ユーザーがプライバシーの侵害となるウェブサイトに訪れ易くすることになり，グーグルはプライバシー侵害を助けている，あるいは促進しているとの主張も考えられる。だが，プライバシー侵害を助けたすべての人に法的責任を問うことは明らかに行き過ぎではなかろうか。

他方で，グーグルに対して検索結果の削除を命じるということは，検索エンジンに対してその提供する検索サービスに制約を加えることを意味する。検索エンジンが提供する検索サービスが憲法上どのような行為に当たるのか，実はこれまではっきりと議論されてこなかったが，それが表現の自由に当たる可能性は高い。とすると，このような検索結果削除命令は，検索エンジンの表現の自由を制約し，さらに検索をかけるユーザーの検索エンジンを利用する権利（おそらくこれも表現の自由と見なければなるまい）の制約をもたらす。果たしてそのような制約が憲法上正当化されるのかどうか，重大な問題が提起されよう。

6　検索結果の表示はプライバシーを侵害するか

さらに，考えなければならないのは，もし過去の犯罪事実がプライバシーであってその公表が違法だというのであれば，本来そのような事実を公表しているウェブサイト自体が違法なはずである。とすれば，本来Aさんは，そのような事実を公表しているウェブサイトの管理者を相手取って，削除命令を求めるべきだったのではなかろうか。それなのに，Aさんは，検索エンジンの事業者である相手方に対してのみ検索結果の削除を求めている。これは，ある意味で筋違いなのではなかろうか。

これは確かにある意味で筋違いである。本来Aさんが求めるべきは，プライバシーの権利を侵害しているウェブサイトの記述の方であり，検索エンジンに対してのみ検索結果にあげないよう求めることは，本当の目的を達成したことにはならない。

しかも，検索エンジンに対して具体的に何を求めうるのかの問題もある。A さんは，A さんの居住している県の名前と A さんの氏名を入力した時に，過去の逮捕の事実が検索結果に表示されないように求めているだけである。だが，児童買春・児童ポルノ処罰法違反の犯罪が起きた日時や場所など，他の検索用語を使って検索した時に A さんの記事が検索結果に上がらないとの保証はない。ということは，逆にいえば，A さんの主張する救済を容認したとしても，救済としては決して十分なものとはなり得ない。だが，相手方の検索エンジンに対して，いかなる検索の要求に対しても A さんの逮捕の事実が検索結果にあげられないように命令することはできない。

さらに，複雑なのは，相手方のグーグルは確かに主要な検索エンジンであるが，可能性としてグーグル以外の検索エンジンも利用可能である。その意味でも，A さんの求める救済は，必ずしも十分なものとは言えない。さらに，たとえ現在提供されているすべての検索エンジンに対して，検索結果の削除を求めえたとしても，新たな検索エンジンの開発を止めることはできない。そして現在および将来提供されるすべての検索エンジンに対して，検索結果に表示されないよう命令することもできない。

7　誰に対して検索結果削除命令を求めうるのか

さらに，A さんが検索結果削除命令を求めることができたとしても，それはグーグル日本に対してなのか，グーグル本社なのかの問題が残されている。グーグルの検索サービスは，アメリカのグーグル本社が提供しており，グーグル日本は広告などに関する業務しか担当していないと言われている。日本の裁判例でも，グーグル本社に対する削除命令を認める例が増えている。本件でも，グーグル本社を相手取って削除請求をしている。

しかし，グーグル本社に命令するということは，世界中のどこでも命令に従わなければならないことを意味する。記事削除命令はアメリカでは表現の自由を保障した合衆国憲法に違反する可能性が高く，アメリカの裁判所で支持される可能性は低い（ゴンザレス事件でも，グーグル本社は削除請求を受け入れていない）。それにもかかわらず，日本の裁判所が日本法を適用して，グーグル本社に対して世界中で検索結果削除命令を出すことが正当化されるのか疑問とされよう。

裁判所はどのように判断したか

個人のプライバシーに属する事実をみだりに公表されない利益は，法的保護の対象となるというべきである。

児童買春をしたとの被疑事実に基づき逮捕されたという本件事実は，他人にみだりに知られたくない抗告人のプライバシーに属する事実であるものではあるが，児童買春が児童に対する性的搾取および性的虐待と位置付けられており，社会的に強い非難の対象とされ，罰則をもって禁止されていることに照らし，今なお公共の利害に関する事項であるといえる。また，本件検索結果は抗告人の居住する県の名称および抗告人の氏名を条件とした場合の検索結果の一部であることなどからすると，本件事実が伝達される範囲はある程度限られたものであるといえる。

以上の諸事情に照らすと，抗告人が妻子と共に生活し，罰金刑に処せられた後は一定期間犯罪を犯すことなく民間企業で稼働していることがうかがわれることなどの事情を考慮しても，本件事実を公表されない法的利益が優越することが明らかであるとはいえない。

なお最高裁判所は，ツイッターに対する過去の犯罪歴の投稿削除請求が求められた事件では，削除を命じる判断を示している（最高裁〔第2小法廷〕2022〈令和4〉年6月24日判決，民集76巻5号1170頁）。ぜひ判断が分かれた理由と，削除請求を認めたことが適切だったのかどうかをよく考えてほしい。

参考文献

上机美穂「検索エンジンの検索結果による逮捕歴公表と『忘れられる権利』」新・判例解説 Watch 2017年4月号（20号）115頁，中西優美子「Google と EU の『忘れられる権利（削除権）』」自治研究90巻9号（2014年）96頁，村田健介「『忘れられる権利』の位置付けに関する一考察」岡山大学法学会雑誌65巻3・4号（2016年）830頁，安藤均「『忘れられる権利』は新しい人権か――『忘れられる権利』をめぐるプライバシーの検討」旭川大学経済学部紀要76号（2017年）71頁，宍戸常寿「検索結果の削除をめぐる裁判例と今後の課題」情報法制研究1号（2017年）45頁。

事件 10　自己情報コントロール権

わたしに背番号をつけないで！

マイナンバー法違憲訴訟

最高裁（第 1 小法廷）2023〈令和 5〉年 3 月 9 日判決

（民集 77 巻 3 号 627 頁）

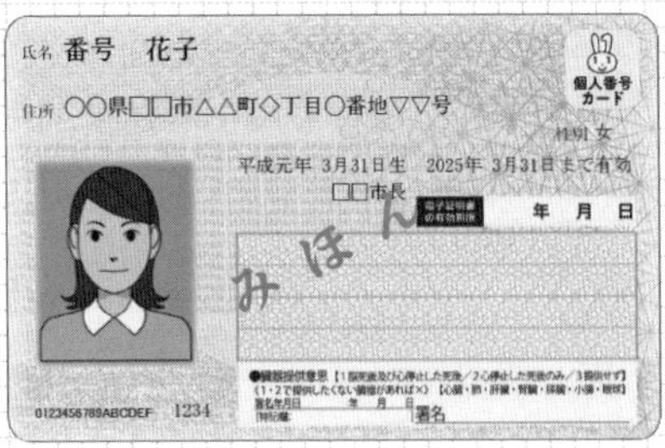

（マイナンバーカードの IC チップには氏名・住所や公的個人認証の電子証明書などが記録されている）

現代ではどの国の政府も，あるいは企業も，IT 技術の発展や AI の実用化を推し進め，その成果を積極的に利用しようとしている。こうした技術の利用は，たしかに市民生活の利便性を高めうる。しかし，政府や企業による利用に一定の歯止めを設けないと，これらの組織が個人のプライバシーを丸裸にし，個人情報を強権的支配や利潤追求のために際限なく利用する恐怖の「ディストピア」が現実のものとなってしまう。国民と在留外国人の全員に個人番号を割り振り，この番号が記載された個人データをさまざまな政府機関や民間団体がいろいろな目的で利用できるようにしたマイナンバー法の制度には，そういう危険はないのだろうか。

☑ できごと

Aさんたちは，マイナンバー法（「行政手続における特定の個人を識別するための番号の利用等に関する法律」。判決文では「番号利用法」という略称が使われている）で個人番号を割り振られたが，マイナンバー法は憲法13条が保障するプライバシー権を侵害する違憲の法律だと考え，個人番号の利用・提供等の差止めおよび個人番号の削除と，損害賠償を求める訴訟を起こした。

☑ 当事者の主張

1　Aさんたち原告側の主張

①　憲法13条は，自分の個人情報の収集・利用・提供等の各場面において同意権を行使できるという意味での「自己情報コントロール権」を保障している。

②　マイナンバー法の仕組みには，情報の漏えい，不当な名寄せ，本人へのなりすましなどによって違法な利用が行われるリスクがあるので，この法律は自己情報コントロール権を侵害している。

③　マイナンバー法による政令・規則への委任の中には，国会を「国の唯一の立法機関」と定める憲法41条に違反するものがある。

2　被告国側の主張

①　憲法13条は，内容が不明確な自己情報コントロール権を保障しているとは言えず，自己情報コントロール権は，差止めや削除を求める根拠となる実定法上の権利ではない。

②　マイナンバー法は，収集・利用できる個人情報を限定し，漏えいや目的外利用が行われないように必要な措置も講じているので，

「個人情報をみだりに開示・公表されない自由」を侵害していない。

③　マイナンバー法による政令・規則への委任の範囲は限定されており，憲法41条違反ではない。

☑ 考えてみよう

1　検討の手順

この事件では，マイナンバー法という国会が制定した法律自体が，憲法13条の「プライバシー権」を侵害しているかどうかが裁判で争われた。

特定の法律の内容自体が，憲法上の人権のどれかを侵害しているのではないか。この点を裁判所が審査する事件は，憲法訴訟の典型的なタイプである。こうした事件の場合，考え方の筋道としては，どの人権が問題なのか，その人権は誰の何を守っているのか，当の法律はその人権を制限しているのか，制限している場合，その制限は違憲となるのか，これらの点を順次検討するという手順を踏むことになる。

2　プライバシー権とはどんな権利か

この事件で問題となった憲法上の人権は，憲法13条が保障する「プライバシー権」である。憲法13条後段は，いわゆる「幸福追求権」という一般的な権利を定めた規定で，そこに「プライバシー権」という言葉は出てこないが，学説は幸福追求権にプライバシー権が含まれると理解している。

ではプライバシー権とは何か。この点については，この事件の第一審判決が引用するAさんたちの主張が「模範解答」だと思うので紹介しておきたい。

「私事の公開，私生活への侵入からの自由としてのプライバシー権は，人格的自律を保護するという意味において人格的生存に不可欠な権利であり，憲法13条により保障される。そして，極めて高度な情報化社会を迎えた今日においては，私事の公開，私生活への侵入からの自由にとどまらず，自己の個人情報が収集，保管利用，提供される各場面において，事前にその目的を示され，目的のための収集，利用等について，同意権を行使する（＝自己決定する）ことが個人の人格的生存に不可欠となっている。かかる意味においての自己情報コントロール権も，憲法13条によって保障されていると解される。」

憲法13条の幸福追求権はプライバシー権を含み，プライバシー権はもともとの「私事・私生活への（公権力を含む）他者による侵入と暴露からの自由」に加えて，IT社会に対処するために自己情報コントロール権へと拡張された。自己情報コントロール権とは，自分の個人情報の収集・保管・利用・提供について確認し同意し，場合によって訂正・削除を求める権利である。Aさんたちの主張は，学説のこうした通説的理解に立脚している。

他方，最高裁も，氏名・住所・電話番号などの「単純個人識別情報」でも「プライバシーに係る情報として法的保護の対象となる」として，プライバシーという言葉を使い，そこに広く個人情報を含める姿勢を示したことがある（江沢民講演会事件・最高裁〔第2小法廷〕2003〈平成15〉年9月12日判決・民集57巻8号973頁）。しかし，プライバシー権という言葉も，プライバシー権という包括的な権利の展開も，自己情報コントロール権という発想も避けて，その事件で問題となった特定の利益に考察を限定するのが，最高裁の基本姿勢である。

たとえば過去の判例では，「承諾なしに，みだりにその容ぼう・

姿態……を撮影されない自由」(京都府学連事件・最高裁〔大法廷〕1969〈昭和44〉年12月24日判決・刑集23巻12号1625頁)や,「前科等のある者もこれをみだりに公開されないという……利益」(前科照会事件・最高裁〔第3小法廷〕1981〈昭和56〉年4月14日判決・民集35巻3号620頁)を認めた例がある。マイナンバー法訴訟に先行し,性質も類似する「住基ネット」判決は,「憲法13条は,国民の私生活上の自由が公権力の行使に対しても保護されるべきことを規定しているものであり,個人の私生活上の自由の一つとして,何人も,個人に関する情報をみだりに第三者に開示又は公表されない自由を有する」と述べている(最高裁〔第1小法廷〕2008〈平成20〉年3月6日判決・民集62巻3号665頁)。

3 マイナンバー法とはどんな法律か

2013年に制定されたマイナンバー法は,日本国民および住民登録をしている在留外国人全員に,住民票コードを変換した12桁の「個人番号」を新たに付番することを定めた(法人番号も導入したが,ここでは省略する)。このように,個人番号は国民全員に付番され,ひとり1つで重複もなく,原則として生涯不変なので,きわめて高い個人特定性をもっている。

個人番号には大きく言って2つの役割がある。1つは「本人確認」であり,もう1つは「情報連携」である。いま述べたように,ひとり1つで生涯不変の個人番号は,ある人が確かに本人であることを確実に証明する手段となる。各人は,氏名・生年月日などや顔写真とともに個人番号が記載されたマイナンバーカードの交付を求めることができ,従来バラバラに使用されてきた運転免許証・パスポートなどの本人確認書類に代えて,本人確認を求められる場面で広くマイナンバーカードを使用できるようになった。また,住民票の交付など法令で定められた一定の事務手続が，マイナンバーカードを利用することで従来よりも簡単になった。さらに2023年の法改正によって，マイナンバーカードが健康保険証と一体化されることになった。

しかし，マイナンバー制度の最も大きな狙いは，行政機関相互の「情報連携」だ。マイナンバー法は，社会保障・税・災害対策を中心に特に規定した行政事務に関して，所管の行政機関等にマイナンバーを記載した個人情報（「特定個人情報」と呼ばれる）のファイルの作成を認め，さらにマイナンバー法が認める範囲で，この特定個人情報を行政機関相互に閲覧利用することを認めている。マイナンバー法9条と別表第一が，約100件の行政事務について，それぞれ指定された行政機関（たとえば厚生労働大臣とか都道府県知事）や，場合によっては民間団体（たとえば全国健康保険協会）に特定個人情報ファイルの保有と利用を認め，19条と別表第二が約120件の事務について，マイナンバーの提供を求めることができる行政機関や民間団体とその事務を具体的に列挙している。このようにマイナンバーと行政機関等の保有する個人情報を「ひもづけ」し，機関相互の利用を認める点にマイナンバー制度の最大の特徴がある。

マイナンバー法は，特定個人情報を保有・利用・相互閲覧できる行政機関等と事務を限定列挙する「ポジティブ・リスト」方式をとり，濫用・流用を防ぐ仕組みをとっているが，その代わりマイナンバー法で列挙された事務を担当する行政機関等は，本人の同意なく特定人の個人番号を入手することが認められる（法14条によれば，「個人番号利用事務等実施者……は，個人番号利用事務等を処理するために必要があるときは，本人又は他の個人番号利用事務等実施者に対し個人番号の提供を求めることができる。」）。

国民全員の個人番号を作成し，社会保障や税などの分野で，法律が定める事務について，本人の同意なくこの個人番号を付した個人情報ファイルを作成・保管・利用・相互検索できるようにしたマイナンバー法が，憲法13条から学説が導き出す「自己情報コントロール権」や，判例が導き出す「個人に関する情報をみだりに第三者に開示又は公表されない自由」を制限する法律であることは，疑問の余地がない。

4　マイナンバー法はプライバシー権を侵害しないか

そこで肝心の問題は，マイナンバー法による制限が憲法13条に反する「自己情報コントロール権」または「個人に関する情報をみだりに第三者に開示又は公表されない自由」を侵害することになるのかということである。この点を考えるにあたっては，大きく言うと2つの問題を検討する必要がある。第1は，そもそもどういう目的でマイナンバー法が制定されたのか，その目的は重要性をもつのかという問題である。そして第2は，マイナンバー法はこの目的を実現するためにどういう手段をとり，想定されるリスクに対処するためにはどういう手段を講じているのか，それらは有効なのかという問題である。

⑴「行政運営の効率化」という目的

マイナンバー法1条によれば，マイナンバー制度の目的の1つは，「行政運営の効率化及び行政分野におけるより公正な給付と負担の確保」であり，もう1つは「……国民が，手続の簡素化による負担の軽減，本人確認の簡易な手段その他の利便性の向上を得られるようにする」ことである。

このようにマイナンバー法1条が列挙する目的のうち，「行政運営の効率化」は，単に役所内部の都合であって，それだけでは法律で追求すべき正当あるいは重要な政策目的とは言えないだろう。行政運営の効率化が一般市民への行政サービスを低下させず，むしろ向上させ，しかも税金でまかなわれているそのコストを節減できることが，各種の統計資料によって可能な限り「定量的に」予測ないし立証されることが求められる。つまり，行政運営の効率化は，一般市民の利便性の向上を帰結する場合にだけ，正当な目的と言えるということだ。行政運営の効率化を筆頭に掲げ，国民の利便性の向上については申請手続等の簡便化だけを副次的に掲げるにすぎないマイナンバー法1条が，「自己情報コントロール権」ないし「個人に関する情報をみだりに第三者に開示又は公表されない自由」の制限を十分に正当化できるかどうかは疑わしい。

(2) プライバシー権侵害リスクへの対処

さらにマイナンバー法の合憲性を判断する上で重要なのは，憲法13条の人権の侵害が起きるリスクをどこまで防止できるかである。

すでに上述の「住基ネット」判決が，1999年に導入された住民基本台帳ネットワークの合憲性を認めるにあたって，「個人情報を一元的に管理できる機関または主体が存在しないこと，管理・利用等が法令等の根拠に基づき，正当な行政目的の範囲内で行われるものであること，システム上，情報が容易に漏えいする具体的な危険がないこと，目的外利用または秘密の漏えい等は，懲戒処分または刑罰をもって禁止されていること，第三者機関等の設置により，個人情報の適切な取扱いを担保するための制度的措置を講じていること」といった条件を提示していた（岡村・後掲10頁）。そこで，マイナンバー法も，これらの条件を満たせるように制度設計された。

すなわち，第1に，すでに述べたようにマイナンバー法は，特定個人情報ファイルを保有・利用できる行政事務と担当機関を限定し（9条），個人番号の提供を求めることができる事務と機関も限定しており（14条），全体を一元的に管理する機関・主体は置いていない。第2に，個人番号の生成や特定個人情報ファイルの作成などマイナンバー法の事務に従事する者や，過去に従事していた者による特定個人情報ファイルの複製，盗用，第三者への提供などの行為に対する刑事制裁が定められている（48条以下）。第3に，個人情報保護法によって設置された「個人情報保護委員会」という第三者機関に，さまざまな監督権限を与えている。たとえば，特定個人情報ファイルを作成しようとする行政機関等は，事前にこの委員会による漏えいなどのリスク評価を受けなければならず（28条），特定個人情報を扱う機関は，定期的にこの委員会の検査を受けなければならない（29条の3）。

また，デジタル庁の説明によると，マイナンバーカードのICチップには，税・年金・医療などに関する特定個人情報そのものは記録されていないので，カードの紛失・盗難によってこれらの個人情報が流出することはない（digital.go.jp/policies/mynumber/faq-insurance-card/）。さらに，「マイナポータルサイト」が設けられ，各人はそこにアクセスすれば行政機関等による自分の個人番号の閲覧状況を知ることができる（myna.go.jp/html/about_mynaportal.html）。

こう見てくると，マイナンバー法は特定個人情報の不適切な取扱いに対して，かなり整備された防御措置を講じていると言える。しかし，問題はその実効性だ。個人情報保護委員会年次報告書によれば，たとえば2021年度1年間に，マイナンバー法違反ないしそのおそれのある事案が111機関・170件あったという（ppc.go.jp/files/pdf/040610_annual_report_gaiyou.pdf）。

(3) 裁判所の役割

2023年にマイナンバー法が改正され，行政機関が特定個人情報ファイルを保有・利用できる事務の範囲が，国家資格の取得事務や公金受取口座指定等に拡大された。この改正と軌を一にして行政は，なかなか取得率があがらなかった国民のマイナカード取得を強力に推進し，とりあえず希望者について，健康保険証とマイナカードとの一本化や，マイナカードを使った公的年金受取口座の開設などの作業に着手した。ところが，地方自治体の担当者による入力作業にミスがあって，マイナカードと別人の健康保険証とが一本化されたり，そもそもプログラミングが不適切だったために，マイナカードを使って本人以外の口座を公的年金受取口座に指定できるなど，マイナカードをめぐる大量の不祥事が2023年6月頃からさまざまな報道によって次々と発覚した。

紙の上ではどれほど整えられた仕組みも，現実に実行されているとは限らないし，ヒューマンエラーをゼロに近づけるためには公務員の念入りな啓発や研修が欠かせない。したがって，条文や制度の表面をなぞるだけではなくて，その実態にまで掘り下げた検討を行うことが，人権保障の砦である裁判所の役目だ。

マイナカードを利用する事務の拡大が，その出発時につまづきを見せたことを目にすると，マイナンバー法の適用ないし運用の現状が，プライバシー権保護の観点からはたして合憲と言えるのか，大きなクエスチョンマークが付きそうだ。

裁判所はどのように判断したか

最高裁は，要約すると以下のような理由づけで，マイナンバー法は憲法13条に違反しないと判断した。

① 「憲法13条は，国民の私生活上の自由が公権力の行使に対しても保護されるべきことを規定しているものであり，個人の私生活上の自由の一つとして，何人も，個人に関する情報をみだりに第三者に開示又は公表されない自由を有するものと解される」。

② マイナンバー法は，「情報の管理及び利用の効率化，情報連携

の迅速化を実現することにより，行政運営の効率化，給付と負担の公平性の確保，国民の利便性向上を図ること等を目的とするものであり，正当な行政目的を有するものということができる。」

③ 個人番号の利用範囲が法令・条例で定められた事務に限定されていること，特定個人情報ファイルの作成・利用・提供も厳格に制限されていること，漏えい防止等の規制と刑事制裁が定められていること，独立した第三者機関である個人情報保護委員会に監視・監督等の権限を付与していること，情報の接受について本人の開示請求が認められること，分散管理であるため個人番号の流出によって個人情報が流出する恐れは生じないこと，これらの点を考慮すると，マイナンバー法による特定個人情報の利用・提供等の行為は，「憲法13条の保障する個人に関する情報をみだりに第三者に開示又は公表されない自由を侵害するものではない」。

参考文献

マイナンバー法の詳細な解説書として，宇賀克也『マイナンバー法と情報セキュリティ』（有斐閣，2020年），水町雅子『逐条解説マイナンバー法』（商事法務，2017年），岡村久道『番号利用法』（商事法務，2015年）参照。憲法学者の解説として，實原隆志「マイナンバー制度とは？」法学セミナー827号（2023年12月号）44頁がある。

事件 11　自己情報開示請求権

私の「指導要録」を見せてください

指導要録開示請求訴訟

最高裁（第 3 小法廷）2003〈平成 15〉年 11 月 11 日判決

（判例時報 1846 号 3 頁）

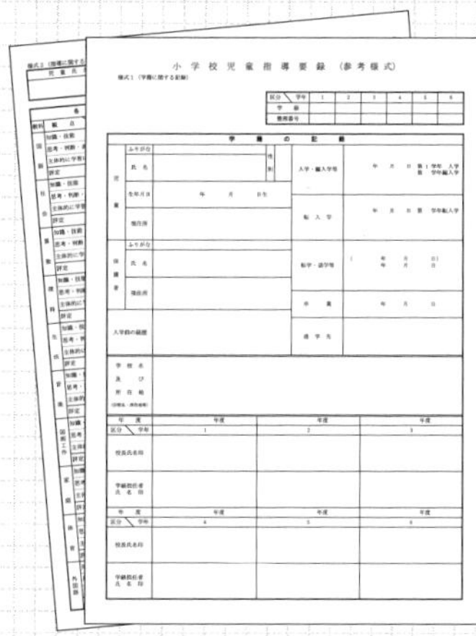

小・中・高等学校は，児童・生徒 1 人ひとりについて，「指導要録」「内申書（正式には調査書）」「通知表」という 3 種類の文書を作成している。いずれも各人の学習や生活状況に関する教師の記録と評価だ。指導要録は，外部に対する学籍証明の原簿であると同時に，在学中の指導の記録でもある。内申書は，児童・生徒の進学や就職に際して，選抜資料の 1 つとして指導要録に基づいて作成される。通知表は，児童・生徒の学習や生活に関する学校側の評価を，本人と保護者に伝えるために作成され，指導要録・内申書とは内容に違いがある。通知表は当然本人・保護者に渡されるが，指導要録と内申書は本人や保護者には見せないことになっている。児童・生徒には，自分について学校側が作成・利用し，進路にも影響する重要な文書であるにもかかわらず，指導要録や内申書を見せてもらう権利はないのだろうか。

☑ できごと

1994年，東京都大田区立中学校の生徒だったXさんは，東京都大田区教育委員会教育長に対して，大田区立小学校在学中の指導要録の開示を求めたが，教育長は全面非開示の決定を下した。

当時の東京都大田区公文書開示条例は，大田区が保有する公文書について，原則的開示（1条）→公文書でも個人情報（「個人に関する情報で特定の個人が識別され又は識別され得る情報」）を含むものは非開示（9条1号本文）→個人情報でも本人からの請求の場合には開示（10条本文）→本人からの請求でも例外的には非開示（10条ただし書）という構造になっていた。条例は，本人からの請求でも例外的に非開示にできる個人情報の1つとして，「個人の指導，診断，判定又は評価等に関する情報であって，当該個人に開示しないことが正当と認められるもの」を挙げていた（10条ただし書）。教育長は，指導要録がこれに当たるとして，Xさん本人からの請求であるにもかかわらず，全面的に非開示とする決定を行ったのである。

Xさんはこれを不服として，まず大田区教育委員会に行政不服審査法に基づく審査請求を行ったが，教育委員会は東京都大田区公文書開示審査会の答申に従って審査請求を棄却した。そこで，Xさんはさらに，教育長による指導要録非開示処分の取消しを求める行政訴訟を起こした。

裁判所に証拠として提出された指導要録の見本によると，Xさんのケースでも使われた指導要録の書式は次のようなものだった。まず，オモテ面には「学校名」「学校長氏名」「学級担任者氏名」「学籍の記録」「出欠の記録」等の記載欄があり，ウラ面には(1)「各教科の学習の記録」，(2)「特別活動の記録」，(3)「行動及び性格の記録」，(4)「標準検査の記録」という4つの記載欄が設けられている。

「各教科の学習の記録」欄は，さらに(1)-ア「観点別学習状況」，(1)-イ「評定」，(1)-ウ「所見」という３つの欄からなり，「行動及び性格の記録」欄も，(3)-ア「評定」と(3)-イ「所見」の欄に分かれている。ちょっと煩雑だが，開示・非開示の判断の分かれ目にかかわるので，それぞれの欄の中身を確認しておこう。

(1)-ア「各教科の学習の記録」の「観点別学習状況」欄には，学習指導要領に示された目標ごとに，十分達成されている場合はA，不十分な場合はBが記入され，普通であれば空白とされる。(1)-イ「評定」欄には，各教科ごとに1・2年次は3段階評価，3〜6年次は5段階評価の評定値が記入される。(1)-ウ「所見」欄には，当該児童の学習上の特徴や指導上の注意事項について担任教師が自分の判断を記入する。(2)「特別活動の記録」欄には，学級会・児童会の委員歴，クラブ活動の状況などが記載され，担任教師は「活動の意欲」「集団への寄与」について評価すべき点があったと判断する場合には，これらの項目に丸印をつける。(3)-ア「行動及び性格の記録」の「評定」欄には，「自主性」「責任感」など児童の行動・性格に関する項目ごとに，優れている場合にはA，指導を要する場合にはBが記入され，特徴がなければ空白とされる。(3)-イ「所見」欄には，当該児童の性格・行動の全体的特徴のほか，Bとした項目に関する具体的な理由または指導方針，健康状況・趣味特技・校外生活における顕著な行動について，担任教師が自分の認識・判断を記入する。(4)「標準検査の記録」欄は，知能検査等の実施記録欄である。

第一審＝東京地裁 1997〈平成 9〉年 1 月 17 日判決（LEX/DB 28091960）は，教育長の全面非開示処分の一部を取り消した。地裁は，(1)-ウ「各教科の学習の記録」の「所見」欄，(2)「特別活動の記録」欄，(3)「行動及び性格の記録」欄には教師の主観的評価が多く含まれ，本人・保護者への開示を認めると率直で正確な記載が困難になることを主な理由として，これらが条例10条ただし書の「開示しないことが正当と認められるもの」に当たることを認めた。しかし，(4)「標準検査の記録」は教師の判断を含まない純然たる事実の記録であり，(1)-ア「観点別学習状況」と(1)-イ「評定」欄は教師の主観的評価を含むが，その程度は大きくないとして，教育長の非開示処分を取り消した。

これに対して，控訴審＝東京高裁1998〈平成10〉年10月27日判決（判例集未登載）は，教育長の全面非開示決定を支持し，第一審における教育長側の敗訴部分を取り消した。

☑ 当事者の主張

1 Xさんの主張

① 憲法13条が保障するプライバシー権＝自己情報コントロール権は，公権力の積極的作為を求める面ではいわゆる「抽象的権利」だが，本件条例10条はこの抽象的権利を具体化したものである。

② したがって，本件指導要録の開示請求は憲法13条の権利の行使である。プライバシー権も「公共の福祉」による制限を受けるが，重要な権利であるから制限は開示による具体的弊害の発生が客観的に明白な場合しか許されない。条例10条ただし書もこの観点に立って解釈されなければならない。

③ 指導要録の記載が真に客観的で公正なものであれば，マイナス評価であっても児童・保護者との話し合いを通じて指導に役立てることができ，信頼関係は損なわれない。本件では，知的障害をもつXが，健常児と同じ学校で適切な教育を受けるために小学校の指導要録の内容も見ながら中学校側と話し合いをもとうとしており，開示はきわめて有益である。

④　したがって，本件は開示によって教育上著しい弊害が発生することが客観的に明白な場合とはいえず，非開示決定は違法である。

2　教育長側の主張

①　指導要録作成の目的は，児童の学習・生活を総合的に把握し，継続的で適切な指導に役立てることである。したがって，教師には，児童のプラス面もマイナス面も客観的かつ公正にありのままに記載することが求められ，現に児童・保護者には開示しない前提で率直な記載がなされている。

②　指導要録のうち(1)(2)(3)は，これを開示すると，児童が自尊心を傷つけられ，意欲や向上心を失い，学校側との信頼関係が損なわれる事態も考えられ，それを避けるために記載が形骸化するおそれがある。指導要録(4)も，開示すると児童や保護者が記載された知能指数等の記録を絶対視し，やはり自尊心や学習意欲が削がれる可能性がある。

③　したがって，指導要録は条例10条ただし書の文書に該当し，全面非開示は適法である。

☑ 考えてみよう

1　指導要録の開示請求権は13条のプライバシー権に含まれる

裁判のなかでXさんは，自分の指導要録の内容を本人が見ることは，憲法13条のプライバシー権と26条の教育を受ける権利で保護されていると主張している。

憲法13条がプライバシー権の保障を含むことは，裁判所も憲法学者も認めている。学説では，ここにいうプライバシー権を「自己情報コントロール権」と理解する見方が有力だ（事件10参照）。自己情報コントロール権として思い描かれているのは，(1)さまざまな政府機関が，自分についてどんな情報を収集・保存・利用しているのかを，本人が知る権利，(2)政府機関による収集・利用を不当と考える本人が，情報の削除・訂正や利用の停止を求める権利である。

公立学校で作成される指導要録や内申書も政府保有情報の一種であるから，もしこの憲法解釈に従うなら，X さんには指導要録の開示を教育長に要求する憲法上の権利があることになる。13 条（と教育情報の開示という意味では 26 条）がその根拠規定だ。

2　自己情報コントロール権は「抽象的権利」である

しかし，「生命，自由及び幸福追求に対する国民の権利」という，憲法 13 条の漠然とした規定だけでは，自己情報の開示を実施することはむずかしい。まず，いろいろな政府機関がどういう個人情報を収集・利用しているのかを一般市民が確認する方法を整え，その上で，誰がどの政府機関によって保有されているどういう個人（本人）情報を閲覧し，その内容の訂正や削除を求めることができるのか，そうした請求についてどの政府機関がどのような手続で判断するのかといった点を細かくルール化する必要があるからだ。つまり，13 条の自己情報コントロール権は，法律や条例で具体化されなければ，裁判で請求することが困難な権利なのである。学者はこの種の憲法上の権利を「抽象的権利」とよんでいる。

だが抽象的権利は無権利ではない。13 条が，抽象的権利とはいえ，自己情報コントロール権を含むとすれば，東京都大田区公文書開示条例の本人情報の開示規定や，これを適用する大田区の決定は，憲法上の自己情報コントロール権侵害となる場合があることになる。X さんの側は，憲法上の自己情報コントロール権は個人の人格にかかわる重要な権利なので，その制限は必要最小限でなければならず，具体的には「開示によって生ずる弊害が具体的に存することが客観的に明白」な場合に限られるという，注目すべき主張を行った。

しかしながら，本件の東京地裁判決は，「本件条例で定められている具体的な情報開示請求権は，本件条例により創設的に認められた権利」であり，どのような情報を開示対象とするかは条例制定権者の裁量事項であるから，自己情報コントロール権や公正な教育を受ける権利を根拠として，指導要録を「当然に本人に開示されるべき情報であるということはできない」とする。控訴審判決と上告審判決も，この点では第一審判決と共通している。

このように，条例上の具体的な請求権の背後に，抽象的とはいえ憲法上の権利があるという見方を否定し，条例解釈と憲法論を切断して，憲法問題を最初から「消去」してしまう裁判所の発想には，人権保障の充実という観点からはおおいに疑問がある。

3　指導要録を本人に見せるデメリットは何か？

本件の場合，X さんが主張しているのも，条例 10 条自体が憲法 13 条違反だということではなく，非開示とした教育長の決定が条例違反であり，ひいては憲法違反（「適用違憲」）だということである。他方，教育長の側と裁判所は，もっぱら教育長の決定が条例違反となるかどうかだけを問題としている。

いずれにせよ，実際に決め手となるのは，開示のデメリットの判断である。教育長側は，前記(1)-ア，(1)-イの計数的評価の部分も含めて，指導要録には開示を予定せずに児童のマイナス面もありのままに記載されているので，開示は次のような弊害を生む可能性があるとする。第 1 は，児童が自尊心を傷つけられ，学習意欲や向上心を失い，学校に不信感を抱いて指導に支障をきたす可能性，児童・保護者の反発を買い，学校との信頼関係が損なわれる可能性，児童・保護者が誤解や反発から教師を逆恨みする可能性である。第2は，教師がこうした第1の弊害発生を回避しようとすることから，指導要録の記載が形骸化・空洞化し，教育行政事務の公正・円滑な執行に支障をきたす可能性である。

たしかに，第1の可能性は存在する。しかし，教師による厳しい評価は，本来は児童の学習や生活の改善に役立てる目的でなされるべきものだから，本人に開示しないのでは意味がないのではないか。したがって，厳しい評価を指導要録に記載するだけでなく，児童・保護者にその内容をていねいに説明し，必要に応じて児童を指導することが必要なのではないか。指導要録の存在自体はみんな知っているのに，中身は開示されないとすれば，そのことがかえって児童・保護者の学校に対する信頼を損ねるのではないか。これらの点を考慮すると，第1の可能性は非開示を正当化するには十分ではないように思われる。

また，開示すれば指導要録が形骸化するという，第2の可能性も存在する。全面開示に踏み切った自治体では，現にその傾向が現れているともいわれる。しかし，教師が児童本人や保護者には秘密にして厳しいマイナス評価を記載したり，通知表とは異なる厳しい計数評価を記載できる指導要録・内申書と，当事者に開示する通知表との「二重帳簿」制は，はたして教育という仕事にふさわしいものなのか。この点を考えると，二重帳簿制の解消によって，教師の筆がやや抑え気味になることもまたやむをえないともいえる。

この点で，1993年に兵庫県西宮市立中学校の在校生と卒業生が起こした指導要録・内申書の全面開示請求訴訟で，控訴審の大阪高裁1999〈平成11〉年11月25日判決（判例タイムズ1050号111頁）が，全国で初めて全面開示を認めて示した次のような判断は注目される。教育上の評価は「教師の主観的評価・判断でなされるものであっても，恣意に陥ることなく，正確な事実・資料に基づき，本人及び保護者からの批判に耐え得る適正なものでなければならない。」「日頃の注意や指導等もなく，マイナス評価が調査書や指導要録のみに記載されるとすれば，むしろ，そのこと自体が問題」である。

指導要録の全面開示は，たとえば保護者の度を超したクレームといった教師の職業上のリスクを高めることになるかもしれない。しかし，こうしたリスクに対しては，指導要録を秘密にすることによってではなく，児童・保護者との話し合いの場の確保や，クレーム対応の研修など手続の整備といった別の手段で対処すべきだろう。

裁判所はどのように判断したか

最高裁は，全面非開示を支持した控訴審判決を破棄し，第一審と同じく(1)「各教科の学習の記録」の「観点別学習状況」欄と「評定」欄，(4)「標準検査の記録」欄の開示を認めた。しかし，(1)「各教科の学習の記録」の「所見」欄，(2)「特別活動の記録」欄，(3)「行動及び性格の記録」欄については，第一審・控訴審判決と同様，教育長側の弊害の主張を受け入れて非開示を維持した。この判決で，開示の範囲は明確化されたことになるが，全面開示を違法とする判決ではないことにも注意が必要だ。

参考文献

本件最高裁判決の評釈として，野村武司・平成 15 年度重要判例解説（2004 年）48 頁，中谷実「小学校児童の指導要録記載事項と本人不開示の妥当性」民商法雑誌 130 巻 4＝5 号（2004 年）916 頁以下，寺洋平「指導要録と自己情報開示請求権の範囲」法学セミナー 2004 年 8 月号（596 号）111 頁。指導要録・内申書の開示一般については，米沢広一『憲法と教育 15 講〔第 4 版〕』（北樹出版，2016 年）92 頁以下，棟居快行『憲法フィールドノート〔第 3 版〕』（日本評論社，2006 年）51 頁以下参照。

事件12 プライバシーの権利

GPS端末を使った捜査は令状なしでできるか？

GPS捜査訴訟

最高裁大法廷2017〈平成29〉年3月15日判決

（刑集71巻3号13頁）

位置情報（GPS）アプリは，スマートフォンにダウンロードすることで，家族や友人の現在位置を知ることができる。子どもの見守りや友人との待ち合わせに広く使われているし，さらにペットの首輪に端末を装着することで，いなくなったペットの居場所を知ることができるという優れモノだ。一方で，ストーカーがこれを使って危険な行為をすることもありうる。使い方次第では危ないツールになるのだ。ここで取り上げる事件では，自動車を盗み，さらにそれを使って広域犯罪をしているのではないかと疑われているグループに対する捜査で，警察は彼らが使っている車にGPS端末を装着した。この捜査手法によれば，GPS端末によって行動が警察に逐一把握されることになる。このやり方は憲法上，問題ないのだろうか。

☑ できごと

Xには，複数の共犯者と共謀の上，犯行に使用する複数の自動車を盗み，大阪，兵庫，および長崎にある店舗に侵入してブランド品の衣類やバッグ等を盗むという手口で被害額400万円を超える自動車等の窃盗や侵入盗を繰り返したとの嫌疑が掛けられていた。捜査機関は，Xや共犯とされた者のほか，Xの知人女性が使用する自動車等19台に，X等の承諾なく，かつ令状を取得することなくGPS端末を取り付け，端末の所在地をあらわす地図上の地点や住所，測位誤差等を携帯電話機の画面に表示させるとするA警備会社の契約サービスを利用し，手元の従来型携帯電話機で多数回連続的に対象車両の位置情報を取得していた。各車両にGPS端末が取り付けられていた期間は，最短のもので半月だが，最長のものは3か月に及んでいた。本件捜査では16個のGPS端末が利用されたが，それによる位置情報の取得状況について重要なものを見ると，端末1個について，合計3か月間に行われた検索回数が1200回を超え，1000回以上位置情報が取得され，端末6個について，数か月の間におよそ480回ないし680回，位置情報が取得されていた。また，GPS端末を対象車両に取り付けるに当たっては，警察官は管理者等の承諾を得ずスーパーの駐車場，コインパーキングやラブホテルの駐車場に立ち入ったこともあった。1年近い捜査期間を経て，Xは窃盗等の罪により起訴された。

☑ 当事者の主張

1　X側の主張

①　GPS捜査は令状主義に反する重大な違法があり，それをもと

にしてなされた本件公訴提起は憲法35条に反するものであるから，裁判所は公訴を棄却すべきである。

② GPS端末を使った捜査（以下「GPS捜査」）は強制処分（刑事訴訟法197条1項ただし書）にあたり，令状が必要であるにも関わらず令状を取得することなく行われたものであり，本件GPS捜査によって得られた証拠およびこれに関連する証拠には証拠能力がなく，Xは無罪である。

2 検察側の主張

① 本件GPS捜査により，車両の位置情報のほか，少なくとも移動中は事実上使用者の移動も把握することが可能となり，そのプライバシーを制約する面があることは否定できないが，車両の使用者にとって，その位置情報は基本的に第三者に知られないで済ますことを合理的に期待できる性質のものではなく，一般的にプライバシーとしての要保護性は高くない。本件のような類型のGPS捜査は，その性質上，法定の厳格な要件・手続によって保護する必要のあるほど重要な権利・利益に対する実質的な侵害ないし制約を伴う捜査活動とはいえず，強制の処分には該当せず任意処分（任意捜査）と解するのが相当である。したがって，本件公訴提起は憲法35条に違反しない。

② 本件GPS捜査は任意処分として行われたものであり，重大な違法は存在しない。仮にGPS捜査が違法であるとしても，GPS捜査以外の捜査によって得られた証拠によりXは有罪と認定できる。

☑ 考えてみよう

1　強制処分 vs 任意処分

刑事ドラマで，刑事から警察に同行してくれと言われた被疑者が「これは強制ではなく任意ですよね」と言い返す場面を見たことはないだろうか。警察の捜査手法は，強制処分と任意処分に区別できる。難しい言い方になるが，最高裁は，強制処分について，「個人の意思を制圧して憲法の保障する重要な法的利益を侵害するものとして，刑訴法上，特別の根拠規定がなければ許容されない」ものと説明している（本件最高裁判決）。これは，「強制処分法定主義」と言われることもある。それに対し，任意処分とはそれ以外の手段である。捜査機関が「個人の意思を制圧」するには法の根拠が必要というわけだ。刑事訴訟法 197 条 1 項は，「捜査については，その目的を達するため必要な取調をすることができる」が，「強制の処分は，この法律に特別の定のある場合でなければ，これをすることができない」と定めている。

覚せい剤事件での国内宅配便荷物のエックス線検査について，最高裁は，「荷送人や荷受人の内容物に対するプライバシー等を大きく侵害するものであるから，検証としての性質を有する強制処分に当たる」（最高裁〔第 3 小法廷〕2009〈平成 21〉年 9 月 28 日決定，刑集 63 巻 7 号 868 頁）と判示している。検証というのは，目・耳・鼻・舌・皮膚の「五官の作用」によって，「対象の存否，性質，状態，内容等を認識，保全する作用」（最高裁〔第 3 小法廷〕1999〈平成 11〉年 12 月 16 日決定，刑集 53 巻 9 号 1327 頁）のことだが，最高裁は国内宅配便荷物のエックス線検査も強制処分にあたるといっている。ここでは，「プライバシー等」に対する侵害の程度を勘案して令状を必要とする強制処分に該当するか否かが判断されているのだ（笹田・後掲294頁)。令状を必要とする強制処分とあるように，強制処分すべてに令状が必要というわけではない。

2　憲法33条・35条の令状主義

憲法35条は，「住居，書類及び所持品」について恣意的な「侵入，捜索及び押収」を禁止しているが，「正当な理由に基づいて発せられ，且つ捜索する場所及び押収する物を明示する令状」がある場合は，「侵入，捜索及び押収」は認められる。また同条は憲法33条の場合を例外として許容する。即ち「第33条による不逮捕の保障の存しない場合」(適法な逮捕の場合)は，逮捕に伴う合理的な範囲内という条件が付くが，令状を必要とせず，住居などの侵入を行うことができる(芦部・後掲270頁)。

そうすると，令状主義の対象は，憲法上，「逮捕」(33条)，「住居，書類及び所持品」についての「侵入，捜索及び押収」(35条)であり，これらの憲法上の事項に含まれないものは，強制処分であっても，刑事訴訟法に根拠があり，その定めに従って行われれば問題はなく，憲法上令状は必要としない(参照，後藤・後掲10頁)。すべての強制処分に令状主義の適用があるわけではない。別の言い方をすれば，ある捜査手段の使用が憲法35条の保障対象(住居，書類および所持品)に含まれる法益の侵害を伴う限りで，当該捜査手段について令状主義の適用が検討されねばならない。最高裁は平成21年決定で，「書類及び所持品」について国内宅配便荷物も含めそれについてのエックス線検査を強制処分と見た。「住居，書類及び所持品」の範囲をどこまで拡大できるかがポイントである。

3　GPS捜査とプライバシー

本件事案では，GPS端末が19台の車両に長期にわたり装着され，捜査機関はこれらの車両の位置情報を令状なしに取得していた。このことがプライバシー侵害に当たるかどうかが検討すべき課題である。まず，プライバシーについて「私生活をみだりに公開されない法的権利」とする理解が「宴のあと」事件第一審判決（東京地裁1964〈昭和39〉年9月28日判決，判例時報385号12頁）で示され，広く受け入れられていく（事件9「忘れられる権利」，事件10「プライバシー権」参照）。その後，公道上でのデモ参加者を警察官が犯罪捜査のため写真撮影したことが問題になった京都府学連事件で，最高裁は，憲法13条に基づき，「個人の私生活上の自由の一つとして，何人もその承諾なしに，みだりにその容貌・姿態を撮影されない自由を有する」と判示した（最高裁〔大法廷〕1969〈昭和44〉年12月24日判決，刑集23巻12号1625頁）。最高裁はプライバシーを明示していないが，プライバシー権の一種である肖像権の具体的権利性が認められたと考えられている（芦部・後掲123頁）。さらにプライバシー権は自己情報コントロール権として展開されていく。つまり，「自分の個人情報の収集・保存・利用状況を知り，収集の拒否，情報の削除や訂正，利用の差し止めなどを請求できる権利」と自己情報コントロール権は理解されているのである（事件10参照）。本事件の控訴審はプライバシー侵害の程度は大きくなかったと判示している。というのも，「対象車両の所在位置に限られ，そこでの車両使用者らの行動の状況などが明らかになるものではなく，また，警察官らが，相当期間（時間）にわたり機械的に各車両の位置情報を間断なく取得してこれを蓄積し，それにより過去の位置（移動）情報を網羅的に把握したという事実も認められない」からだ（大阪高裁2016〈平成28〉年3月2日判決，判例タイムズ1429号148頁）。「できごと」を振り返ると，この判断には異論もあるだろう。しかし，プライバシーを住居における「私生活上の秘密」と限定的に解したうえで，公道上での車両の移動を長期的に捜査することは重大なプライバシー侵害を意味しないと解したのかもしれない。また，いくつもの県を跨いだ広域での車両窃盗や住居侵入に対処するために，GPS 捜査が有効であることは否定できないという実務的判断もあるだろう。令状を取得し，それを犯行が疑われている者に示したえうで GPS 捜査を行うことは，捜査としては意味がないからだ。

GPS 捜査は警察官による尾行捜査と比較すれば，「情報を取得するコストが低く，監視対象者に知られることなく，動静情報・位置情報を蓄積し，事後的に分析することも可能」な「監視型捜査」である（緑・後掲 67 頁）。GPS 捜査は捜査手法として有効なうえに，費用が少なくてすむから，捜査する側にとって調法なのだ。

ここで GPS 捜査と京都府学連事件におけるような警察官による写真撮影との違いを説明しよう。GPS 捜査は写真撮影と異なり，個人の行動を網羅的・継続的に把握する。したがって GPS 端末が設置された車両が立ち寄る場所や滞在時間をもれなく警察は知ることになる。さらに，本件 GPS 捜査では 3 か月にわたり，1000 回以上，位置情報が取得されていたことがあった。また，写真撮影においては警察官はシャッターを押すだけだが，GPS 捜査では対象車両に警察官が密かに GPS 端末を取り付けている。既述のように，最高裁は国内宅配便荷物のエックス線検査を令状を必要とする強制処分と判示している。ここでは，「荷送人や荷受人の内容物に対するプライバシー等を大きく侵害する」ことが理由として挙げられていた（最高裁〔第 3 小法廷〕2009〈平成 21〉年 9 月 28 日判決）。この判決を踏まえて「捜査対象車両」についての GPS 捜査を見るなら，GPS捜査は令状が必要な強制処分といえないだろうか。憲法的には，「住居，書類及び所持品」（憲法 35 条）に準じた私的領域に，ある人が「車で」いつも行く場所や経路，および時間帯などが含まれると見るのである。

裁判所はどのように判断したか

最高裁はGPS捜査が強制処分にあたるとして，それにより得られた証拠についてはその証拠能力を否定したが，「その余の証拠につき，同捜査に密接に関連するとまでは認められないとして証拠能力を肯定し，これに基づき被告人を有罪と認定した第一審判決は正当」と判示している。

① GPS捜査は，「その性質上，公道上のもののみならず，個人のプライバシーが強く保護されるべき場所や空間に関わるものも含めて，対象車両及びその使用者の所在と移動状況を逐一把握することを可能にする」手法であって，「個人の行動を継続的，網羅的に把握することを必然的に伴うから，個人のプライバシーを侵害し得るものであり，また，そのような侵害を可能とする機器を個人の所持品に秘かに装着することによって行う点において，公道上の所在を肉眼で把握したりカメラで撮影したりするような手法とは異なり，公権力による私的領域への侵入を伴う」。

② 憲法35条の保障対象には，「『住居，書類及び所持品』に限らずこれらに準ずる私的領域に『侵入』されることのない権利が含まれるものと解するのが相当」であるから，「個人のプライバシーの侵害を可能とする機器をその所持品に秘かに装着することによって，合理的に推認される個人の意思に反してその私的領域に侵入する捜査手法であるGPS捜査は，個人の意思を制圧して憲法の保障する重要な法的利益を侵害するものとして，刑訴法上，特別の根拠規定がなければ許容されない強制の処分に当たる……とともに，一般的には，現行犯人逮捕等の令状を要しないものとされている処分と同視すべき事情があると認めるのも困難であるから，令状がなければ行うことのできない処分と解すべきである」。

「GPS捜査が今後も広く用いられ得る有力な捜査手法であるとすれば，その特質に着目して憲法，刑訴法の諸原則に適合する立法的な措置が講じられることが望ましい」。
（三裁判官による補足意見は，法制化には一定の時間を要するため，「極めて重大な犯罪」の捜査に限定して「裁判官の審査を受けてGPS捜査を実施することが全く否定されるべきものではない」とする。）

参考文献

本判決については，笹倉宏紀・メディア判例百選（第2版）（2018年）220頁，山田哲史・憲法判例百選Ⅱ（第7版）（2019年）248頁，酒巻匡「GPS捜査は令状がなければ行うことができない強制の処分か」論究ジュリスト30号（2019年）187頁，緑大輔「監視型捜査における情報取得時の法的規律」法律時報2015年5月号（87巻5号）65頁，笹田栄司「GPS捜査と憲法35条」笹田編『Law Practice 憲法〔第3版〕』（商事法務，2022年）293頁がある。さらに，後藤昭「強制処分法定主義と令状主義」法学教室2001年2月号（245号）10頁，芦部信喜（高橋和之補訂）『憲法〔第8版〕』（岩波書店，2023年）も参照。

事件 13　氏名に対する権利

自分の名前なのに自分のものでない？

夫婦別姓訴訟

最高裁（大法廷）2015〈平成 27〉年 12 月 16 日判決

（民集 69 巻 8 号 2586 頁）

結婚するカップルの 96% 以上が夫の元々の氏（名字）を夫婦の氏としているので，結婚すれば女性の氏が変わるのは当たり前のように思っている人も多いであろう。しかし，なぜ結婚すると女性は氏を変えなければいけないのだろうか。氏も名前の一部である以上，結婚しても変えないことを主張できないのだろうか。

☑ できごと

民法 750 条は,「夫婦は, 婚姻の際に定めるところに従い, 夫又は妻の氏を称する」として, 夫婦の氏は, 婚姻の際に夫婦が協議して, 夫または妻のいずれかが婚姻前に称していた氏から選択されたものとすると定めている（夫婦同氏制)。また, 婚姻届では「夫婦が称する氏」が必要的記載事項とされている（戸籍法 74 条 1 号）ので, 民法 750 条に従って夫婦どちらかの氏を共通の氏と記入していない婚姻届は受理されない。婚姻は戸籍法の定めるところによる届出があって初めて効力を生ずる（民法 739 条 1 項）のであるから, 婚姻届が受理されなければ婚姻をすることができない。

このように民法が夫婦同氏制をとっていて, 夫婦がそれぞれ別の氏を正式な氏として用いることはできないので, X_1 さん（女性）たちは, 婚姻後は夫の氏を正式な氏とする一方で, 職場では婚姻前の氏を通称として用いてきた。また, X_2 さん, X_3 さんは, 婚姻届において一方の氏を選択しなかったため, 婚姻届を受理されなかった。そこで, X_1 さんたち, X_2 さん, X_3 さん（以下ではまとめて X さんとする）は, 民法 750 条が憲法の諸規定に違反するにもかかわらず, 国会が民法 750 条を改正し, 夫婦同氏制に加えて夫婦別氏制という選択を新たに設けることを怠ってきた立法の不作為があるとして, 国に対して損害賠償（慰謝料）を求めて訴訟を提起した（立法不作為に対する国家賠償については, 事件 24 の「考えてみよう」4 を参照)。

☑ 当事者の主張

1 X さんの主張

① 氏は, 個人の呼称として, 個人を他人から識別し特定する機能

を有するものであり，個人の同一性を示すものとして人格と密着し，人格の象徴として人格権の一内容を構成する。本人の意に反して氏の変更が強制された場合，当該個人は，旧姓を通じて公私にわたり形成してきた人間関係，人や社会からの信頼・信用，人生そのものを分断され，精神的には人格や個人の尊厳そのものを否定される苦痛を被るのであるから，「氏の変更を強制されない自由」は，人格そのものにかかわる権利として，憲法13条（幸福追求権）によって保障される。

② 憲法24条1項は，基本的人権として「婚姻の自由」を保障しており，法律婚の自由が同項が保障する婚姻の自由に含まれる。

③ 法律婚を希望するがいずれも氏の変更を望まない男女は，民法750条の夫婦同氏強制により，いずれか一方が意に反する氏の変更を強制されても法律婚をするか，あるいは法律婚を諦めて双方が氏の変更を強制されずに生きるかを選択することになり，「氏の変更を強制されない自由」または「婚姻の自由」のいずれかの放棄を迫られることになるから，同条は，これらの自由を制約している。

④ 民法750条の制定当時の立法上の根拠は，共同生活をする者が同じ氏を称しているという当時の習俗や慣習が挙げられるにすぎないが，これは婚姻の本質から導かれるものではない。また，「婚姻や家族の安定」，「夫婦や家族の一体感の醸成」が目的であるとしても，その目的を達成する方法は，個人・夫婦各自の人生観，価値観により異なるもので，国家が強制しようとしても到底達成不可能なものである。しかも，同条は全国民に夫婦同氏を強制しており，規

民法750条　夫婦は，婚姻の際に定めるところに従い，夫又は妻の氏を称する。

制の範囲が目的に対して広きにすぎ，その結果，婚姻に際して氏の変更を望まない男女に，法律婚を断念・回避させて，婚姻を不安定化させ，離婚の容易な事実婚を増加させる有害な規制手段となっている。したがって，同条は，氏の変更を強制されない自由や婚姻の自由の制約を正当化できるような重大な目的がなく，さらに，目的達成に本当に役立つものでもないので，憲法13条，24条1項に違反する。

2 国の反論

① 憲法13条は，夫婦別氏を選択できる制度を構築すべきことを要求する権利を，個々の国民に対して保障するものではない。また，氏というものは現行の婚姻制度という法律制度の存在を前提としたものであって，氏は制度に依存した存在である。そのため，何らの法律制度も前提としない氏を観念し，それについて公的制度によって侵害されることのない「氏の変更を強制されない自由」という憲法上の自由権を観念することはできない。

わが国の氏の制度は，夫婦や親子等の家族の密接な結合関係を基軸とする法制度の根幹をなし，婚姻等に際して変更を要することがあり得ることを念頭に置いた法制度として構築されているのであり，氏の制度をどのように構築するかは，これらの諸事情を考慮して決せられるべき立法政策の問題であって，強い社会的性格を帯び，多くの制約を受けざるを得ない性質のものである。したがって，夫婦とも氏の変更を要しないまま法律婚をする権利が憲法13条によって保障される権利であるとは認められない。

② 憲法24条は，婚姻および家族に関する法制度が個人の尊厳と両性の本質的平等に立脚して構築されるべきとする規定（客観法）であり，具体的な立法を待つことなく，婚姻に際して別氏を選択す

ることができる権利を個々の国民に対し保障したものではない。

また，憲法24条は，当事者の合意以外の事項を婚姻の成立要件とする制度の構築をおよそ許さない趣旨ではなく，たとえば，婚姻適齢（民法731条），近親者間の婚姻の禁止（同法734条）に違反した場合に婚姻の成立が妨げられ（婚姻の実質的要件），または所定の方式を具備した届出なしに婚姻が成立しないこと（同法739条。婚姻の形式的要件）は，同条項に反するとは考えられていない。

さらに，民法750条は，婚姻が当事者の自由な意思によるものであることを前提とした上で，夫婦が夫の氏を称することも，妻の氏を称することも，対等な選択肢として許容し，しかもその選択を当該夫婦となる男女間の協議のみに委ねており，個人の尊厳と両性の本質的平等に十分配慮した規定であって，この意味においても憲法24条に違反するようなものではないことは明らかである。

☑ 考えてみよう

1　氏 名 権

今日では，憲法13条の「生命，自由及び幸福追求に対する国民の権利」（幸福追求権）を包括的基本権ととらえて，個別人権規定で保障されていない人権をそこに読み込むことが一般的になっている。ただ，幸福追求権を人格的生存に必要不可欠な権利・自由を広く保障する包括的な人権であるとする立場（人格的利益説）と人の生活活動全般にわたって成立する一般的自由とする説（一般的自由説）とがある（事件8「考えてみよう」1参照）。

人格的利益説では，「人格」（内心に有する根本的な基準によって事柄の是非の判断をし行動していく個人）として自律的に生きていくために必要な行為のみが，幸福追求権によって保障されることになる。

このように「幸福追求権」の権利内容を狭く捉える人格的利益説においても，名誉権やプライバシー権といった人格にまつわる権利（人格権）が――それが人格的生存に必要な限り――権利内容に含まれる。そこで，氏名に対する権利が人格的生存に必要な権利といえるかが問題となる。

私たちの名前は氏と名からなる。氏名の呼称の仕方が問題となった事例において最高裁判所が述べているように，氏名は，個人を他人から識別し特定する機能を有するものであるが，同時に，その個人からみれば，人が個人として尊重される基礎であり，その個人の人格の象徴である（最高裁〔第3小法廷〕1988〈昭和63〉年2月16日判決，民集42巻2号27頁）。私たちは氏名によって自己を特定してもらうことを通じて他人との関係，社会関係を結んでいるのであるから，それが変更させられれば，これまで築いてきた社会関係の継続に困難が生ずることになる。また，自ら氏名によって自分であることを認識しており，また，自分の氏名に愛着を感じているだけに，その変更によりアイデンティティの喪失感を抱くこともある。そうすると氏名は人格権の対象となりそうである。

もっとも，氏名は，社会において個人を特定するものであるだけに，安定性，持続性が必要であって，本人の意思で頻繁に変更するようでは氏名としての役割を果たすことができない。その意味で氏は社会的なものであり，その変更について一定の法的規制を受けざるをえないであろう。さらに，氏は，家族の呼称として機能してきており，民法ではそのことを前提に，出生によって氏を取得し（790条），婚姻の際に夫婦の一方が他方の氏を称することによって氏を改め（750条），離婚の際に婚姻によって氏を改めた者が婚姻前の氏に復する（767条1項，771条）等と定めている。とすると，氏は，名以上に社会的なものであり，法的規律を受けることを前提としたものなのであろうか。

しかし，氏名について人格的な利益があるというのであれば，法律でその維持，変更につきいかようにも定めることができるとは考えがたい。合理的な理由がなく氏名の変更を強制されないことが人格権の一内容として保障されていると解すべきではなかろうか。

2　婚姻の自由

個人的事柄について，公権力から干渉されることなく，自ら決定することができる権利である自己決定権（本書 Part1）も幸福追求権の内容をなすとされている。人格的利益説の立場をとれば，自己決定権はそれについて自ら決定することが人格的生存に必要な私的事柄についてのみ及ぶことになる。それでも自己決定権の対象となる範囲は相当に広く，⑴自己の生命，身体の処分にかかわる事柄，⑵家族の形成・維持にかかわる事柄，⑶リプロダクションにかかわる事柄などに及ぶ。結婚して新たに家族を形成することが人格的生存に不可欠であることは疑いないので，婚姻の自由も，⑵に関する自己決定の問題として，幸福追求権の一内容をなすことになろう。

この点，最高裁判所は，女性について再婚禁止期間を定める民法の規定が違憲であるとして争われた訴訟において，婚姻の自由を端的に憲法上の自由であるとはしなかったものの，憲法の保障を受けることは認めている（事件 6）。婚姻をするについての自由は，「婚姻をするかどうか，いつ誰と婚姻をするかについては，当事者間の自由かつ平等な意思決定に委ねられるべきであるという」憲法 24 条 1 項の規定の趣旨に照らし，十分尊重に値するものと解することができる，としたのである（最高裁〔大法廷〕2015〈平成 27〉年 12 月 16 日判決，民集 69 巻 8 号 2427 頁）。

「**できごと**」で見たように現在の民法，戸籍法の規定によれば，婚姻をしようとする者は，夫か妻のどちらかの氏を選択しなければ婚姻ができない。それゆえ，夫婦同氏制は，婚姻の効力の一つとして夫婦が夫または妻の氏を称することを定めたにすぎないわけではなく，婚姻の自由を制限するものである。

3　平等原則

民法750条は，夫婦のどちらの氏を選択するかを夫婦の選択に委ねており，形式的には女性を差別する規定でない。だが，実際には，96% 以上の夫婦において夫の氏が選択されている。確かに，婚姻後に夫の氏を名乗ることに幸せを感じ，また，当然と思っている女性は多いであろう。しかし，96% 以上という数字には，夫と妻の社会的・経済的地位の相違や，親族や「世間」からの社会慣行に同調することへの強い期待・圧力が反映していることは疑いないであろう。とすると，このように圧倒的に女性差別的な効果をもたらす規定は，国家に男女の平等取扱いを要求する憲法14条1項に違反しないであろうか。

また，憲法24条は2項で，婚姻などの家族に関する事項に関して，「法律は，個人の尊厳と両性の本質的平等に立脚して，制定されなければならない」と定めている。はたして，このような性差別的効果を有する規定が「個人の尊厳と両性の本質的平等」に立脚したものといえるであろうか。

4　夫婦同氏制の合憲性

夫婦同氏制はどのような理由により設けられているのであろうか。この点について，本事件の最高裁判決は，①家族という社会の自然かつ基礎的な集団単位の呼称である氏を一つとすることには合理性がある，②夫婦が同一の氏を称することは，家族という一つの集団を構成する一員であることを，対外的に公示し，識別させることができる，特に，子が婚姻から生まれた嫡出子であることを示すことができる，③家族を構成する個人が，同一の氏を称することにより家族という一つの集団を構成する一員であることを実感することができる，といった理由を挙げている。

しかし，このように夫婦とその嫡出子という家族を前提として夫婦同氏制を正当化しようとするのは，今日では離婚，再婚が増えるなどして家族形態が多様化していることからして十分な説得力をもたないように思われる。

さらに，民法 750 条が夫婦同氏に例外を許さないことの合理性が問われなければならない。現在では女性の社会進出が進み，また，晩婚化が進む中で，婚姻に際して夫の氏への変更を余儀なくされる女性にとっての不利益は，相当大きなものとなっている。他方，氏が同一であることは，家族であることを公に証明するものではなく，あくまでも他人が家族であろうと受け止めるというにすぎないことや，同氏でないと夫婦親子であることの実感が生まれないとはいえないことからして，夫婦同氏に例外を認めないことに強い正当化事由は存しないのではなかろうか。

裁判所はどのように判断したか

第一審，控訴審とも夫婦同氏制が憲法に違反しないとしたため最高裁判所への上告がなされたが，最高裁判所も，以下のように述べて合憲であるとした（ただし，15 人中 5 人の裁判官が憲法 24 条に違反するとした）。

① 氏が，親子関係など一定の身分関係を反映し，婚姻を含めた身分関係の変動に伴って改められることがあり得ることは，その性質上予定されているのであるから，婚姻の際に「氏の変更を強制され

ない自由」が憲法上の権利として保障される人格権の一内容であるとはいえない。

② 民法750条は，夫婦が夫または妻の氏を称するものとしており，夫婦がいずれの氏を称するかを夫婦となろうとする者の間の協議に委ねているのであって，その文言上性別に基づく法的な差別的取扱いを定めているわけではないので，憲法14条1項に違反しない。

③ 民法750条は，婚姻の効力の一つとして夫婦が夫または妻の氏を称することを定めたものであり，婚姻をすることについての直接の制約を定めたものではない。

④ 民法750条の採用した夫婦同氏制が，夫婦が別の氏を称することを認めないものであるとしても，直ちに個人の尊厳と両性の本質的平等の要請に照らして合理性を欠く制度であると認めることはできないので，同条は憲法24条に違反するものではない。

※ 最高裁判所は，2021年にも同様の判断を示した。最高裁（大法廷）2021〈令和3〉年6月23日決定，判例時報2501号3頁。

参考文献

中里見博・法学教室2016年8月号（431号）30頁，石埼学・新・判例解説Watch（法学セミナー増刊）18号（2016年）31頁，小山剛・平成28年度重要判例解説（2017年）21頁，駒村圭吾・憲法判例百選Ⅰ（第7版）（2019年）66頁，土井真一・新・判例解説Watch（法学セミナー増刊）30号（2022年）23頁，大河内美紀・令和3年度重要判例解説（2022年）26頁。

事件14　平和的生存権

国際平和のために日本は何ができる？

自衛隊イラク派遣差止訴訟

名古屋高裁 2008〈平成 20〉年 4 月 17 日判決

（判例時報 2056 号 74 頁）

今こそ，立憲主義をまもり，平和主義，国民主権，人権尊重という憲法がうたう価値を擁護するという一点で共同して違憲訴訟を提起することが求められているとの思いを強くしています。多くの市民の皆さんからの訴訟を超すことへの強い期待と希望が日々寄せられていることを実感しております。私たちは，法律家としてこの期待と希望にしっかりと答える義務を負っていると考えております。さらに，この訴訟は，戦争体験者，戦争被害者，国際 NGO 活動に取り組んでいる人々，基地被害に苦しんでいる人々，これからの社会を憂える市井の人々，二度と戦争加害者にならないことを願っている人々，これからも声を上げ続けようとの決意を行動で表している若者たちに勇気を与えるとわたしたちは考えています。

[安保法制違憲訴訟の会・共同代表（50 音順）]

伊藤真　内田雅敏　黒岩哲彦　杉浦ひとみ　田村洋三　角田由紀子　寺井一弘　福田護

（「安保法制違憲訴訟の会」という訴訟団体のネット情報 http://anpoiken.jp/about/より）

✓ できごと

2015年9月19日，国会内外の激しい抵抗を押し切るかたちで，自衛隊法の一部改正などからなるいわゆる平和安全法制（以下，「安保法制」と呼ぶ）の一連の法律が成立した。同法成立に先んじて，まず2014年5月15日，安全保障の法的基盤の再構築に関する懇談会（「安保法制懇」）による「『安全保障の法的基盤の再構築に関する懇談会』報告書」が提出され，そこで提唱されていた集団的自衛権の一部行使を可能とするため，同年7月1日に閣議決定で従来からの政府の憲法9条解釈が変更された。続いて2015年5月，政府が国会に安保法制の一連の法案を提出し可決成立したのであった。

これに対して同法制の違憲性を理由とする差止め訴訟，あるいは立法行為に対する国家賠償請求が全国各地で提起された（冒頭の東京新聞記事参照）。しかし，どの裁判においても，なかなか原告の主張に対応する憲法論の判決には到達しない（2023〈令和5〉年9月6日の最高裁〔第2小法廷〕決定（判例集未登載。なお参照，朝日新聞2023年9月8日朝刊）は，憲法論の中身に入らずに，東京で国家賠償請求を提起した原告側の上告を退けた）。そこで以下では，自衛隊が紛争下のイラクに送られた時期に，それに反対する国民によって平和的生存権違反などとして提起された訴訟を取り上げよう。

サダム・フセイン（1937～2006年）という名前を聞いたことがあるだろう。イラクの独裁者として世紀をまたいで20年以上も大統領の座に居続けた，まさに悪役の代表である。国連安全保障理事会は2002年11月，イラクが核，毒ガスや生物兵器など大量破壊兵器をひそかに保有している疑いがあるとして，査察への協力等の義務を確認するとともに，「安保理はイラクに対し，その義務違反を継続した場合，深刻な結果に直面するであろうことを繰り返し警告したことを想起する。」といった文章を含む安保理決議1441を採択した。その後アメリカは，イラクが無条件の査察に応じないことや，「大量破壊兵器の確実な証拠がある」ことなどを理由として，国連によるイラク攻撃の決議を待たずにイギリスなどと共にイラク攻撃を開始した（2003年3月。イラク戦争)。戦争そのものはすぐに終わり，国内に身をひそめていたフセインは発見され，裁判ののち死刑に処された。

このような中で，「目に見える国際貢献」の必要性を日本政府は強く感じていた。

そこで2003年7月，4年間だけ通用する時限立法として（後に2年延長)，イラク特措法（イラクにおける人道復興支援活動及び安全確保支援活動の実施に関する特別措置法）が制定され，自衛隊のイラクへの派遣に途を拓いた。

この間，政府はイラク特措法やその運用の憲法9条との整合性について，次のような従来の政府見解を踏襲して説明してきた。「他国による武力の行使への参加に至らない協力（輸送，補給，医療等）については，当該他国による武力の行使と一体となるようなものは自らも武力の行使を行ったとの評価を受けるもので憲法上許されないが，一体とならないものは許される。」（1997年2月13日衆議院予算委員会における内閣法制局長官答弁。ただし表現を改めた)。ところが実際には，イラク国内では宗派対立に根ざす武装勢力間の抗争や武装勢力と多国籍軍との抗争が持続しており，また，特にバクダッドに多国籍軍の兵士を輸送する航空自衛隊の任務については，特措法2条2項にいう「武力による威嚇又は武力の行使に当たるものであってはならない」に違反しているのではないか，も問題視された。

そこで，こうした自衛隊の活動の基礎となっている政府による自衛隊のイラク派遣行為が違憲であることの確認，ならびにその差止め，さらに国の当該行為によって原告らが精神的苦痛を被ったとして国家賠償法に基づき原告1人につき1万円の損害賠償を請求する訴えが，全国各地で提起された。ここで取り上げるのは，そのうち2004年2月に名古屋の原告団が起こした裁判である。名古屋だけで1次訴訟から7次訴訟まで相次いで提起され，インターネット上の呼びかけに応じて全国から3000名以上の原告が集まったという（川口・後掲69頁）。

☑ 当事者の主張

1 原告の主張

① 平和的生存権は抽象的な権利ではなく，個々の原告個人の人格の核心部分にある「平和を希求する人格的核心」に深く根ざした，具体的で多様で豊かな内容のものである（この主張のために，原告一人15分ずつ何が本人にとっての「平和的生存権」なのかを具体的に意見陳述するという訴訟戦術が採用された。参照，川口・後掲70頁以下）。

② 平和的生存権は憲法9条，前文だけでなく，13条の幸福追求権によっても基礎付けられる。また，時代とともに生成発展する「新しい人権」として捉えられるべきである。

③ 自衛隊のイラク派遣は，国際紛争が継続している戦闘地域への派遣であり，また多国籍軍の武力行使と一体となった輸送・補給であり，イラク特措法に違反し憲法9条にも反する違憲の国家行為である。このような行為によって，原告らの平和的生存権が侵害されているから，本件訴えは具体的権利侵害の救済を求めるものであり，違憲性を確認して今後の派遣を阻止するとともに，現になされている派遣の差止め（撤収）ならびに，原告個人がさまざまの事情においてその精神的平穏が具体的に損なわれたことについて1人1万円

の精神的損害の国家賠償を求める。

2　国の反論

① 平和的生存権は具体的権利ではないから，それを前提とする本件違憲確認，差止め，国家賠償請求はいずれも理由がなく，すみやかに原告敗訴判決が下されるべきである。

② イラクでの事実関係については，本件訴訟が法律論として成立しない以上，原告主張に対して，特に認否および反論をしない。

☑ 考えてみよう

1　憲法規定のあいまいさ

この事件でポイントとなっているのは，平和的生存権が内容の明確な憲法規範といえるか，という点である。つまり，内容が不明確で裁判所という法解釈のプロでさえ，その内容を具体的に読み取ることが不可能なのであれば，平和的生存権を裁判に持ち出しても，市民グループには勝ち目はない。裁判所が保護する権利の内容は，憲法や法律である程度明確に決まっていないことにはどうしようもない。裁判所が勝手に，憲法や法律の内容をでっちあげるわけにはいかないからだ。

しかし，そもそも憲法の条文の多くは，大なり小なりあいまいさを含んでいる。むしろ，重要な規定ほど，理念や原理原則をそのまま文章化したような規定になっているために，解釈する際には必ず幅がでてくる。つまり文言（もんごん）上のあいまいさは，憲法の（特に重要条文の）宿命といえる。にもかかわらず，裁判所には法令の内容など，国のすることの中身が合憲か違憲かをチェックする権限（司法審査権）が与えられている（81条）。このことはつまり，憲法はあいまいな条文を明確化するという厄介（やっかい）な仕事を裁判所に押しつけているということにもなるのだろう。

つまり，まるきり不明確な規定では裁判所もどうしようもないのだが，多少の不明確さは，裁判所としても我慢して解釈で補うしかない，ということになる。さて，平和的生存権はこのどちらなのだろうか。

2 相手にしてもらえない平和的生存権

平和的生存権は，憲法前文にちゃんと規定された人権である。いわく，「われらは，全世界の国民が，ひとしく恐怖と欠乏から免かれ，平和のうちに生存する権利を有することを確認する」(前文第2段)。つまり，憲法の人権保障のなかでは一番最初にでてくる人権ということになる。何でも早い者勝ちなら，人権のなかでも5つ星をもらって大きな顔ができたはずだ。しかし，**9条**という憲法のなかではかなり明確な規定でさえ，憲法公布後の数年間しか守られてこなかったのはご存じだろう。だから，9条を人権保障の形でいいかえたものといえる平和的生存権は，いろいろな難くせをつけられて，まともな人権ではないんだといわれ続けてきた。

たとえば，憲法前文というのは本でいえば前書きみたいなもので，前書きが本の内容とはいえないように，前文も裁判所で解釈されたり適用されたりする「憲法」の中身には含まれていない，という言われ方をする。①前文には裁判規範性がない，②平和的生存権は前文で保障された人権である。③ゆえに平和的生存権には裁判規範性がない……。これはなるほど，完璧な三段論法だ。

しかしちょっと考えると，この「三段論法」も怪しげだということがわかる。なぜ，前文には裁判規範性がないのか。前文だって，立派に憲法の一部ではないのか。憲法自身も**98条1項**で自分のことを「最高法規」だと宣言しているが，そこでは前文も含まれているのではないか。また，本文より前文の方が抽象的であいまいだというが，いちがいにそうともいえないではないか。それに，平和的生存権は本文第３章の人権保障のなかでも，**13条**の幸福追求権に含まれると解釈することができるのではないか。そうだとすれば，前文に裁判規範性がなかろうが，平和的生存権の裁判規範性は認められることになる。

結局，平和的生存権を13条に読み込めるように，その具体的内容を明らかにしていくことが必要だということになる。もしそれに成功すれば，もう平和的生存権が裁判規範性がないとして軽視されることはなくなるだろう。

3　裁判所のブレークスルー

要するに，平和的生存権はあいまいで抽象的な権利にすぎず，裁判上の救済を受けるに足りる明確性・具体性を持ち合わせていない，と言われ続けてきた。ところが，こうした状況を突破する画期的な判決が，名古屋高裁で下された。その中身は本章末尾の「裁判所はどのように判断したか」に委ねるが，名古屋高裁の言っていることを，筆者なりの理解に基づいて言い換えてみよう。

まず，平和的生存権は，全ての基本的人権の基礎をなす「基底的権利」（表現の自由などの自由権も平和のうちに生存するという平和的生存権がなければ絵に描いた餅にすぎない，という意味）である。あいまいなのではなく，平和的生存権の内容はといえば，全ての人権を合わせたものの前提条件だと考えればクリアだ，というわけだろう。さらに同裁判所は，憲法上の理念は自由や平等にしても，大なり小なり抽象的であって，それらを人権保障として裁判上も保護しているのだから，平和的生存権だけを抽象的という理由で保護しないわけにはいかない，という趣旨のことも言っている。

また，9条は平和的生存権を国の行為の側から「戦争放棄」や「戦力不保持」として客観的に言い表している，と指摘した。これは，9条に法規範としての性格を認めるのであれば，その主観的権利バージョンである平和的生存権も法的規範性があることになる，という趣旨である。9条はいろいろに解釈されているが，そこに書かれていることは明瞭なのだから，その規範内容を個人の人権として再構成したものが平和的生存権というのであれば，こちらも明確ということになる。

原告が強調していた憲法13条の人格権（人格的自律権。人格の核心部分が守られることで，個人のアイデンティティーの維持が可能になることから，個人主義を謳（うた）う13条には人格〔的自律〕権も含まれると考えられる）という理屈も認めた。人格権は，通常は民事裁判で個人に対する名誉毀損などを止めさせたり，慰謝料を勝ち取るために用いられる防御権的な権利である。日常的に裁判で用いられているのだから，その内容は十分に明確なものと言いうる。そのような人格権を憲法レベルでも認めることができれば，そしてその内容に平和のうちに生存するという生活利益を読み込めば，それで明確という点はクリアできることになる。また，名誉という生活利益が人格権の中身に入れてもらえるように，人格権は具体的な生活利益次第で具体性を持ちうる。平和のうちに生存するという利益も，生身の人間の日々の願望そのものであり，抽象的どころかきわめて具体的な利益であろう。

4 複合的権利としての平和的生存権

さらに注目されるのは，名古屋高裁が平和的生存権を，局面に応じて国による侵害を排除する自由権的な権利であったり，国に一定の作為を求める社会権的な権利であったり，国会と内閣が勝手に国民の平和な生活を危険にさらすことのないよう，個々の自衛隊海外派遣の施策に対して民主的なコントロールを及ぼしてゆくという参政権的な権利であったりと，さまざまにその姿を変えうる多面的，複合的な権利と捉えている，ということである。このような見解は，平和的生存権をあらゆる人権の基礎をなす基底的権利と捉えるという前述の発想から出てくるのだろう。つまり，ふだんは表現の自由などの基礎に隠れている平和的生存権だが，それが表現の自由もろとも脅かされるときには，国民は表現の自由を持ち出せるだけでなく，妨害を排除する権利としての平和的生存権が表に顔を出してくる，ということになるだろう。

こういう見方をすれば，平和的生存権は抽象的どころか，いくつもの具体的な内容の権利性を併せ持つ具体的権利ということになるのである。

このように，人間存在のあり方とともに生成発展し局面に応じていろいろな性質を持ちうる，非常に現代的な人権として，この判決は平和的生存権を捉えている。「新しい人権」が20世紀後半の産物だとすれば，このような平和的生存権は21世紀の人権と言っても差し支えない。

裁判所はどのように判断したか

いくつもの訴訟のうち，名古屋の第7次訴訟の第一審名古屋地裁2007〈平成19〉年3月23日（判例時報1997号93頁）は平和的生存権が具体的権利性を持ちうる可能性を認め，そこで敗訴した原告が控訴せず確定したが，残りはすべて名古屋高裁の同じ合議体に係属し，本件判決もしくはほぼ同内容の判決が下されている。

① 平和的生存権は，現代において憲法の保障する基本的人権が平

和の基盤なしには存立し得ないことからして，全ての基本的人権の基礎にあってその享有を可能ならしめる基底的権利であるということができ，単に憲法の基本的精神や理念を表明したに留まるものではない。平和的生存権は，憲法上の法的な権利として認められるべきである。
② この平和的生存権は，局面に応じて自由権的，社会権的又は参政権的な態様をもって表れる複合的な権利ということができ，裁判所に対してその保護・救済を求め法的強制措置の発動を請求し得るという意味における具体的権利性が肯定される場合があるということができる。例えば，憲法９条に違反する国の行為，すなわち戦争の遂行，武力の行使等や，戦争の準備行為等によって，個人の生命，自由が侵害され又は侵害の危機にさらされ，あるいは，現実的な戦争等による被害や恐怖にさらされるような場合，また，憲法９条に違反する戦争の遂行等への加担・協力を強制されるような場合には，平和的生存権の主として自由権的な態様の表れとして，裁判所に対し当該違憲行為の差止請求や損害賠償請求等の方法により救済を求めることができる場合があると解することができ，その限りでは平和的生存権に具体的権利性がある。
③ 憲法上の概念はおよそ抽象的なものであって，解釈によってそれが充填されていくものであることからすれば，平和的生存権のみ，平和概念の抽象性等のためにその法的権利性や具体的権利性の可能性が否定されなければならない理由はない。
④ ただし，原告が求める違憲確認請求は現在の権利または法律関係に関する確認の請求ではないから，確認の利益がなく不適法である。防衛大臣の公権力行使を争う行政訴訟によるべきであるから，差止訴訟も不適法である。原告側（控訴人）の精神的損害と主張するものは，代表民主制の場で解決されるべき不快感や挫折感にすぎないなどと評価すべきではなく切実なものである。しかし，損害賠償請求が認容されるに足りるほどの被侵害利益は認められない。

原告側が形式上は敗訴しているが，上告せず確定（原告側敗訴判決なのだから，イラク派遣を違憲とする判示は付随審査制の建前からしても「言わずもがな」の余計な判断である（いわゆる蛇足判決）という批判も，国側関係者などからなされている）。

参考文献

小林武「自衛隊イラク派兵差止め訴訟・名古屋高裁違憲判決」国際人権 19 号（2008 年）168 頁，同「平和的生存権論の展開状況――2008 年名古屋高裁判決以降の特質」愛知大学法学部法経論集 2013 年 12 月号（197 号）189 頁，渋谷秀樹・平成 20 年度重要判例解説（2009 年）9 頁，川口創「自衛隊イラク派兵差止訴訟〔国際人権判例分析〕」国際人権 21 号（2010 年）69 頁，同「憲法訴訟に関わって」自由と正義 2014 年 2 月号（65 巻 2 号）5 頁，建石真公子「平和的生存権と国際人権法――自衛隊イラク派兵差止訴訟における『基底的権利』保護をめぐって」国際人権 21 号（2010 年）73 頁，水島朝穂『ライブ講義 徹底分析！集団的自衛権』（岩波書店，2015 年）178 頁。棟居快行「安保法制違憲国賠訴訟における抽象と具体の交錯」毛利透＝木下智史＝小山剛＝棟居快行著『憲法訴訟の実践と理論』（判例時報社，2019 年）273 頁。

事件 15 景観権

街並みの景観を守れないか

国立「大学通り」高層マンション訴訟

最高裁（第１小法廷）2006〈平成 18〉年３月 30 日判決

（民集 60 巻 3 号 948 頁）

（「大学通り」から見た本件で問題となったマンション）

「日本は街並みがごちゃごちゃして汚い。なぜヨーロッパの都市のように整然とした美しい街にできないのか？」——中年以上の平均的日本人がヨーロッパ旅行からわが街に戻ってきたときの，よくある感想である。ところが都市景観の美しさを誇るドイツでも，街の美観維持（醜悪化防止）を目的とする建築法制が整備されたのは 19 世紀後半から 20 世紀初めにかけてのことで，それ以前には法的根拠の不確かな警察命令でなんとか建築秩序が維持されていたらしい。つまり，かの「日本人は美意識が足りないから」「土地所有権が強すぎるから」といった単純な理由でこれだけの差がついたのではない。むしろ「まちづくり」を支えるコミュニティや文化の弱さに原因を求めたほうがよい。すると，一朝一夕にどうにかなるものではないことになってしまうが。

☑ できごと

この事件に入る前に，東京都の井の頭公園などが付近にある高級住宅地の一角で起きた「赤白ストライプハウス事件」に挨拶しよう。漫画の大作家である楳図（うめず）かずお氏の邸宅が，まわりとは色目が違いすぎるということで大問題にされた。すなわち，近隣住民らは，本件建物の赤白ストライプの外壁部分は彼らの景観利益・平穏生活権を侵害するなどと主張して，外壁部分の撤去などを求めた。第一審東京地裁 2009〈平成 21〉年 1 月 28 日判決（判例タイムズ 1290 号 184 頁）は，原告らの請求を否定した（確定）。以下引用。

「良好な景観に近接する地域内に居住し，その恵沢を日常的に享受している者は，良好な景観が有する客観的な価値の侵害に対して密接な利害関係を有するものというべきであり，これらの者が有する良好な景観の恵沢を享受する利益は法律上保護に値するものと解される〔本件最高裁判決を参照〕。そして，この良好な景観の恵沢を享受する利益には，建物等の土地工作物の外壁の色彩も含まれ得るものと解される。」「しかるところ，本件建物の存する本件地域は第一種低層住居専用地域として閑静な住宅地を目指して地域の整備が行われたという歴史的経緯があるが，建物外壁の色彩について法的規制はなく，本件地域に居住する住民間で建物外壁の色彩に関する建築協定等の取り決めも存しないこと，実際にも，本件建物周辺には外壁が青色の建物，黒色の建物，薄紫色の建物など様々な色彩の建物が存在し，本件地域内の建物外壁の色彩が統一されているわけでない」。「これらの事情を総合勘案すると，本件地域が第一種低層住居専用地域であるとの事情のみから，本件建物の周辺の景観が，建物の外壁の色彩との関係において良好な風景として人々の歴史的又は文化的環境を形作っているとはいえず，本件地域内に居住する者が，建物外壁の色彩に係る景観の恵沢を日常的に享受しているとか，景観について景観利益を有するなどということはできない。」

以下，最高裁判決の事件にうつる。東京都下の中央線「国立（くにたち）」駅は，一橋大学の最寄り駅だが，同時に駅南口からまっすぐ南に延びる通称「大学通り」（都道146号線の一部。延長1.2キロメートル）は，一橋大学キャンパスをその中央付近の両側に擁する，日本では珍しい立派な並木道である。全幅44メートルのうち車道部分は3分の1の約15メートルにすぎず，道の両側にそれぞれ1.7メートル幅の自転車レーン，それぞれ9メートル幅（！）の緑地，3.6メートル幅の歩道が配置され，緑地部分には桜とイチョウが交互に植樹され，春と秋は見事な景色を提供してくれる。特に一橋大学キャンパスから南側にかけての「大学通り」の両側エリアは，同キャンパスより北側（駅寄り）のエリアが商業化したのに対して，大学や都立国立（くにたち）高校，それに本件訴訟の原告である桐朋（とうほう）学園（以下「T学園」）などの存在により学園都市としての趣を維持している。

この独特の景観は，そもそもは大正末期から昭和初期にかけて国立地区を開発した箱根土地というデベロッパーが，都心部（神田一ツ橋）に所在した東京商科大学（現一橋大学）をこの地に誘致するにあたり，大学側の要望に応じてドイツの大学都市ゲッティンゲンを模範として広幅の大学通りを中心に，放射状に広がる街を設計し，さらに昭和初期に地元町会が大学通り沿いに桜とイチョウを植樹したことによって形成された。このイチョウが20メートル程度の高さに揃いイチョウ並木の景観が地域のトレードマークになると，大学より南側の住宅地域では，道路沿いであっても2階建てを基本として一部に3階建て家屋が見られるのみであり，いずれにしても並木を上回る高さの建築物は戦後を通じて学校敷地内を除けば基本的に建てられてこなかった。昭和40年代には都による歩道橋設置が環境権侵害にあたるとして行政訴訟（歩道橋設置決定等の取消訴訟）が住民により提起されるなど（国立歩道橋事件・東京高裁 1974〈昭和 49〉年 4 月 30 日判決，判例時報 743 号 31 頁で住民側敗訴確定），近隣住民の景観への意識は高く，1998 年には「重点地区景観形成計画」の策定権限を市長に与える国立市都市景観形成条例（以下「景観条例」と略称）が制定された。

さて，長く事業所（4 階建てで庭木も多く周りと調和していた）として使われてきた本件用地はこの大学南側の大学通り沿いに位置するが，1999 年 7 月に本件訴訟の被告である株式会社 M 地所に土地が売却された。ここから事態は急展開する。開発のプロである M 地所の手に本件用地が移ってからは，いわば国立市と M 地所の間で法を駆使したデッドヒートが繰り広げられたのである。まず M 地所は 1999 年 8 月に景観条例に基づく「大規模行為届出書」を国立市長に提出したが，その際の建築予定マンションは高さ 55 メートル，地上 18 階建てとされていた。これに対して市長は，同年 10 月 8 日に「周辺建物やいちょう並木と調和するよう計画建物の高さを低くすること」等を同条例に基づき文書で M 地所に求めた（行政指導）が，具体的な高さを指示したわけではなかった。そこで M 地所は，同年 11 月 11 日，建物を 14 階建て，高さも最高で 43.65 メートルとする変更届出書を市長に提出のうえ，東京都建築主事に対して建築基準法 6 条に基づいて建築確認申請をし，2000 年 1 月 5 日に建築確認を得て即日着工した。

これに対して国立市は，やや出遅れたといわざるをえないだろう。1999 年 11 月 24 日，本件用地を含む地区（本件地区）に対して，都市計画法 16 条 2 項に基づき建築物の高さを 20 メートル以下に制限する「地区計画」案を策定して一般にアナウンス（「公告・縦覧」）し，12 月 4 日に説明会を開催し，M 地所が工事に着工した後の翌年1月24日になってやっと本件地区の「地区計画」を告示した。並行して同市は，建築基準法68条の2に基づく条例として，「国立市地区計画の区域内における建築物の制限に関する条例」（以下「本件条例」という）を制定し，2000年2月1日に公布・施行したが（この間にも紆余曲折があったが省略する），同条例によれば本件用地に建設しうる建物は20メートル以下に制限されることとなった。ここではじめて，法令上「20メートル以下」という規制が登場したことになる。なお，この条例の根拠とされた建築基準法68条の2第1項は，次のように定めている。「市町村は，地区計画等の区域……内において，建築物の敷地，構造，建築設備又は用途に関する事項で当該地区計画等の内容として定められたものを，条例で，これらに関する制限として定めることができる。」つまり，都市計画法によれば市町村が「地区計画」を条例で定めることができ，それと連動して建築基準法上の「建築確認」という建設業者にとっての生命線が左右される仕組みなのである。

このような伝家の宝刀（「地区計画」の内容の条例化）を抜くのがもう少し早ければ，本件マンションの建築確認はおりず，M地所も高さ20メートルに計画を変更せざるをえなかったはずである。しかし，この条例は上記のように2000年2月1日に施行されたのであって，すでに工事は始まっていた。これに対して，本件建築はやはり違法建築であると考えた隣のT学園や近隣の地権者らはあきらめず，日照，景観等の被害が発生するとして建築差止め等を求める訴えを提起し，建物完成後は高さ20メートルを超える部分の撤去と慰謝料の支払に請求を変更して争った。これが本件である。

☑ 当事者の主張

1　T学園らの主張

①　本件マンションは本件条例の高さ制限に違反するから建築基準法上も違法な建築物である。

②　本件マンションにより，原告らの「景観利益」が侵害され，かつその態様は受忍限度を超えているから不法行為が成立する。

2　M地所の主張

①　そもそも本件条例は，もっぱらM地所による本件マンションの建設を妨害することを目的として制定されたものである。また，建築基準法3条2項（「この法律又はこれに基づく……条例の規定の施行又は適用の際……現に建築……の工事中の建築物……がこれらの規定に適合〔しない〕……場合においては，当該建築物……に対しては，当該規定は，適用しない。」）によれば，条例の施行の時点ですでに工事にとりかかっている本件のような場合には，条例の新たな高さ制限などは適用されない（いわゆる「経過規定」）ことからすれば，20メートルという制限は本件マンションには適用がない。

②　原告らが主張の前提とする「環境権」ないし「景観権」などという権利は，いずれも抽象的であり，法的な主体や内容が不明確であるから，法律上の保護になじまず，工事の差止めや撤去ないし慰謝料の請求の根拠となりうるものではない。

☑ 考えてみよう

1 「環境権」とその法的地位

「処分の取消しを求めるにつき法律上の利益を有する者」に，環境破壊の中止を求める近隣住民，あるいは環境保護運動家が該当するか。判例は一貫してこのような見方に冷淡であった。運動家はもとより近隣の住民たちですら，いかにシリアスに環境を守ろうと頑張っても，「あなた方の言い分は『法律上の利益』に該当しませんよ」という理由で，そもそも行政裁判の土俵にすらあげてもらえなかったのである。もっとも，このような行政事件訴訟法の原告適格の狭すぎる規定（およびその裁判所による解釈運用）には厳しい批判が寄せられてきた。その甲斐あってか，2004 年の行政事件訴訟法の大改正に際して，その 9 条に**第 2 項**が追加された。この新しい条項は，次のように規定して，これまで「開かずの門」だった原告適格を広げることを宣言している。「裁判所は，処分……の相手方以外の者について……法律上の利益の有無を判断するに当たっては，……当該処分において考慮されるべき利益の内容及び性質を考慮するものとする（以下略）」。しかしながら，この条項の追加により，仮に裁判官が開発許可の取消訴訟において近隣住民の「原告適格」を認めるとしても（運動家に対してはまだ可能性は低いが），それで勝訴判決が約束されることにはおよそならない。開発に GO サインを出した行政処分が，環境を考慮すべきなのに十分に考慮せず，それゆえ裁量権限の逸脱濫用にあたり違法である，というところまで認められてはじめて，原告らは最終的に勝訴できるのである。

また一般論として，業者を直接に相手取り，住民らが開発工事差止めの民事訴訟を提起するとしても，そこで住民らのどのような権利・法益が侵害されているか（「環境権」は法律に規定もないのに裁判で実現できるほどに明確な内容をもっているのか)，それは社会生活上の通常の「受忍限度」を超えているか，といった点が争われることになる。業者の側にも財産権や営業の自由があり，そこから自分の土地に対する開発権が基本的には認められるから，住民勝訴はそう簡単ではないのである。

こうした行政訴訟にしろ民事訴訟にしろ，住民側の主張を苦しくしているのは，「環境権」(「良好な環境を享受する権利」などと定義される）という概念がなお抽象的で主体も内容もあいまいだ，という事実である。そもそもこの概念は，1960年代後半から70年代にかけての高度経済成長がもたらした大気汚染などの「公害」の盛んであった時期に，裁判を担った弁護士らにより提唱された。当時は，地球環境よりなにより，とにもかくにも自分たちの健康被害を食い止めるために公害企業を相手取って訴訟を起こした被害者住民らが，健康被害とならんで「環境権侵害」をその主張の柱とした。その背景としては，健康被害が被告企業が排出する煤煙（ばいえん）等によって引き起こされているのかを医学的に証明するのが実際には難しい（他にもいろいろな原因がありうる）という事情があった。しかし，健康被害のいわば代用品として提唱された環境権は，まだ地球環境やエコロジー保護という観念が未発達であった時代の産物として，あいまいさを免れていなかったのは事実であろう。

環境基本法などが整備された今日にあっても，同法自身のなかでも「環境権」という概念は用いられておらず，この概念はむしろわが国のお家芸である「公共事業」など開発行政の天敵として，立法の上でも注意深く避けられている。この概念が脚光を浴びたのは，いわゆる改憲論議のなかで唐突に，「日本国憲法に足りないもの」の代表例としてプライバシー権などとならんで「環境権」を挙げる，ということがあったくらいなのである。

2 景観権

では，本件裁判で主張された「景観権」はどのようなものか。原告らの主張をみると，自然環境でこそないものの，自分たちの努力で作り守ってきた「大学通り」の景観を，自らの人格的生存にとって不可欠な法益として主張しているようにみえる。環境権が大なり小なり，結局は生命体としての人間の生命や健康というまぎれもない法益に結びつくのに対して，景観権ないし良好な景観を享受する権利・利益なるものは，そうした健康とのシリアスな結びつきをもともともっていない。その環境権ですら，前述のように，法律でも正面からは保護されず，裁判でも「あいまいだから保護できない」と切って捨てられてきたのだから，景観権となるととても無理なようにみえるだろう。

ところが，本件裁判では，第一審東京地裁（2002〈平成 14〉年 12 月 18 日判決，判例時報 1829 号 36 頁）は，一部の原告らを含む「関係地権者らがこれまで形成し維持してきた景観利益に対して受忍限度を超える侵害が継続することにな〔る〕」として，このマンションの大学通りに面した棟の 20 メートルを超える部分の撤去（取り壊し）を命じるという，世間をあっと驚かせる判決を下した（当事者の主張①の建築基準法違反の点については，条例施行時点ですでに工事に着工していたとして違反を認めなかったが，それとは別に不法行為が成立すると判断した）。このような結論の前提として，同判決は景観利益については次のように述べている。「当該地域内の地権者らによる土地利用の自己規制の継続により，相当の期間，ある特定の人工的な景観が保持され，社会通念上もその特定の景観が良好なものと認められ，地権者らの所有する土地に付加価値を生み出した場合には，地権者らは，その土地所有権から派生するものとして，形成された良好な景観を自ら維持する義務を負うとともにその維持を相互に求める利益（以下「景観利益」という。）を有するに至ったと解すべきであ〔る〕」。

この判決は，抽象的な景観権の概念をそのまま権利として認めたわけではなく，近隣の土地所有者のそれぞれが払った犠牲のうえに一定の良好な景観が維持されている場合には，土地所有権それ自体の内容としてまわりの地権者同士の間に互いに主張しうる「景観利益」が発生する，という凝った理屈を採用した。M 地所は本件マンションの販売広告において景観の美しさを強調していたようであるが，こうした「ただ乗り」を防ぐうえでも土地所有権に内在する「景観保護」のための制約という理屈は説得力をもつ。また地裁判決は，土地所有権という，法律上保護される権利であることが確立されている法益をテコにしており，技巧的だが環境権と同類のあいまいさを指摘されがちな「景観権」とは一線を画そうとするアイデアであるともいえる。第二審東京高裁（2004〈平成 16〉年 10 月 27 日判決，判例時報 1877 号 40 頁）は，被告側を逆転勝訴させたが，一般論としてはやはり特定の場所の景観が法的保護の対象となりうることを認めた。

最高裁も後記のとおり M 地所側勝訴で終わらせ，また「景観権」という権利を「新しい人権」として認めることについては消極的な態度にとどまった。それでも最高裁は，2004 年に制定された**景観法２条１項**を引用して，地権者に限定せずに「景観利益」の享受

景観法２条　①良好な景観は，美しく風格のある国土の形成と潤いのある豊かな生活環境の創造に不可欠なものであることにかんがみ，国民共通の資産として，現在及び将来の国民がその恵沢を享受できるよう，その整備及び保全が図られなければならない。
②～⑤略

を近隣住民全体に認めている。このように住民らが具体的に形成し維持してきた良好な都市景観が，一般論どまりとはいえ，法律上保護されうること（つまり将来別の事件では住民らが勝訴する可能性もあること）が判例上確立されたのは――「景観権」というあいまいなものの権利性は否定されたにしても――，やはり画期的ということができる。

「景観権」か，それともそこまで一般的で強力ではない「景観利益」か，いずれにしても憲法上その位置づけをするとすれば，**13条**だろう。人の生物的生存は**25条**が社会権として保障し，またそれが脅かされる場合には同条自体の自由権的側面，あるいは13条が国家に対して「生命権」を保障している。これに対して，人は「パンのみにて生きるにあらず」であるから，人間存在として必要な精神的環境も人権規定のどこかで，つまり困ったときは「包括的基本権規定」である13条で保障されていてしかるべきである。人の「人格的生存」を支えるうえで良好な景観を享受する権利は不可欠なのである。

裁判所はどのように判断したか

最高裁判所は，本文最後でふれたように，M地所を勝たせたが一般論としては「景観利益」が裁判上保護されうることを認めた。

① 都市の景観は，良好な風景として，人々の歴史的又は文化的環境を形作り，豊かな生活環境を構成する場合には，客観的価値を有する。

② 良好な景観に近接する地域内に居住し，その恵沢を日常的に享受している者は，良好な景観が有する客観的な価値の侵害に対して密接な利害関係を有する。これらの者が有する良好な景観の恵沢を享受する利益（「景観利益」）は，法律上保護に値する。

③ ある行為が景観利益に対する違法な侵害に当たるといえるため

には，少なくとも，その侵害行為が刑罰法規や行政法規の規制に違反するものであったり，公序良俗違反や権利の濫用に該当するものであるなど，相当性を欠くことが必要である。本件工事はこれには該当しない。

参考文献

最高裁判決の評釈として，大塚直「国立景観訴訟最高裁判決」NBL 2006年6月1日号（834号）4頁以下，丸山絵美子「景観利益の侵害を理由とする不法行為の成否」法学セミナー2006年7月号（619号）117頁以下など。

原告側弁護士による解説として，池田計彦「国立マンション訴訟」法学セミナー2007年2月号（626号）14頁以下。

本件事件に関連して，角松生史「景観保護的まちづくりと法の役割——国立市マンション紛争をめぐって」都市住宅学38号（2002年）48頁以下。

「都市景観」という大きなテーマにつき，E・レルフ著（高野岳彦＝神谷浩夫＝岩瀬寛之訳）『都市景観の20世紀』（筑摩書房，1999年），五十嵐太郎『美しい都市・醜い都市——現代景観論』（中公新書ラクレ，2006年），田村明『まちづくりと景観』（岩波新書，2005年）。

「都市法」のわかりやすい概説書として，安本典夫『都市法概説』（法律文化社，2008年）。同書の149頁以下で本章の事件を含む裁判事例と法律論の紹介がなされている。

事件 16 自然の権利

自然が破壊されたら一番の被害者は自然なのでは？

ムツゴロウ干拓事業差止め事件

長崎地裁 2005〈平成 17〉年 3 月 15 日判決

（LEX/DB 28102025）

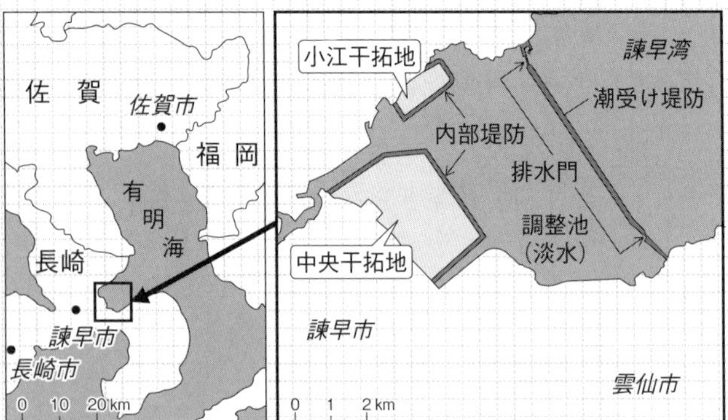

国の土地改良事業，具体的には干拓事業によって湾が埋め立てられたら，ムツゴロウなどの貴重な生物がいなくなってしまう。一番被害を受けるのは，動植物や自然である。これら動植物や自然にも固有の自然の権利を認め，環境保護団体には，これらの自然の権利の侵害を理由に，あるいはそのような権利の代弁者として，事業の差止めを求める権利があってもよいのではないか。ムツゴロウにも言いたいことがあるのではないか。

✓ できごと

有明海（ありあけかい）は九州西部に位置し，福岡県，熊本県，長崎県および佐賀県の 4 県に囲まれ，南から北に向かって深く入りこんだ面積約 1700 平方キロメートルの九州最大の内湾であり，その平均水深は約 20 メートルと浅く，しかも大きな潮汐（ちょうせき）がある。有明海の奥部のうち主として長崎県の沿岸水域が諫早湾（いさはやわん）と呼ばれ，その面積は約 100 平方キロメートルである。有明海には，国内で有明海に分布が限られるムツゴロウや，国内での分布が有明海を含む一部海域などに限られ，しかも有明海が主産地となっているハイガイ，シオマネキ等の生物種が多く，その主な生息地は諫早湾を含む有明海の奥部と中央部東側の干潟およびそこに流入する河川の感潮域である。また諫早湾は，有明海の中でも鳥の餌場として優れており，諫早湾の干潟およびその周辺はハマシギやズグロカモメをはじめとする多くの鳥類が渡来し生息する場となっている。

国は，農地造成ならびに高潮，洪水および常時排水不良等に対する防災対策を可能とするためここに延長 7050 メートルの潮受堤防を築造し，諫早湾の奥部 3550 ヘクタールを締め切り，その内側の一部の海面を総延長 1 万 7600 メートルの内部堤防で囲み，新しく 1840 ヘクタールの土地と調整池を造成しようとしている。

この事業計画は農林水産大臣により決定され，起工式が行われ 1997 年 4 月 14 日には潮受堤防の最後の開口部 1.2 キロメートルが 293 枚の鋼板で締め切られ，これにより潮受堤防の内側への海水の流入が妨げられることとなり，潮受堤防の内部の干潟は 1550 ヘクタール失われた。

この事業が諫早湾で生息するムツゴロウなどの生物に対して与える大きな影響を理由にして，環境保護団体がムツゴロウ，ズグロカモメ，ハマシギ，シオマネキおよびハイガイを原告に，自らも原告および代弁者として，事業の実施の差止めを求めたものである。

☑ 当事者の主張

1　原告らの主張

①　本件事業は諫早湾の干拓および汽水域の消滅，そこに生息する生物の絶滅あるいは減少，諫早湾の汚水浄化力の喪失ならびに特性ある景観の消滅等を招くものであり，本件事業の実施の差止めを求める。

②　その根拠として，自然の権利，自然享有権，環境権および人格権等を主張する。

③　自然物原告らには自然の権利に基づいて当事者能力が認められるべきである。自然の権利とは，自然および自然物（個々の生物，生物の種，島，山，川，湖あるいは湿地等の生態系の単位）そのものに，法的保護に値する固有の価値を認め，市民には自然および自然物を保護する権利と義務があるとした上で，この価値を侵害する人間の行為に対して防衛できるよう，自然物や環境 NGO にも訴権ないし原告適格を認めるという考え方である。その法的根拠は，日本国憲法前文，条文全体，13 条，14 条，25 条，動物の愛護及び管理に関する法律，絶滅のおそれのある野生動植物の種の保存に関する法律，世界自然憲章，特に水鳥の生息地として国際的に重要な湿地に関する条約，世界の文化遺産及び自然遺産の保護に関する条約，絶滅のおそれのある野生動植物の種の国際取引に関する条約，移動性野生動物の種の保全に関する条約ならびに生物の多様性に関する条約等に求められる。

2　国側の反論

①　自然物原告らは当事者能力を有しない。

②　原告らが主張する自然の権利，自然享有権，環境権等は，これらを私法上の権利として認める明文の規定がないうえ，その概念，権利の内容，要件および効果も不明確であるから，これを個人の具体的な権利として認めるべきではなく，これら各権利は差止請求の根拠とはなりえないものである。

☑ 考えてみよう

1　基本的人権とは何か

憲法には，一定の権利が「基本的人権」として保障されている。この基本的人権は，一般的な理解では，人が生来有している権利だとされている。つまり，人は憲法制定以前において一定の基本的人権を享有していて，憲法はそれを確認しただけだというのである。

では，なぜ人にはそのような基本的人権が認められるのであろうか。支配的な考え方は，この基本的人権の根拠を「人間の尊厳」に求めている。つまり，すべての人は，人間として尊重されなければならず，すべての人は人間の尊厳を認められなければならない。基本的人権はその人間の尊厳から導かれる当然の権利だというのである。

憲法に列挙されていない新しい権利の問題を考えるとき，はたしてどのような新しい人権が基本的人権として保護されるのにふさわしいのかという問題を生じさせる。そしてしばしばそれは，何故そもそも基本的人権が保障されなければならないのかという問題と深く結びついている。

なぜ人間にだけ尊厳が認められるのか。尊厳は人間にだけしか認められないのだろうか。誰が，人間なのであろうか。どのような基本的人権が人間の尊厳から導かれるのであろうか。

2 人格権，環境権，自然享有権

環境破壊や自然破壊が行われたときに，住民や環境保護団体あるいはそのメンバーには，どのような基本的人権を援用できるのであろうか。

日本国憲法には，このような場合に援用できるような権利が明記されていない。そこで，憲法に明記されていない権利を導く試みが繰り返されてきた。根拠条文として重視されたのは，憲法13条の生命，自由および幸福追求の権利と憲法25条の生存権であった。環境破壊や自然破壊を阻止するためには主として憲法13条が，環境ないし自然を保全する政府の義務を導くためには主として憲法25条が援用された。

1950年代から60年代にかけて，高度経済成長の陰で，きわめて深刻な環境破壊が進んだ。最初に大きな問題となった熊本水俣病事件でも，イタイイタイ病事件でも，四日市大気汚染事件においても，被害は住民の生命および健康の侵害であり，周辺住民の被害が権利侵害であることは明らかであった。だが，大阪国際空港事件になると，健康被害との結びつきが必ずしも明確とはいえなかった。大阪国際空港で離着陸する航空機の騒音による被害について，健康被害を証明できる者もいたが，周辺住民すべてに重大な健康被害がある訳ではなかった。そこで打ち出されたのが，環境権という考え方であった。住民は良好な環境を享受する権利があり，住民はたとえ健康被害の証明がなくても，その環境権の侵害を理由に環境破壊に対して訴えを提起することができるという訳である。

この環境権という考え方は学説の上では広く支持された。しかし，裁判所は，概してこの考え方の採用に消極的であった。大阪国際空港事件の最高裁判決も，健康被害が証明された場合には人格権侵害を理由に損害賠償を認めていたが，健康被害がない場合に環境権の侵害を認めることに否定的であった（最高裁〔大法廷〕1981〈昭和56〉年12月16日判決，民集35巻10号1369頁）。その主たる理由は，環境権の意味があいまいで，その享有主体が誰なのかもはっきりしなかったからである。というのは，まず保護の対象となる環境の概念について，はじめは自然環境だけが対象と考えられていた。しかし，なかには自然環境に限られず，文化的環境も含める考え方も現れた。また享有主体も，対象となる自然環境を享受している周辺住民だけに限られていたが，なかには周辺住民に限られず，すべての市民を享有主体とする考え方もある。いずれにしても，環境が破壊されただけであって，人の生命や健康に対する被害がない場合でも，環境権の侵害を認める点で共通している。本件で原告らが主張した自然享有権も，これと同じものであろう。

ただ，環境であれ自然であれ，それを享受することを個人の権利といえるのかどうかという問題は，より根本的な問題として残されている。環境であれ自然であれ，それはすべての人が享受すべきものであって，個々人の権利といえるであろうか。しかも，われわれは，森を切り開き，道路を造り，建物を建て，町を作り，畑を作って耕し，物を作って暮らしを発展させてきた。いかなる環境や自然の破壊も許されないということになれば，人の生活は成り立たない。許される開発と許されない環境ないし自然の破壊の境界線はどこにあるのであろうか。

3　自然の権利

環境や自然が破壊されると，被害を受けるのは人間だけではない。

もっと直接的な影響を受けるのは，動植物や自然である。しかも，人間の受ける被害は良好な環境を享受するという利益の被害にすぎないが，動植物にとっては，影響はもっと深刻である。場合によっては，種が絶滅してしまうこともありうる。

そこで問題とされたのが，自然にも権利が認められるべきではないか，環境や自然の破壊に対しては，これら自然の権利の侵害を理由に訴訟で争えないのか，という点である。ムツゴロウの名前で自然の権利を主張し，干拓事業の差止めを求めるというのは，突飛な考え方のように思われるかもしれない。本件の弁護士も，このような形で訴えた方が話題性が出て，マスコミにも取り上げられるのではないかとの思惑があったかもしれない。しかし，この主張には，きわめて重要な論点が含まれていることも否定できない。

翻って考えてみれば，キリスト教的な考え方では，神の形に似せて作られた人間には，他の生物とは違った尊厳が認められる。しかし仏教的な考え方では，すべての生き物は平等である。人間だけが特別ではない。ムツゴロウであっても生き物である限り，尊厳を認めるに値するのではないか。

それだけではない。日本人は自然をも魂が宿る対象のように扱い敬う傾向がある。森や，海や，川や，浜も，湿地も，干潟も，すべて自然は尊重に値するのではなかろうか。もしそうであるなら，人間にだけ特別な尊厳を認めるのではなく，すべての生命に，あるいはすべての自然にも固有の権利を認めてもよいのではないか。

とりわけ，自然が破壊され，こういった絶滅に瀕しているような貴重な動植物のような場合には，まさにその動植物自体の権利の侵害を認めてもよいのではないか。もちろん，そのような自然に権利を認めても，自然がその権利侵害に対して裁判所に訴えを起こして救済を求めることはできない。現実には誰か人間が，自然の権利の侵害に対して自然の代わりに，裁判所に訴えを起こして救済を求めなければならない。その際には，当然誰が自然の代弁者として最もふさわしいのかという問題を生じさせよう。破壊されようとしている自然を享受している周辺住民に限られるのか，誰でもよいのか，それとも自然の保護に強い関心を持っている人でなければならないのかは，重要な論点となろう。

4　環境破壊や自然破壊を訴訟で争う

ただ，通常このような開発行為や自然破壊行為は民間の企業によって行われる。本件のように干拓工事が国によって進められる場合もあるが，それは例外である。とすれば，たとえ自然の権利を憲法から導いても，憲法上の基本的人権はそのままでは私人間に適用されないため，民間の企業による環境破壊や自然破壊に対抗することはできない。もし自然の権利が基本的人権として認められるとしても，それが実際に援用できるのは，本件のように国の事業によって自然が破壊される場合に限られる。

しかし，考えてみれば，国による自然破壊に対して訴訟を起こすためには，何も自然の権利などといったものを憲法から導きだす必要はないかもしれない。アメリカでは，事実上の損害を被っていれば，原告適格が認められるため，自分たちがいつも享受している自然が破壊され，その結果もはや自然を享受することができなくなると主張できれば，原告適格が認められる。ところが，日本では行政に対して訴訟を起こす為には，行政事件訴訟法という法律により，法的な権利利益の侵害が原告適格要件として課されており，判例は原告には法的に保護された利益がなければならないと解釈している。国による自然破壊に対して住民が訴訟を起こすためには，この原告適格の要件を満たさなければならない。つまり，行政の行為によって原告のもつ法的権利利益が侵害されたことが必要なのである。そこで，周辺住民が訴訟を提起できることを明記した法律の規定がない限り，なかなか裁判所は原告適格を認めない傾向が強い。結局，日本では，憲法から環境権とか，自然享受権とか，自然の権利とかを導いて，原告適格を根拠づけようとするほかないのである。日本でもアメリカ同様に事実上の損害さえあれば原告適格が認められ，自然破壊に対して訴訟提起が認められれば，何も環境権とか，自然享受権とか，自然の権利とかを認めなくてもすむのだが。

しかも，アメリカの環境保護法には，環境保護法に反するような政府の行為に対しては，市民は誰でも訴訟を提起することができるという市民訴訟規定が設けられていることが少なくない。このような規定が設けられている場合に，事実上の損害も被っていない市民が訴訟を提起できるのかどうかは異論がありうる。日本では，法律上訴訟の提起が認められていれば，訴訟の提起は妨げられないという主張が有力であるが，アメリカの最高裁判所は，たとえ市民訴訟規定があっても事実上の損害も被っていない人による訴訟提起は認められないと判断している。ただ，事実上の損害の要件はきわめて緩やかであるため，この市民訴訟規定の下では，事実上の損害さえあれば誰でも市民は訴訟を提起することができることになりそうである。日本でも，憲法から自然の権利を導くよりも，原告適格法理を見直し，もっと緩やかに訴訟提起を認めることを考えてもよいかもしれない。

裁判所はどのように判断したか

① 民事訴訟法 28 条は，「この法律に特別の定めがある場合を除き，民法……その他の法令に従う」と規定しているところ，自然物に当事者能力を認める現行法上の規定がないことに鑑みると，自然物原

告には当事者能力は認められない。
② 原告らが自然の権利の根拠として指摘している憲法，国内法，条約等が直ちに自然の権利を具体的な権利として保障したものとみることはできない上，我が国の現行法上，他に自然の権利の根拠となる規定を見いだすことは困難である。その上，自然の権利自体，その享有主体，要件及び効果等について不明確な点が多い。以上の点からすると，自然の権利を根拠として，自然物に当事者能力を認めることはできない。
③ 自然の権利には現行法上の根拠がなく，しかもその内容等も明確性に欠けることに鑑みると，自然の権利を根拠として，自然物の代弁者たる市民や環境 NGO に自然物への侵害行為に対する法的な防御活動を行う地位を認めることはできない。
④ 原告らは，自然人原告ら自身の権利侵害をも理由にしているが，差止請求の根拠のうち，人格権については，本件事業による自然人原告らの健康被害等，その生命及び身体等に対する侵害の具体的事実を主張しておらず，人格権に基づく差止めを認めることはできない。また，原告らが主張する自然の権利，自然享有権，環境権等については，いずれも現行法上の根拠を見いだしがたい上，権利の享有主体，要件及び効果等は明確ではなく，これらの権利はまだ権利性が未熟であると言えるから，これらの権利を差止請求の根拠として認めることはできない。

なお，その後閉門によって海苔の養殖などに被害が出て，漁業団体などが潮受堤防の調査目的での一時的開門を求める訴訟を提起し，佐賀地裁は 5 年間の開門を命じる判断を下した（2008〈平成 20〉年 6 月 27 日判決，判例時報 2014 号 3 頁）。福岡高裁がこの判断を支持した（2010〈平成 22〉年 12 月 6 日判決，判例時報 2102 号 55 頁）後，国は内閣総理大臣の判断で上告を断念し，開門の命令が確定した。ところが開門に反対する農業団体等が長崎地裁に，開門に対する差止めの仮処分を求め，裁判所はこれを認める判断を下している。佐賀地裁は，期限までに開門しない場合，国に 1 日あたり49万円の制裁を科す決定を下している。国が，強制執行できないよう求め，福岡高裁は2018〈平成30〉年7月30日判決（訟月66巻7号772頁）がこれを認め，最終的に，最高裁判所は，結局開門の強制執行を認めない判断を下し，争いは事実上決着した（最高裁〔第3小法廷〕2023〈令和5〉年3月1日決定，LEX/DB 25595701）。なお，最高裁判所は，別の事件では，開門を求める漁業者たちの訴えを退け，開門を認めない判断を示している（最高裁〔第2小法廷〕2019〈令和元〉年6月26日決定，LEX/DB 25563788）。

また，動物や自然を原告として訴訟を提起した事例は他にもある。福岡高裁宮崎支部2002〈平成14〉年3月19日判決（LEX/DB 25410243。アマミノクロウサギによるゴルフ場のための林地開発許可処分の無効確認・取消しを求める訴訟），東京高裁1996〈平成8〉年4月23日判決（判例タイムズ957号194頁。オオヒシクイ個体群による同個体群の越冬地全域を鳥獣保護区に指定しなかったことを理由とする損害賠償訴訟）など。

参考文献

吉盛一郎「自然の権利訴訟」長岡大学生涯学習研究年報3号（2009年）1頁，日本環境法律家連盟「奄美『自然の権利』訴訟総集編」（http://www.jelf-justice.org/newsletter/contents/amamiall.html），土井正典「アマミノクロウサギ自然権訴訟と改正行政事件訴訟法」沖縄ニューズレター20号（2005年）12頁，松田裕之「『奄美自然の権利訴訟』控訴審意見書」（http://risk.kan.ynu.ac.jp/matsuda/2001/amami-iken.html）。

Part 3
元祖・基本的人権のいま

事件 17　平等権
事件 18　思想良心の自由
事件 19　信教の自由・政教分離
事件 20　表現の自由
事件 21　営業の自由
事件 22　転職の自由
事件 23　生存権
事件 24　参政権

❊ 次から次へと生じる新しい問題 ❊

わたしたちの身の回りに生じているさまざまな憲法問題は，自己決定権や明文の根拠のない新しい人権だけでなく，日本国憲法に明文で規定されている，いわば古典的ともいえる基本的人権にも関連している。

もともと基本的人権は，1215 年のイギリスのマグナ・カルタに遡る。国王ジョンの横暴に怒った封建領主たちが，古くから認められてきた領主の権利を国王に確認させたこの文書は，のちにすべてのイギリス人が古来から有する権利を確認したものと考えられるようになる。イギリスから独立し，世界で初めての成文の憲法典である合衆国憲法を制定したアメリカは，このイギリス人の権利を受け継いだ。独立宣言では，この権利を自然権として宣言したが，憲法に付加された権利章典は，基本的には古来からイギリス人として当然認められてきた権利を確認したものであった。それは，まさに過去において侵害され，そのゆえにこそ確認される必要性があった権利であった。

このことからみて，憲法に列挙されている権利が，本来権力の座にある者によって侵害されるおそれのある権利であることは明らかである。それはしばしば生まれながらの権利とか生来の権利と呼ばれるが，基本的人権は本来，権力の座にある者に託すことのできない権利である。

しかも，このことからも，これらの人権には常に侵害の危険があり，新しい問題が次から次へと提起されることは必然である。新しい問題の中には，以前には存在しなかった技術の発達などによって生じるものがある。たとえば，新たに発展してきたインターネットなどのニュー・メディアに対応して，憲法 21 条の表現の自由の新しい問題が提起されている。また，新しい問題の中には，昔から問題自体は存在していたが，それが問題だとは考えられていなかったものもある。それが，人々の意識の変化によって，問題だと考えられるようになり，訴訟になったのである。あるいは，昔から問題とされてきたが訴訟になることなく現在に至ったものが，ようやく訴訟となったようなものもある。Part 3 では，そのような事例を拾ってみた。

❊ 問題とされている事例について ❊

憲法 14 条の平等権については，非嫡出子に対する相続上の差別が問題とされている（事件 17 参照）。このような差別は，従来なんら問題ではないと考えられてきた。しかし，婚姻のありかたや親子関係に関する人々の意識の変化に応じて，それが平等権の侵害ではないかと正面から問題とされるにいたっているのである。

憲法 19 条の思想・良心の自由に関しては，「君が代」を取り上げてみた（事件 18 参照）。国旗及び国歌に関する法律法の制定により君が代は正式に国歌と定められたが，その歌詞の内容のゆえに，日本国憲法にふさわしくないという批判がある。公立学校の教師には，国歌斉唱の際に起立・斉唱を拒む権利はあるのであろうか。ピアノの伴奏を命じられたときに，これを拒む権利はあるであろうか。

憲法 20 条の信教の自由に関しては，しばしば「エホバの証人」の信者が難しい事件を提供してくれる。彼らが，宗教上の信念のゆえに格闘技である剣道の受講を拒み，単位不足のため原級留置とされ，結局退学とされたとき，それは信教の自由の侵害であろうか（事件 19 参照）。なお，「エホバの証人」の信者は，宗教上の信念により輸血も拒む。けがをして病院にかつぎ込まれた「エホバの証人」の信者が手術に際してあくまで輸血を拒んだら，どうすべきか。これは，信教の自由の問題であるとともに，治療拒否権の問題を提起する（Part1 の事件 7 参照）。

憲法 21 条の表現の自由に関しては，立川テント村事件を取り上げた（事件 20 参照）。ここでは，ビラを配る為に自衛官の宿舎の敷地に立ち入ることが住居侵入罪にあたるのかどうかが問題とされている。従来は，このようなビラを配布する為の集合住宅の敷地への立ち入りは，特に問題視されてこなかった。しかし，高まるプライバシーへの関心に対する配慮等から，次第に立ち入りに否定的なところが増えてきている。だが立ち入りが禁止されれば，ビラの配布は不可能になってしまうのではなかろうか。

憲法 22 条の職業選択の自由に関しては，営業の自由の問題として，医薬品のインターネット販売を厳しく制限した規則の有効性が争われた事件（事件 21 参照）を扱う。医薬品の販売については薬事法（現・医薬品，医療機器等の品質，有効性及び安全性の確保等に関する法律）が様々な制約をおいているが，法律では医薬品の対面販売は義務づけられておらず，インターネット販売についても禁止してはいない。それを規則で対面販売を義務づけ，かなりの医薬品についてインターネット販売を禁止できるであろうか。この事例はまた，インターネットという新しい技術の発展に伴う新しい問題としても重要である。

職業選択の自由に含まれる転職の自由および労働基本権との関係では，退職後に競合業務につくことを禁じる契約の適法性を問題とした（事件 22 参照）。専門職の仕事につくと，退職後競合関係の企業に勤めたりすることを禁止する契約に署名することを求められることが少なくない。労働者としての弱い立場では，契約への署名を拒否することは難しい。果たしてそのような契約は適法なのだろうか。職業選択の自由ないし労働者としての権利の侵害とはならないのであろうか。

憲法25条の生存権に関しては，老齢加算年金の問題が注目を集めてきた。生活保護法に基づく支給には，基準となる金額と障害等の理由がある場合の加算額からなっている。ところが従来認められてきた老齢加算が認められなくなり，健康で文化的な最低限度の生活が送れなくなってしまったという声が少なくなかった。この事件（事件23参照）では，その主張にどう対応すべきかが問題とされている。はたして国は健康で文化的な最低限度の生活を自由に決めてもよいのであろうか。

最後に，憲法15条の参政権に関しては，在外国民の参政権の問題を取り上げてみた（事件24参照）。憲法15条は，公務員を選定することを国民固有の権利と宣言しているが，従来国外に居住する日本国民は，国内に住所がなく，選挙に参加できなかった。その後比例代表選挙については参加が認められたが，なお選挙区での選挙には参加できなかった。はたして憲法は，在外国民にも選挙に参加できるようにすることを求めているのであろうか。

❊ 限界線上の事例から ❊

これらの事例は，いずれも限界線上の事例である。スパッと明確な答えを出すことはしばしば困難である。またそれは，新しい問題である以上，当然でもある。私たちは，このような新しい問題に直面して，これまでの考え方を見直し，従来から認められてきた基本的人権に新しい意味を加えていかなくてはならない。重要なことは，これらの事例を通じて，他に問題とされている新しい問題にも目を向けること，そしてこれまで問題とはされてこなかった点にも問題を見出すこと，さらには将来生じるであろう，あるいは生じるかもしれないいろいろな新しい問題に対応できるように，柔軟な頭を作ることである。

事件17 平等権

同じ子どもなのに，どこが違うの？

非嫡出子相続差別事件

最高裁（大法廷）2013〈平成25〉年9月4日決定

（第1の事件：民集67巻6号1320頁，第2の事件：平成24年(ク)第1261号）

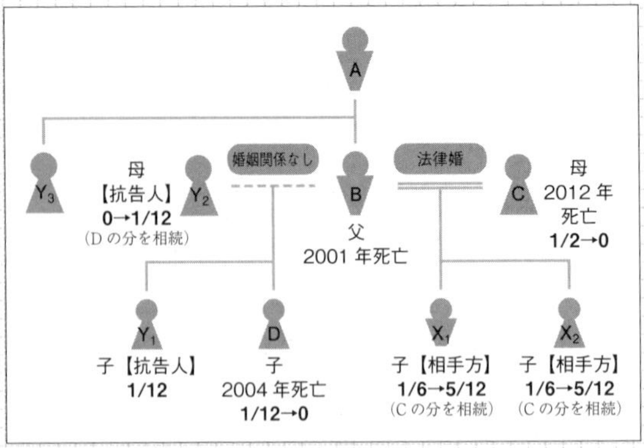

（「できごと」第2の事件の当事者たち）

ある家族の話である。父親がいて母親がいる。普通の家族である。しかし，その父親が死んだとき，初めてそれが普通の家族ではなかったことがわかる。母親は，父親と正式に結婚してはいなかったのである。父親には結婚している別の女性がいて，子どももいた。もう何年も別居していて会っていなかったようであるが，別居後母と知り合い一緒に暮らすようになっても離婚してもらえなかったらしい。この家族の子どもは非嫡出子だったのだ。同じ父親の子どもなのに，非嫡出子は嫡出子の２分の１しか父親の相続財産を相続できなかった。同じ子どもなのに，いったいどこが違うというのであろうか。

☑ できごと

この訴訟では，２つの家族が登場する。第１の事件では，父親が2001年７月25日に死亡し，その妻と３人の嫡出子および内縁の妻との間に生まれた非嫡出子２人が相続した（ただし，嫡出子３人のうち１人が死亡していたためその子ども２人が代襲相続した）。ところが妻が死亡し，その相続分は，２人の嫡出子と３人目の嫡出子の代襲相続人の子ども２人が代襲相続した。そして嫡出子が，非嫡出子に対して遺産分割の審判を申し立てている。第２の事件は，事案がやや複雑である。第２の事件では，２つの相続が問題となっている。まず第１の相続は，1990年のＡの死亡による遺産の相続で，遺産は２人の嫡出子ＢおよびY_3で相続された。ところが分割が確定しない間にＢが死亡し，その子どもたちが代襲相続人として父の分の相続分を相続した。子どもは妻Ｃとの間に嫡出子が２人（X_1およびX_2），内縁の妻との間の非嫡出子が２人である（ＤおよびY_1。ただし，その後Ｄが死亡したため，その母親のY_2が代襲相続した）。第２の相続は，Ｂの遺産に関する相続であり，これをY_1がＣ，X_1およびX_2に対する分割を争っている。この事件ではこの２つの相続を巡る２つの遺産分割の審判の申し立てが問題となっている。

☑ 当事者の主張

1　抗告人非嫡出子側の主張

① 原決定は，非嫡出子の相続分を嫡出子の２分の１と定めていた当時の民法900条４号ただし書前段の規定が憲法14条に反しないとするが誤っている。

② そもそも抗告人らが出生したことについて責任を有するのは被

相続人であり，抗告人らは，その出生に関し何ら責任もないし，非嫡出子たる身分は自らの意思や努力によって変えることはできない。それゆえ憲法14条1項に照らし，被相続人の遺産分割において，抗告人らが法律上差別を受けるいわれはないはずである。

2 原決定が支持した家庭裁判所の決定の判断

本件規定の立法理由は，法律上の配偶者との間に出生した嫡出子の立場を尊重するとともに，他方，被相続人の子である非嫡出子の立場にも配慮して，非嫡出子に嫡出子の2分の1の法定相続分を認めることにより，非嫡出子を保護しようとしたものであり，法律婚の尊重と非嫡出子の保護との調整を図ったものと解されるところ，民法900条4号ただし書前段の規定は，その立法理由に合理的な根拠があり，かつ，非嫡出子の法定相続分を嫡出子の2分の1としたことが右立法理由との関連において著しく不合理であり，立法府に与えられた合理的な裁量判断の限界を超えたものということはできないのであって，同規定は，合理的理由のない差別とはいえず，憲法14条1項に反するものとはいえない（最高裁〔大法廷〕1995〈平成7〉年7月5日決定，民集49巻7号1789頁参照）。

☑ 考えてみよう

1 嫡出子と非嫡出子

民法には，婚姻制度がある。法律上婚姻することができる男女が，婚姻の意思を有していて，婚姻届に記入し，2人の成人の証人の署名とともに役所に届け出て受理されれば婚姻は成立する。法律婚と呼ばれるものである。だが世の中には，いろいろな理由から，夫婦として一緒に暮らしながら（あるいは結婚式までも挙げながら），婚姻届を提出してない（あるいはできないでいる）男女もいる。内縁と呼ばれる。たとえば，どちらかにすでに法律上婚姻した配偶者がおり，いわば愛人関係にあるような場合がそうである。法律上の配偶者とは別居中で離婚したいが，離婚できないうちに別の女性と夫婦同様の関係になってしまったような場合もある。また，法律上の婚姻をすると，夫または妻の氏を夫婦の氏として選択しなければならない（夫婦同姓）が，実際には女性の方が氏の変更を迫られていることが大半のため，夫婦別姓を貫くためにあえて婚姻届を提出しない場合もある（しばしば事実婚と呼ばれる）。

法律上の婚姻も，内縁関係も，事実婚も，夫婦としてほぼ同一に扱われている。戸籍上に記載されるか，氏の選択を余儀なくされるかの違いを除いては，いずれにしても夫婦としてほぼ同一の権利義務を負い，健康保険など社会保険の上でも同等に扱われている（税金と相続だけは別である。つまり配偶者がなくなった場合内縁関係の配偶者には法定相続分はない）。だが生まれてくる子どものこととなると，法律上の婚姻とそれ以外とでは大きな違いがある。法律上婚姻している夫婦から生まれた子どもは嫡出子と呼ばれる。そうでない場合は，嫡出でない子，つまり非嫡出子である（最近は婚外子という呼び方をする人が増えてきたが，法律上「嫡出でない子」という概念が用いられていることは否定できない）。つまり，婚姻中に懐胎された子どもは夫の子と推定され，婚姻後200日以降，婚姻の解消ないし取消しから300日以内に生まれた子は，婚姻中に懐胎したものと推定される。こうして生まれた子が嫡出と推定されるのである。

この嫡出子と非嫡出子とでは，法律の上でさまざまな異なった取り扱いがされている。中でも大きな争点となってきたのが**民法900条4号**にあった相続分の差別であった。民法の相続法では，被相続人が遺言を残さずに死亡した場合に，法律上の相続分を定めている。基本的に，配偶者が遺産の2分の1を，そして残りの遺産を子ども達で相続する仕組みである（民法900条1号）。子ども達は，平等に遺産を相続する（同4号）。ところが，非嫡出子は，ここで嫡出子の2分の1の相続分しか与えられていなかったのである（同4号ただし書）。はたしてこのような差別が許されるのかどうかが争点であった。

2　憲法14条の平等権は，何を意味しているか

憲法14条は，「すべて国民は，法の下に平等であって，人種，信条，性別，社会的身分又は門地により，政治的，経済的又は社会的関係において，差別されない」と定めている。一般に，等しい人を等しく扱い，異なった人を異なって扱うのが平等の意味だと説明される。しかし，すべての人は人間という点では同じでも，それぞれ異なっている。そこで，憲法14条は，合理的な区別を否定するものではなく，不合理な差別のみを禁止するものだと考えられるようになった。このことは，尊属殺に対し普通殺人と比較してきわめて厳しい刑罰を科していた刑法200条（1995年削除）を不合理な差別として違憲と判断した最高裁判決以来確立している（最高裁〔大法

民法900条　同順位の相続人が数人あるときは，その相続分は，次の各号の定めるところによる。

一〜三　略

四　子、直系尊属又は兄弟姉妹が数人あるときは、各自の相続分は、相等しいものとする。ただし、嫡出でない子の相続分は、嫡出である子の相続分の2分の1とし、父母の一方のみを同じくする兄弟姉妹の相続分は、父母の双方を同じくする兄弟姉妹の相続分の2分の1とする。

廷〕1973〈昭和48〉年4月4日判決，刑集27巻3号265頁）。

いったい何が合理的な区別で，何が不合理な差別なのであろうか。この点最高裁判所は，必ずしもはっきりとした枠組みを確立していない。最高裁判所の先例を見ると，異なった取扱いに合理的な根拠があり，用いられている異なった取扱いがその合理的な根拠との関係に合理的な関連性を有していれば，区分は合理的とされている。ただ，最高裁は，多くの事例では，国会の裁量を尊重し，異なった取扱いが著しく不合理でない限りは違憲の主張を斥けてきており，平等権の侵害が認められたのは，従来先に触れた尊属殺違憲判決だけであった。

そこでこれに対し，憲法14条が「人種，信条，性別，社会的身分又は門地」による差別をあえて禁止していることの意味を重視すべきだとする見解が有力になってきた。たしかに，憲法14条は，これらの事由による差別以外であっても不合理なものは禁止していると考えるべきである。しかし，これらの事由が列挙されていることには，意味があるはずである。したがって，せめてこれらの列挙されている事由による区分は，不合理なものと疑うべきではないのか。とすれば，列挙されている事由に基づく区分については，やむにやまれないほど重要な政府利益を達成するために必要不可欠な場合以外は，不合理なものとして違憲とすべきではないか（厳格審査と呼ばれる）。あるいは，そこまで厳しくなくても，せめて重要な利益を達成するために実質的な関連性を有していなければならないと考えるべきではないか（中間的審査ないし厳格な合理性の基準による審査と呼ばれる）。

3　非嫡出子に対する差別は合理的か

では，非嫡出子に対する相続上の差別は合理的であろうか。判例の立場では，非嫡出子が列挙されている事由にあたるかどうかにかかわらず，国会の判断が尊重され，非嫡出子に対する異なった取扱いが著しく不合理でない限り，異なった取扱いは違憲ではないとされるかもしれない。これに対し憲法14条に列挙されている事由を重視する考え方では，非嫡出子が「社会的身分」にあたるかどうかが焦点となりそうである。もし社会的身分にあたるのであれば，厳格審査ないし中間的審査（あるいは厳格な合理性による審査）が適用され，違憲の主張が説得的になろう。

この点，従来子の異なった取扱いの正当化の根拠として法律婚の尊重が指摘されてきた。たしかに憲法24条は婚姻という制度を前提としており，そうである限り法律上の婚姻制度を尊重することは正当である。だが，たとえ法律上の婚姻を尊重することが重要な利益だと言えたとしても，生まれてくる非嫡出子に相続の上で不利益を加えることが正当化されることにはならない。非嫡出子の相続分を嫡出子の2分の1にすることは，法律上の妻の相続分に影響しない。法律上の妻はいずれにしても遺産の2分の1の相続分を有しているのである。また，非嫡出子は，法律上の妻がいながら愛人から生まれた子どもばかりではない。婚姻関係が破綻し，既に長く別居しているのに離婚が認められないときに，婚姻関係が破綻してから知り合い夫婦同然に暮らすようになった内縁関係上の妻の子どもでも非嫡出子である。このような非嫡出子の相続分に不利益を与えることは法律上の婚姻の尊重からは正当化しえないだろう。そのうえ，たとえ法律上の妻を保護することが正当で重要な目的であったとしても，非嫡出子として生まれたことに対して何ら罪もなければ，自らの力では変更しえない非嫡出子に不利益を与えて法律上の婚姻を保護することは正当化されないだろう。

ところが最高裁は，これまで法律婚の尊重という目的でもってこの非嫡出子に対する相続差別の合理性は正当化されうると考え，違憲の主張を斥けてきた。最高裁は，本件規定は遺産相続に関する様々な規定の一部に過ぎず，しかも遺産相続をこのとおりにしなければならないと定めたものではなく，いわば補充的規定であり，法律婚を尊重するという目的から見て不合理ではないと判断してきたのである。したがって，民法900条4号の違憲性を主張するためには，この最高裁判所の判断は誤っていたと主張するか，さもなければこれらの判断は妥当であったが，現在の事件では別の判断が妥当だと主張しなければならなかった。

4　非嫡出子に対する相続差別は不合理になったという考え方

後者の立場を取る場合，この規定が民法に挿入された1947年の段階で，あるいは最高裁で合憲とされた時点ではこの規定は合理的であったが，その後の変化でもはや合理性は失われたと主張するほかない。たとえば，1947年の時点では，非嫡出子を嫡出子と同じように扱うことに反対する声が強かった。他の国々でも非嫡出子に対して相続の上で差別している国が多かった。ところが次第に，家族についての考え方が変化した。家族においても個人の自由と平等を重視する考え方が有力になり，多くの国民が非嫡出子も嫡出子と平等に扱うべきだと考えるようになってきた。非嫡出子に対して差別していた諸外国では，次第に差別に批判的な声が強くなり，差別が次第に撤廃されていった。国際社会でも市民的及び政治的権利に関する国際規約や児童の権利に関する条約などの国際人権法が子どもの出生による差別を禁止しており，これらの条約の遵守を監視するために創設された委員会は，日本に対して非嫡出子に対する相続差別を撤廃するよう求めている。

しかも，このような差別は政府内部でも問題とされ，法務省はこれを撤廃する法改正を1979年にも1996年にも検討している。法制化には結びつかなかったが，政府内部でもこれを疑問とする声が強くなっていることを示している。さらに，かつては戸籍や住民票の記載の上でも嫡出子と非嫡出子とでは異なっており，差別だと批判されたが，これも改められている。

このような背景で，最高裁も国籍法に含まれていた非嫡出子に対する差別に対して初めて違憲判決を下している（最高裁〔大法廷〕2008〈平成20〉年6月4日判決，民集62巻6号1367頁）。国籍法では，日本人の父または母から生まれた子に出生時において日本国籍を認めており，法律上婚姻している夫婦から生まれた嫡出子は父または母が日本人であれば出生時に日本国籍を取得する。これに対し非嫡出子の場合，日本国民である母から生まれた非嫡出子と，日本国民である父と外国人の母から生まれた非嫡出子であって，出生前に父親から認知された場合には，出生時に日本国籍を取得できる。しかし日本国民である父と外国人の母から生まれた非嫡出子で，出生前に認知されなかった場合は，出生後認知されても，父親と母親が法律上婚姻しなければ日本国籍を取得できなかった。これは非嫡出子への差別であると同時に，親の性別を理由とする差別であった。最高裁は，これが制定された当時は合理的であったが，社会の変化を理由にもはや合理性を失ったと結論した。この判決は，非嫡出子に対する相続差別にも疑問を投げかけよう。

5　もし違憲だとした場合の後始末をどうするか

もしこの規定が違憲だとした場合，その後始末をどうするのかという問題も考える必要がある。通常はある法律の規定が違憲の場合，その規定は制定当時に遡って効力を失う。しかし，そうすると，この規定のもとで既に確定した遺産分割をも，もう一度すべてやり直さなければならなくなる。これはあまりにも法的安定性を欠く。もしこの規定が違憲だというのなら当事者救済のため，当事者に適用される限りでこの規定のもと，相続が開始された時点で効力を有していなかったとしなければならないが，その効力を遡らせるのかどうかは難しい問題である。しかも，この当事者に適用されて相続が開始された時点でこの規定は効力を有していなかったとしても，それ以降に開始された相続で既に確定したものもある。これらの遺産の分割ももう一度やり直すべきかどうか。

もしこの規定が制定当時は合理的であったが，その後の社会の変化で不合理になったとすると，いつの時点で不合理になったのかを確定しなければならない。本件訴訟でこれを確定する必要はないかもしれないが，他の相続への影響のことを考えると，裁判所はいつの時点で不合理となったのかを判断する手がかりを与えるべきであろう。

裁判所はどのように判断したか

このうち，第 1 の事件に対し，最高裁は次のように判断した。

① 憲法 14 条 1 項は，事柄の性質に応じた合理的な根拠に基づくものでない限り，法的な差別的取扱いを禁止する趣旨である。相続制度をどのように定めるのかは立法府の合理的な裁量に委ねられており，このような裁量権を考慮しても合理的な根拠が認められない場合にのみ憲法 14 条 1 項に反する。

② 1947 年の民法改正後，我が国においては社会，経済状況の変動に伴い，婚姻や家族の実態が変化し，そのあり方に対する国民の意識の変化が指摘されている。諸外国の状況も大きく変化しており，非嫡出子に対する差別は欧米諸国のみならず，世界的に撤廃されるに至っている。また市民的及び政治的権利に関する国際規約および児童の権利に関する条約は，出生による差別を禁止しており，自由

権規約委員会や児童の権利委員会は日本に非嫡出子に対する差別の撤廃を勧告してきている。我が国においても，戸籍や住民票における差別的記載は改められ，国籍法における非嫡出子に対する差別も違憲とされた。さらに非嫡出子に対する相続差別を撤廃する民法の改正案は何度も準備されてきた。

③　法律婚を尊重する意識が幅広く浸透していることや，嫡出でない子の多寡，諸外国と比較した出生割合の大小などは，相続差別の合理性に直接結びつくものではない。非嫡出子の相続差別の問題は親族・相続制度全体に関連するもので立法者による改正の方がふさわしいとの考え方もあるが，裁判所でこの規定を違憲とすることは妨げられないというべきである。また本件規定は補充的な規定であることも考慮されてきたが，この規定が非嫡出子に対する差別意識を生じさせている点を考慮すべきである。

④　以上のような種々の事柄の変遷等は，その中のいずれか 1 つを捉えて，本件規定による法定相続分の区別を不合理とすべき決定的な理由となりうるものではないが，しかしこれらを総合すれば遅くとも本件相続が開始された 2001 年 7 月ないし 11 月の当時において，立法府の裁量権を考慮しても，嫡出子と嫡出でない子との法定相続分を区別すべき合理的な根拠は失われていたというべきである。

⑤　本決定の違憲判断は，本件の相続開始時から本決定までの間に開始された他の相続につき，本件規定を前提としてされた遺産の分割の審判その他の裁判，遺産の分割の協議その他の合意等により確定的なものとなった法律関係に影響を及ぼすものではないと解するのが相当である。

第 2 の事件に関しては，最高裁〔大法廷〕平成 25 年 9 月 4 日決定，LEX/DB 25501698 が同じ判断を下している。

なお，本判決を受けて 2013 年に民法が改正され，相続分に関する非嫡出子差別規定は削除され，4 号は，「子，直系尊属又は兄弟姉妹が数人あるときは，各自の相続分は，相等しいものとする。ただし，父母の一方のみを同じくする兄弟姉妹の相続分は，父母の双方を同じくする兄弟姉妹の相続分の二分の一とする」となっている。

さらにその後，2018 年に配偶者保護の強化のため，配偶者居住権を認めるなどの相続法改正が行われている。また，夫の嫡出推定規定は，2022〈令和 4〉年の民法の一部改正により若干修正されたが，基本部分は変更されていない。したがって，なお嫡出子と非嫡出子の違いは残されている。戸籍法 49 条も，出生届の提出に際し，嫡出子か非嫡出子かを区別して記入することを依然として求めている。

参考文献

西希代子「婚外子法定相続分違憲決定」法学教室 2014 年 4 月号（403 号）52 頁，本山敦「非嫡出子相続分差別の違憲性」法学教室 2003 年 9 月号（276 号）87 頁，水野紀子「非嫡出子の相続分格差をめぐる憲法論の対立」法学セミナー 2010 年 2 月号（662 号）5 頁。

事件 18　思想良心の自由

「君が代」は思想の押しつけか

君が代ピアノ伴奏命令事件

最高裁（第3小法廷）2007〈平成19〉年2月27日判決

（民集61巻1号291頁）

（防衛研究所で見つかった「君が代」の原楽譜。1880年のもの）（写真：読売新聞社）

「君が代」のメロディは，誰でも知っているだろう。古い曲のように聞こえるが，実は明治時代に宮内省の役人と雇われドイツ人音楽家とが協力して作った曲だ。ワールドカップでこの国歌が流れるたびに，スポーツの祭典らしくない静ひつな曲調に，驚かされる外国人サポーターもいるようだ。日本国内で問題とされる場合，その対象はもっぱら歌詞だ。古今和歌集の読み人知らず「わが君は千代に八千代にさざれ石の巌となりて苔のむすまで」が，後に「君が代」のようにいいかえられながら謡曲の歌詞として愛唱されてきたものを，曲は作り替えて歌詞だけ継承したのが「君が代」なのだ。さて，「君」とは誰のことなのか。どうやらそこのキミでないことだけは，たしかなようなのだ（江戸時代の酒席で歌われた謡曲の「君」は，目上の同席者を指していた）。

☑ できごと

1999〈平成11〉年に制定された「国旗及び国歌に関する法律」という短い法律がある。「国旗は，日章旗〔筆者注＝日の丸〕とする」(1条1項)，「国歌は，君が代とする」(2条1項) と定め，「別表」に日の丸の図柄のサイズ比や君が代の歌詞と譜面を書き込んでいるだけで，国民に日の丸への敬礼や君が代の斉唱を義務づけているわけではない。ところが，学校現場では，本件裁判の舞台となった東京都のように，教育委員会により公立小中高校における「国旗掲揚・国歌斉唱」の徹底が各校校長に命じられるといった強制力を，この法律は持っている。大阪府のように，教職員に斉唱を義務づける条例を制定する自治体もみられる。こうした背景のもとで，教育委員会の指示により，校長は式の進行にあたる各教員に「起立斉唱」や，とくに音楽教師に対しては君が代のピアノ伴奏を命じたりするということを毎年3月4月に行い，それに対して教員の一部から強い抵抗がなされる，ということが続いている。

本件も，こうした現場の緊張のなかで生じた事件である。東京都下の公立小学校の音楽教諭であるXは，1999年の入学式に先立ち，A校長から入学式当日の君が代のピアノ伴奏を要請されたが，君が代の歌詞が戦前の日本のアジア侵略と結びついており，君が代を歌ったり伴奏したりすることが自らの思想に照らして容認できないと考えてきたためXとしては，その要請には従えないとしてこれを拒否した。ところがA校長は，Xに対して正式の「職務命令」(「本件命令」) として伴奏を命じた。Xは，入学式当日，新入生の入場にあわせて入場曲「さんぽ」の演奏は行ったが，それに引き続いて教頭が開会の辞を述べ「国歌斉唱」と言ったとき，Xはピアノの椅子に座ったまま演奏はしなかった。A校長は，教頭に合図して用意してあった君が代のテープを流し，式としては君が代斉唱も支障なく行われた。その後，東京都教育委員会（Y 教委）は X が A 校長の職務命令（地方公務員法 32 条は上司の職務命令に「忠実に従わなければならない」と定めている）に従わなかったことを理由に，地方公務員法 29 条 1 項 1 号（法令等違反）2 号（職務上の義務違反・職務懈怠）および 3 号（全体の奉仕者たるにふさわしくない非行）を理由として，「戒告処分」（懲戒処分のうちではもっとも軽いが処分歴として昇給昇進等に不利益を及ぼす）を行った。この処分（「本件処分」）の取消しを求める行政訴訟を X が Y 教委を相手取り起こしたのが，本件裁判である。

☑ 当事者の主張

1 X の主張

① 君が代は過去のアジア侵略と結びついており，子どもにその意味を教えることなく伴奏して歌わせることは子どもの人権の侵害に加担することになる。このような X の信念は，憲法 19 条の思想良心の自由により保護されるべきである。

② 実際に式は問題なく行われており，結果とのバランスからも本件処分は行き過ぎである。

2 Y 教委の主張

① X 個人に思想の自由があることは認めるが，教育公務員はその職務との関係で外部的行為としては職務命令に服さなければならず，その結果として思想の自由に「内在的制約」が働くことも許容される。君が代斉唱は小学校学習指導要領にも「入学式・卒業式などにおいては，その意義を踏まえ，……国歌を斉唱するよう指導するも

のとする」などと記載されている。

② Xがピアノ伴奏を拒否したことで入学式の参加者に不信感をもたれており，教育公務員としての信用を失墜させたことは否定できない。

☑ 考えてみよう

1　何が問題なのか

この種の事件は21世紀になってから各地で起きており，「ゆとり教育」の見直しなどとならんで教育の迷走ぶりを印象づけている。正直な感想としては，「他にやることがたくさんあるのではないか？」と両当事者に言いたい読者も多いのではないだろうか。しかし，教師も「人の子」であり，いくら公立の教師が公務員だからといって，1人の人間としてかけがえのない「思想の自由」を保障されていることはいうまでもない。

また，公務員は組織として動くから，個々の公務員が思想に反することを理由に公務を拒否すると「全体の奉仕者」(憲法15条2項)という位置づけからも問題なしとはいえないとしても，教師となると話は別だろう。教師は検定済み教科書や学習指導要領に縛られながらでも，教師としての良識をもって全人格を投入して教育にあたらないことには，とくに小学校・中学校の人格教育は成立しないと思われる。

2　最高裁が示した考え方

法廷ドラマとして，このピアノの先生の言い分と学校側の言い分をそれぞれ考えてみると勉強になるだろう。だが，現実にはすでに，この手の事件について，一般論としては教師の訴えを斥ける最高裁のファイナルアンサーが出されている。ここでは，本事件で取り上げたケースについて最高裁判所が下した判決（君が代伴奏判決＝最高裁〔第3小法廷〕2007〈平成19〉年2月27日判決，民集61巻1号291頁）を紹介し，その後に君が代の斉唱を拒否した公立学校の先生の事件について最高裁が下した判決（君が代斉唱判決＝最高裁〔第2小法廷〕2011〈平成23〉年5月30日判決，民集65巻4号1780頁）も合わせて見ておこう。

[君が代伴奏判決]

① 外観を基準にすると伴奏は思想の表明ではない

「本件職務命令当時，公立小学校における入学式や卒業式において，国歌斉唱として『君が代』が斉唱されることが広く行われていたことは周知の事実であり，……上記伴奏を行う教諭等が特定の思想を有するということを外部に表明する行為であると評価することは困難」である。

② 伴奏命令は思想の強制や禁止に当たらない

「本件職務命令は，……従前から入学式等において行われていた国歌斉唱に際し，音楽専科の教諭にそのピアノ伴奏を命ずるものであって，Xに対して，特定の思想を持つことを強制したり，あるいはこれを禁止したりするものではな〔い〕。」

[君が代斉唱判決]（参考）

① 外観を基準にすると斉唱命令は思想の自由への直接的強制ではない

「学校の儀式的行事である卒業式等の式典における国歌斉唱の際の起立斉唱行為は，一般的，客観的に見て，これらの式典における慣例上の儀礼的な所作としての性質を有するものであり，……本件職務命令は，特定の思想を持つことを強制したり，これに反する思想を持つことを禁止したりするものではな〔い〕。」

② 敬意の表明に見える行為の強制は間接的制約に当たる

「もっとも，……個人の歴史観ないし世界観に由来する行動（敬意の表明の拒否）と異なる外部的行為（敬意の表明の要素を含む行為）を求められることとなり，その限りにおいて，その者の思想及び良心の自由についての間接的な制約となる面がある」。

③ 間接的制約に当たるが必要性と合理性があり許容される

「このような間接的な制約が許容されるか否かは，職務命令の目的及び内容並びに上記の制限を介して生ずる制約の態様等を総合的に較量して，当該職務命令に上記の制約を許容し得る程度の必要性及び合理性が認められるか否かという観点から判断するのが相当である。」

3 最高裁判決の言わんとしたこと

以上の2つの判決を，あえて乱暴にまとめて紹介すると，いずれも決め技は「外観理論」とでも呼べる理屈だろう。心の奥の思想なんて他人には分からない。逆に，「あの人はあんな思想を持っていたんだ」といった事実が本人の意に反して公表されたり，他人に公表することを強制されたら，それは間違いなく憲法上の重要な人権である「思想の自由」(19条）の侵害に当たる。踏絵は宗教をむりやり告白させる悪魔の方法だが，思想も似たような追い込みで強制的に告白させられたら内心はズダズダにされてしまう。だから最高裁は，「先生，大丈夫ですよ。誰も先生が本心から君が代を礼賛してピアノを弾いたり〈君が代は……〉と歌ったりしているなんて思いません。儀式ですから，空気読んでお仕事しているだけにしか見えないから，安心召されよ」というようなことを言った。もちろん，だからあなたが受けた処分は当然なのですよ，という結論になった。

こうした判決の面白いのは（それは最高裁判決が奥が深いということでもあるのだが），校長や教育委員会側がやりすぎると勝敗が逆転する余地を残している，ということである。伴奏事件で言えば，たとえばピアノの女性教師にプロの女性ピアニストがよく着ているような，派手なステージドレスを着ることを教育委員会が命令し，演奏中も大げさなアクションを強制したらどうなるだろうか。「あそこまでするからには，先生も『君が代反対』をやめたのかな？」などと，式に列席している保護者や生徒は感じるかもしれない。そうなると，最高裁の方程式からしても，思想の自由の侵害という答えが出てくる可能性があるかもしれない（これもケースバイケースになる）。

斉唱判決は，伴奏判決にははっきりとは書かれていなかった「間接的制約」という概念を持ち出した。これは，最高裁がピアノ伴奏事件判決の後の数年間で進化したとも言えるだろうが，むしろ楽器の伴奏（つまり教師本人は歌っていない）と斉唱（君が代の歌詞を声に出して歌う）との違いを反映しているのだろうと思われる。伴奏なら，「お仕事で演奏しているだけ」に見えるとしても，斉唱となると，これも外観だが，「『君が代』の歌詞に一定のリスペクトがないと，言葉にはできないはずだ（先生もようやく大人になったな）」などということになりうる。斉唱の方が，教師にとって問題がデリケートなのだ。

もちろん，内心の思想を強制的に告白させたり，自分の思想でない思想の表明にあたる行為をむりやりさせたり（たとえば思想的な内容の文書を自分が書いたものとして人前で読みあげることを強制するなど）といった命令は，最高裁のいう「直接的制約」でこれはさすがに許されない。しかし，リスペクトしているように見えてしまう，という「間接的制約」は，この直接的制約よりはずっと程度が軽くなる。

内心を直撃する直接的制約は，本人の人格的自律（自分はこういう人間だ，という自分自身にとっての自分の有り様を自分で決めていくことだから，思想の持ち方も重要な要素になる）に深刻な打撃を与え，回復困難という可能性もありうる。宗教で言えば，隠れキリシタンがキリストの絵を踏んだら，火あぶりにはならないが，背教という心の傷を負うことになる。思想も同じであろう。これに対して，間接的制約のほうは，本人のその後の振る舞い方しだいで，他人が受ける印象はまた変わりうるはずだし，本人のそうした努力も十字架を背負うようなものではないだろう。だから，最高裁は，斉唱事件では，間接的制約という概念を立てながらも，実際に違憲となるかはさまざまの事情を総合考慮して，よほどの場合以外は合憲だ，という立場をとったわけである。

4　こうした基準で思想を扱ってよいのか

最高裁の立てたものさしには，なるほどと思わせるものがある。よほどひどい場合には違憲となるし，ふつうのやり方なら合憲ということになる。教師が教育公務員として生徒の学習内容を実現し，学校の卒業式・入学式という儀礼の場で，学習指導要領も決めている教育内容である君が代斉唱をきっちりとこなすというのは，先生が教科書どおりの授業をするのと同じだと言われれば（教育委員会側の理屈），まあそうかな，というのが大方の見方だろう。

ただし，気を付けたいのは，こうした問題が往々に常識論で一刀両断にされてしまう，ということだ。思想はどんなに変わっていても，内心にとどまる限りは個人の問題であって干渉は許されない。本人も，親しい友人など以外には，心の奥にしまっていることが多い。だから，公権力と個人の思想がぶつかる，という場面自体が，そもそもめったに生じない。ただし，踏絵に近いやり方で，外側から推知できるようにいろいろ仕向けると，個人の内面が内面のままで済まなくなる。そのときは，絶対的保障とされる思想の自由の出番だ。

本件の伴奏や，あるいは斉唱は，そうした踏絵とは関係ない，と思われる読者が多いだろう。もちろん，そうした見方は一般的には正しい。しかし，場合によっては，例外的にひどいケースもありうるだろう。そうした場合にも目配りをきかせる上で，最高裁の基準には気がかりな点がある。それは「客観的」とか，「慣例的」「儀礼的」という言葉で外観を基準とする立場をとった，まさにそのことである。要するに，「みんなと同じように，空気を読んでいれば誰も先生の内面の思想なんて気にしませんよ」，というのは，日本社会における現実，つまり事実の問題としてはそのとおりかもしれないが，（見かけの）同調を強制しているとも言えるのである。本当は，心の痛みを感じながら，我慢して必死に演奏したり歌ったりしている教師がいても，「お仕事お疲れ様」でそれ以上に想像力をめぐらせない。これでは，心と心のコミュニケーションという，教育現場で一般的には期待される人間的な営みが，そもそも出番をなくすのではないだろうか。話が大きくなりすぎたが，いろいろ考えるべき問題を含んだ素材であることは間違いない。

裁判所はどのように判断したか

最高裁（第 3 小法廷）2007〈平成 19〉年 2 月 27 日判決は本文中でも紹介したように，次のように述べて，X さん側の敗訴を言い渡した。

本件職務命令は，……公立小学校における儀式的行事において広く行われ，［本件］小学校でも従前から入学式等において行われていた国歌斉唱に際し，音楽専科の教諭にそのピアノ伴奏を命ずるものであって，上告人に対して，特定の思想を持つことを強制したり，あるいはこれを禁止したりするものではなく，特定の思想の有無について告白することを強要するものでもなく，児童に対して一方的な思想や理念を教え込むことを強制するものとみることもできない。

参考文献

佐々木弘通「『国歌の斉唱』行為の強制と教員の内心の自由」法学セミナー2004年7月号（595号）42頁以下。「斉唱」強制と内心の自由の関係を緻密に分析した論稿。

福岡陽子『音楽は心で奏でたい――「君が代」伴奏拒否の波紋』（岩波ブックレット，2005年）。本件裁判の原告教師による事件と裁判の記録。

西原博史『良心の自由と子どもたち』（岩波新書，2006年）。学校現場での日の丸・君が代問題という理論と実践の交錯領域をわかりやすく解説。

『日野「君が代」ピアノ伴奏強要事件全資料』（日本評論社，2008年）。「君が代」ピアノ伴奏事件の裁判の記録。

事件19 信教の自由・政教分離

信仰と法律の板ばさみ？

剣道受講拒否事件

最高裁（第2小法廷）1996〈平成8〉年3月8日判決

（民集50巻3号469頁）

日本人は一生に3回宗教を変えるといわれる。七五三で神社に行き，教会で結婚式を挙げ，死ぬとお寺に葬られる，というわけだ。これは，日本人が宗教に対して無関心ないし不真面目であることの例として挙げられる。一方で，書店には豊富に宗教書をそろえたコーナーが設けられ，「新興」宗教に入信する日本人は少なくない。時として暴走する信者も現れる。信仰のあり方が変わりつつあるのかもしれない。

神（仏）の教えが法律や規則と一致しないこともあるだろう。「暴走」した「宗教」のように殺人を命じることは論外だとしても，つねに法律や規則が優先すべきだといいきれるだろうか。あるいは逆に，神が許さないといえば，つねに法律上の義務を免れうるのだろうか。

☑ できごと

A君は，キリスト教系の宗教団体「エホバの証人」の信者であり，聖書のなかの「できるなら，あなたがたに関する限りすべての人に対して平和を求めなさい」「彼らはその剣をすきの刃に，その槍を刈り込みばさみに打ち変えなければならなくなる。国民は国民に向かって剣を上げず，彼らはもはや戦いを学ばない」などの教えに基づき，絶対的平和主義の信念をもっており，いっさいの格技（1989年学習指導要領改訂で武道と改称）を学ぶべきでないと確信していた（「エホバの証人」については，Part 1の事件7参照）。

神戸市立工業高等専門学校には，1989年までは剣道，柔道などの格技を行える施設がなく，体育の授業に格技がなかったこともあって，同校には「エホバの証人」の学生が集まる傾向があったといわれる（当時の兵庫県内の高校はすべて格技を行っていた）。ところが，1990年に武道館もある新校舎に移転したため，同校は体育の種目として剣道を採用することとし，そのことを入試説明会などの機会に入学希望者に説明していた。

A君は1990年4月に同校に入学したが，格技に当たると考える剣道の実技には参加せず，準備体操が終わった後は，実技のあいだ格技場の隅で正座し，見学していた。そして，実技の代わりに見学レポートを提出しようとしたが，学校側は受け取らず，そのほかの代わりの措置もいっさい行わないまま，A君を欠席として扱った。そのため，A君は，体育以外の成績は大変優秀であったにもかかわらず，体育の単位が認められなかったので第2学年に進級することができなかった。翌年も同じ状態が続いたため，2年続けての留年となって，結局退学処分を受けたのである。

そこでA君は，進級拒否と退学処分の取消しを求めて裁判を起こした。神戸地方裁判所は，学校側の決定に誤りはなかったとしてA君の主張を認めなかった（神戸地裁 1993〈平成 5〉年 2 月 22 日判決，判例タイムズ 813 号 134 頁）ため，A君がさらに大阪高等裁判所に訴えたところ，一転してA君が勝訴した（大阪高裁 1994〈平成 6〉年 12 月 22 日判決，判例時報 1524 号 8 頁）ので，今度は学校側が最高裁判所に上告した。

なお，A君は退学処分を受けてから 4 年間アルバイトをしながら自宅で復学のために勉強を続けていたといわれるが，最高裁で勝訴したことにより，1996 年 4 月から 2 年生として復学できることになった。学校側は，剣道の授業は今後も必修とするが，レポートなどの代替措置を講じたいと述べている。

☑ 当事者の主張

1　A君の主張

A君は，次のように述べて，学校側の進級拒否と退学処分は憲法 20 条と 14 条などに違反すると主張した。

①　剣道実技に参加することは自分の信仰の根幹に反することであり，参加の強制は信仰を捨てろというに等しい。他方，高等専門学校は体育学校ではないのだから A に剣道実技への参加を強いる必然性はない。したがって，剣道実技の履修義務づけは，憲法 20 条が保障する信教の自由を不必要に侵害するものである。

②　神戸高専では，身体上の理由で体育実技のできない学生に対し，見学等の代替措置を認めているのに，自分にはいっさいの代替措置を認めないのは憲法 14 条の平等原則に違反する。

2　学校側の主張

①　A 君は神戸高専において剣道の授業があることを承知して受験し，入学を許可され，本人の自由意思で，義務教育ではない同校に入学したのだから，今さら同校の成績評価と進級の方法に異議をいえる立場にはない。

②　信仰上の理由で剣道の授業について A 君を特別に扱うことは，学校が信条によって学生を差別扱いすることになり，憲法 14 条などに反する。

③　「エホバの証人」という特定の宗教の信者にだけ剣道実技の受講を免除することは，この宗教に対する援助，助長，促進にあたり，憲法 20 条の政教分離原則に反する。

☑ 考えてみよう

1　信教の自由とは

憲法 20 条 1 項は「信教の自由は，何人に対してもこれを保障する」と定め，**2 項**は「何人も，宗教上の行為，祝典，儀式又は行事に参加することを強制されない」と規定している。これらをあわせて信教の自由の保障という。なお，信教の自由とは，宗教の自由と同じ意味だ。

信教の自由には，特定の宗教を信じる自由，信じない自由，変更する自由のほかに，いっさいの宗教を信じない自由も含まれる。だから，イスラム教を信じようと，ジャイナ教に変更しようと，あるいは，まったくの無神論者であろうと自由であり，国（および公の機関）に文句をつけられたり，それを理由に差別されたりしないことが保障されているのだ。自分が信仰する宗教を広めるために教団を結成し，布教する自由などもこれに含まれる。

ところで，そもそも「宗教」とは何か。実はこれは超難問である。しかし，憲法が信教の自由を保障している趣旨に照らすと，これはあまり厳密に定義するよりも緩やかにとらえるべきだろう。要するに，本人が真剣に宗教だと信じているものはとりあえず宗教として扱われるべきだといっていい。

2 信教の自由の限界

人間にとって宗教がどれほど大切なものかということは，いくら強調してもしすぎることはない。しかし，社会という共同生活を送っているからには，個人の信仰に基づく行為にも限界があるといわなければならない。これは，ほかの基本的人権の限界の場合と同じことだ。

ただし，ここで注意しておかなければならないことは，心の中の信仰そのものは絶対的に自由であり，たとえそれがどんな「邪教」であろうとも，その信仰そのものを禁止したり，その信仰を強制的に告白させたりすることは許されない，ということだ。問題になるのは，その信仰が何かの行動になって外に現れたときである。そのような行動は，他人の権利・利益と衝突する場合には，それとの調整という意味での制約を受けざるをえないことがあろう。

たとえば，ある少女の精神障害は「タヌキの悪霊」がとりついたからだと信じた祈禱師（きとうし）が，その少女に線香の火を押しつけたり，殴ったりした結果，少女がショックで死亡してしまったという事件があった。祈禱師は傷害致死罪（刑法205条）で起訴されたが，自分の行為は信仰に基づくものであり，憲法によって保障されているのだから無罪だと主張した。しかし，最高裁は，たとえ宗教的行為として行われたとしても，これは「著しく反社会的」であり，「信教の自由の保障の限界」を超えていると判決した（最高裁〔大法廷〕

1963〈昭和38〉年5月15日判決，刑集17巻4号302頁)。

しかし，宗教行為によって侵害された権利・利益がそれほど重大なものではなく，侵害の程度も低い場合には信教の自由の主張が認められることがある。たとえば，逃亡犯人をかくまった牧師が犯人蔵匿(ぞうとく)罪（刑法103条）に問われた事件では，牧師の行為は宗教的信念に基づくものであり，罪とならないとされた（神戸簡裁1975〈昭和50〉年2月20日判決，判例時報768号3頁)。本件では，犯人が牧師の説得に応じて数日後に警察に出頭したので，捜査への支障も大きくはなかったという事情が考慮されたといえる。

3　宗教に対する配慮

上でみたのは，要するに信教の自由を理由に刑事処罰を免れることができるか，という問題であったが，最近はさらに進んで，信仰を理由に，法律等によって課された義務を免れることができるかどうかが問われるようになってきている。これを国の側からみれば，はたして一定の義務を免除するなどして宗教・信仰に配慮すべきか，また，そうすることが許されるか，という問題になる。

最初に注目された事件は，ある小学校で日曜日に参観授業を行ったところ，1人の小学生が，キリスト教の日曜学校に行かなければならないという理由で休み，欠席扱いされたため，それを不服として，両親とともに裁判を起こしたというものである。東京地裁は，たしかに宗教的教育を受ける権利は憲法上保障されているが，他方，公教育を行うことも憲法の要求するところであるとしたうえ，この小学生のような主張を認めると，日曜日を特別な日とするキリスト教のような宗教を信仰する子どもとそれ以外の日を特別な日とする宗教を信仰する子どもとの間で休んでもよい日数が違ってくるなど，公教育が重大な問題を抱えることになる反面，小学生が受けた不利益は欠席の記録1というごく軽いものであって，この両者を比較すると，小学生の方が我慢すべきだと判断した（東京地裁1986〈昭和61〉年3月20日判決，判例時報1185号67頁）。

しかし，この判決にはさらに，もう1つの問題が含まれていた。すなわち，公の機関である小学校が，信仰を理由にこの小学生だけを特別扱いすることは，国（と地方公共団体の公の機関）と宗教が癒着（ゆちゃく）することを禁じている政教分離原則に違反するのではないか，という問題である。そこで，次に政教分離原則とは何かについて考えてみることにしよう。

4　政教分離原則とは

かつてヨーロッパにおいて，また戦前のわが国でも，政府が特定の宗教と結びついて，それ以外の宗教を信ずる人々を苦しめたことへの反省を込めて，国と宗教が結びつくことを厳しく禁じたのが政教分離原則の趣旨である。

日本国憲法では，**20条1項後段**で「いかなる宗教団体も，国から特権を受け，又は政治上の権力を行使してはならない」と定め，3項で「国及びその機関は，宗教教育その他いかなる宗教的活動もしてはならない」と規定し，さらに，**89条**で「公金その他の公の財産は，宗教上の組織若しくは団体の使用，便益若しくは維持のため……これを支出し，又はその利用に供してはならない」として政教分離を図っている。

とはいえ，現実の社会において，国や自治体が宗教にまったくノータッチでいることは困難である。たとえば，ミッション系の私立学校に国が補助金を出すことはどうだろう。学校を運営する教団は補助金のおかげで浮いた予算を布教活動に回すことができると考えると，国の補助金は間接的に宗教活動を支援していることになる。

だからといって補助金を出さないというのでは，学生が払う授業料は超高額になってしまうだろう。

結局，実際には，国と宗教が関わりをもたざるをえない場合があることを認めたうえで，許される限界を超えたかどうかを慎重にチェックしていくしかない。すなわち，国と「宗教とのかかわり合いが，我が国の社会的，文化的諸条件に照らし，信教の自由の確保という制度の根本目的との関係で相当とされる限度」を超えたかどうかが問題となる。その判断基準として最高裁は，国の行為に宗教的目的がないかどうか，その行為にある宗教を援助したり，ほかの宗教を圧迫したりする効果がないかどうかを問う「目的効果基準」をとっており（津地鎮祭事件＝最高裁〔大法廷〕1977〈昭和 52〉年 7 月 13 日判決，民集 31 巻 4 号 533 頁），靖国神社をめぐる事件でも，これに基づいて違憲判決が下された（愛媛玉串料事件＝最高裁〔大法廷〕1997〈平成 9〉年 4 月 2 日判決，民集 51 巻 4 号 1673 頁）。しかし，2010 年の判決では，「相当とされる限度」の判断に当たって，目的と効果に触れずに諸要素の総合考慮が行われた（砂川政教分離事件＝最高裁〔大法廷〕2010〈平成 22〉年 1 月 20 日判決，民集 64 巻 1 号 1 頁）。このことから，「相当とされる限度」の判断に際しては，事案に応じて，目的や効果も含め適切な諸要素に着目するというのが現在の最高裁の考え方だと解されている（総合考慮をするなかで目的や効果にも触れている例として，孔子廟事件＝最高裁〔大法廷〕2021〈令和 3〉年 2 月 24 日判決，民集 75 巻 2 号 29 頁）。

5　まとめ

高専を退学になった A 君の場合，問題はまず，剣道の実技への参加を強制することが信教の自由の侵害にならないかどうか，である。その際，まず第 1 に，高専において剣道の授業を受けさせることがどれだけ重要なことかを考え（公的義務の重要性），さらに，剣道実技への参加強制によりＡ君の受けるダメージの大きさ（不利益の程度）と，それを避けるために剣道実技に代わる措置をとれないかどうか（代替措置の有無）を考えなければならない。

つぎに，仮に学校がＡ君の信仰に配慮して実技を免除し，それに代わる措置をとった場合，それが公の機関である学校と宗教の癒着とならないかどうかを検討しなければならない。また，普通の公務員ではなく，教育者が「配慮」するということの意味を考えよう。

裁判所はどのように判断したか

最高裁判所第２小法廷は，次のように述べてＡ君の主張を認めた。

高専においては，剣道実技の履修が必須のものとはいえず，代替的方法によって教育目的を達成することは可能である。他方，Ａは，信仰上の理由による剣道実技の履修拒否の結果として，他の科目では成績優秀であったにもかかわらず，原級留置，退学という事態に追い込まれたのであり，その不利益はきわめて大きい。

学校長の採った措置が，信仰の自由や宗教的行為に対する制約を特にねらったものではなかったとしても，本件各処分はＡを退学に追い込むような性質を有するものだったのだから，学校長は，退学処分をする前に何らかの代替措置を採ることの是非，その方法，態様等について十分に考慮するべきであった。また，Ａが，自らの自由意思により，剣道の授業を必修にしている学校を選択したからといって，このような著しい不利益を与えることが当然に許されることにもならない。

さらに，信仰上の真摯な理由から剣道実技に参加することができない学生に対し，代替措置として，たとえば，他の体育実技の履修，レポートの提出等を求めたうえで，その成果に応じた評価をすることが，その目的において宗教的意義を有し，特定の宗教を援助，助長，促進する効果を有するものということはできず，他の宗教者または無宗教者に圧迫，干渉等を加える効果があるともいえないのであって，およそ代替措置を採ることが，その方法，態様のいかんを問わず，憲法20条3項に違反するということができないことは明らかである。

参考文献

本件最高裁判決の解説として，棟居快行・法学教室1996年9月号（192号）94頁，同著者の詳しい事件の解説として，『憲法フィールドノート〔第3版〕』（日本評論社，2006年）130頁以下がある。ほかに，栗田佳泰・憲法判例百選Ⅰ（第7版）（2019年）92頁も参考になる。本稿筆者による本事件の詳しい解説が，中村睦男＝常本照樹『憲法裁判50年』（悠々社，1997年）第13章にある。なお，愛媛玉串料判決については，岡田信弘・憲法判例百選Ⅰ（第7版）（2019年）98頁などがある。また，砂川政教分離判決については，長谷部恭男・憲法判例百選Ⅰ（第7版）（2019年）104頁があるほか，本稿筆者の解説として，平成22年度重要判例解説（2011年）15頁がある。

事件 20　表現の自由

人を見たら泥棒と思え？

立川テント村事件

最高裁（第 2 小法廷）2008〈平成 20〉年 4 月 11 日判決

（刑集 62 巻 5 号 1217 頁）

（本事件の舞台「立川宿舎」）（写真：毎日新聞社）

インターネットの普及した今日でも，ビラを路上で配布したり，住宅等に戸別配布することは，意見を知ってもらうための重要な表現手段である。そして，これまで集合住宅（マンションやアパート）にビラの戸別配布のために立ち入ることは，広く認められてきた。しかし，「体感治安」の悪化の中，「ビラ配布お断り」の掲示を出す集合住宅が増えている。「人を見たら泥棒と思え」ということだろうか。

☑ できごと

「立川自衛隊監視テント村」という小さな反戦グループに属するAさんたちは，2003年秋から，自衛隊をイラクに派遣することに反対するビラを，立川市にある自衛官とその家族のための公務員宿舎（官舎）である「立川宿舎」へ戸別配布していた。それに対して，立川宿舎を管理する自衛隊当局は，「ビラ貼り・配り等の宣伝活動」などを禁止する管理者名の禁止事項表示板を宿舎の敷地からの出入口わきのフェンスに設置し，同内容の禁止事項表示物を各棟の出入口に掲示した。その後，Aさんたちは，2004年初頭，3名で立川宿舎に立ち入り，「自衛官・ご家族の皆さんへ　自衛隊のイラク派兵反対！　いっしょに考え，反対の声をあげよう！」などと訴えるビラを各戸のドアポスト（玄関ドアの新聞受け）に入れたところ，住居侵入罪にあたるとして逮捕・起訴された。

☑ 当事者の主張

1　Aさんたちの主張

①　自分たちのビラ戸別配布は正当な目的の下になされた相当な手段による表現活動であって，これにつき刑事責任を追及するために起訴することは，単に当該表現活動の自由を侵害するにとどまらず，表現行為一般に強力な萎縮効果を及ぼすものであり，また，自衛官の知る権利の侵害にもつながる。しかも，立川宿舎には飲食店のチラシ等の商業的宣伝ビラも日常的に投函されているにもかかわらず，それらの投函の際の立入行為は摘発されずに放置され，本件ビラ投函の際の立入行為のみが起訴されている。それゆえ，本件の起訴（公訴提起）は，表現行為の抑圧あるいは「テント村」の活動を抑制

もしくは停止させることを目的とするものに他ならず，公訴権濫用にあたり，公訴棄却の判決がなされるべきである。

②　自分たちのビラ戸別配布のための立川宿舎への立入りは，表現活動のためであり，しかも，平穏になされていて，立川宿舎の正常な管理およびその居住者の日常生活に対し，ほとんど実害をもたらしていない。居住者の意思としては，情報伝達の手段としてのビラ投函のために部外者が集合住宅の階段，通路部分に立ち入ることについては包括的に承諾していたものとみるべきである。また，ビラ投函のための立入りがたとえ居住者および管理者の意思に反していたとしても，それらの意思も表現の自由の観点から内在的制約を受けるのであり，居住者および管理者は立入りを受忍すべきといえる。それゆえ，自分たちの立入りは刑法 130 条が処罰対象としている「住居侵入」にあたらず，また，処罰するだけの違法性もないのであるから，無罪である。

2　検察官の反論

①　Aさんたちが立ち入った立川宿舎の敷地，各棟各階段 1 階出入口から 4 階の各戸玄関前に至る通路部分は刑法 130 条の「住居」にあたり，Aさんたちが，ビラを各戸玄関ドアの新聞受けに投函する目的で，管理者および居住者の承諾を得ないで立川宿舎の各戸玄関前まで立ち入ったことは，刑法 130 条の住居侵入罪にあたる。

②　本件各立入行為が刑事処罰の対象とならないならば，居住者や管理者は，Aさんたちの立入りを受忍しなければならなくなり，また，ビラ投函を隠れ蓑とした不当な目的による立入りに対しても排除する手段をもちえなくなるのであるから，このような結論は不当である。

☑ 考えてみよう

1　表現の自由の「優越的地位」

憲法 21 条 1 項が保障している表現の自由は，人格の実現ないし自己実現に役立つものである。さまざまな意見や，知識，情報を知ること，そして，それを基に自己の意見を形成し，他人に伝え議論することは，自己の人格を発展させていく上で重要である。さらにまた，表現の自由は，民主主義過程の維持保全にとって不可欠な権利でもある。つまり，民主主義が成り立つためには，主権者である国民が十分な情報を与えられ，また，相互に自由に情報交換，意見交換をすることができなければならないのであり，表現の自由の保障は民主主義の必要条件である。

このように表現の自由は，自己実現にとって不可欠であるばかりか（自己実現の価値），民主主義過程の維持保全にとっても不可欠な（自己統治の価値）きわめて重要な人権である。表現の自由の保障も絶対的なものではなく，他人の人権などを守るために制限されることはある。しかし，表現の自由のもつ上記のような価値を理由に，表現の自由は最大限に尊重されねばならず，表現の自由が制約されている場合，裁判所はそうした制約が本当に必要なのか，必要最小限度のものなのかを厳密に検討すべきである，とされている（表現の自由の「優越的地位」）。

2　表現内容規制と表現内容中立的規制

学説の多くは，表現の自由の制限のうち，表現の内容に着目したものの場合には，裁判所は，表現内容と無関係な制限の場合に比べてより厳しく，その制限が必要やむをえないものであるか審査すべきである，という立場をとっている。

それは，表現内容の規制は，国家が表現内容が虚偽であるとか，危険であるとか，反道徳的であるとか，価値がないとかいったことを理由に表現行為を規制するものであるので，それを安易に許せば国家によるほしいままの思想統制・情報操作へとつながる危険があるからである。他方，表現の時・場所・方法が一定の害悪を発生させるとして，表現内容にかかわりなく表現の時・場所・方法につき規制を加える場合には，国家が表現内容につき判断を加えて伝えられるべき情報と伝えられるべきでない情報とを選別しているわけではないからでもある。

しかし，表現の時・場所・方法ないし表現手段の意義を軽視してはならない。表現の時・場所・方法の意義ないし重要性は人によって異なるのであって，ある時・場所・方法での表現行為がある人たちにとってはきわめて重要な表現態様であることもあるし，また，ある表現の時・場所・方法が表現内容と結びついていることもあるからである。それゆえ，表現内容中立的な規制に対しても，それが必要やむをえないものか厳密な検討が必要であろう。

3　ビラ戸別配布の意義

表現の自由は，自己が望む内容の情報を自己が望む態様で（自己が望む時，場所，手段・方法で）伝達する自由であるから，ビラの戸別配布という表現手段にも，当然，表現の自由の保障が及ぶ。

このビラ配布は，伝統的に広く用いられてきた表現手段であり，マス・メディアを利用するよりは安価な表現手段である。特に，マス・メディアを利用する財力のない人たち，その主張が社会において嫌悪されているなどの理由からマス・メディアにその主張を伝えてもらえない人たちにとっては，きわめて効果的な表現手段である。さらに，ビラの戸別配布は，確実にビラを渡すことができるという点で，路上等でのビラ配布に比べて効果的な表現手段である。

このようにビラの戸別配布は表現手段として重要な意義を有しており，できる限り尊重されなければならない。

4　住居侵入罪と表現の自由

刑法130条は，「正当な理由がないのに，人の住居若しくは人の看守する邸宅，建造物若しくは艦船に侵入し」た者を処罰すると定めている。この刑法130条については，住居の平穏を保護するものであると捉える立場（平穏説）と，「住居に誰を立ち入らせ，誰の滞留を許すかを決める自由」である住居権（ないし管理権）を保護するものであると捉える立場（住居権説）が対立しているが，最近では後者の住居権説の方が有力であり，また，最高裁判所もその立場をとっている。

住居侵入罪を定める刑法130条は，特に表現行為のための住居等への立入りを念頭においた規定ではないが，それを表現活動に適用しようとする場合には，当然，表現の自由との調整が必要となる。先ほど見たようなビラ戸別配布の表現手段としての意義からすると，「住居侵入」にあたるかの判断（構成要件該当性の判断）や刑罰をもって臨むだけの違法性があるかの判断（違法性の判断）において，住居等への立入りが表現活動のためであることが考慮に入れられなければならない。また，表現活動のための住居等への立入りを住居

刑法130条　正当な理由がないのに，人の住居若しくは人の看守する邸宅，建造物若しくは艦船に侵入し，又は要求を受けたにもかかわらずこれらの場所から退去しなかった者は，3年以下の懲役又は10万円以下の罰金に処する。

※令和4年法67号により「懲役又は禁錮」は「拘禁刑」となる。

侵入罪で処罰することが，憲法21条1項違反（適用違憲）となる場合もありうる。

特にマンションやアパートといった集合住宅の共用部分（廊下，階段など）は，当該集合住宅の居住者が自ら通行するため，また，望む人物を各戸にまで通行させるためのものであり，居住者に自由かつ平等に利用が認められる。それゆえ，居住者は他の居住者による共用部分の利用を妨害する権利をもっていないから，居住者（さらには管理者）は，一般的に居住者が立入りを認めると思われる通常の形態で立ち入ることを拒否する意思を有していない，と推定されるべきである。そして，ビラの戸別配布が一般的に広く認められてきた伝統的な表現手段であることや，集合住宅の居住者が戸別配布されるビラの内容に対して知る自由を有していることを考慮すると，集合住宅の共用部分にビラの戸別配布のために平穏に立ち入ることは，「一般的に居住者が立入りを認めると思われる通常の形態での立入り」として許容されると解される。

もちろん集合住宅の居住者は，その総意で（あるいは，集合住宅の管理者は，居住者の総意に基づき）ビラ配布のための集合住宅への立入りを禁止することができる。しかし，こうした立入禁止の意思は，明確に示されていなければならないであろう。ただ「ビラお断り」の貼り紙があるというだけでなく，違反に対して刑罰権の発動を求めるほどの強い決意があることが貼り紙に示されていなければならない。さらに，ビラを戸別配布するための集合住宅共用部分への立入りを住居侵入罪に問うためには，立入禁止の決定（意思）が実効的に執行されていなければならないであろう。

5　本件における立入りと住居侵入罪

Aさんたちは，3名で白昼，門扉の設備のない出入口から立川宿舎の敷地内に入り，別々に門扉のない各棟の出入口から階段を上がり，ビラを各戸のドアポストに投函したが，その間，騒音も立てず，ドアを叩いたりインターホーンを押して居住者を呼び出すこともなかった。Aさんたちの目的はビラの戸別配布のみであり，30分程度で退出している。このようなビラの戸別配布のための立川宿舎共用部分への立入りは，きわめて平穏なものであった。他方，立川宿舎にはビラお断りの掲示がなされていたが，あまり目立つものではなかったし，その内容も，禁止事項に反した場合の処置や警告について一切書かれておらず，一般のマンションやアパートの出入口付近によく見受けられる立入禁止の表示と特に変わったところはなかった。また，ビラお断り掲示の設置後も，商業的宣伝ビラが集合ポストに投函されており，また，各戸のドアのところまで宗教活動のために立ち入った者もいたが，これらについて摘発はされていない。

こうしてみると，Aさんたちの立川宿舎への立入りを住居侵入罪に問うことは，表現の自由の保障の見地からはとうてい認められそうもない。実際，第一審判決は，Aさんたちに防衛庁（当時）や警察から警告をすることもなく，いきなり検挙して刑事責任を問うことは，憲法21条1項の趣旨に照らして疑問の余地があるので，Aさんたちの立入りは刑事罰に処するに値する程度の違法性があるものとは認められないとして，無罪判決を下した（東京地裁八王子支部2004〈平成16〉年12月16日判決，判例時報1892号150頁）。

さらに，自衛隊当局が立川宿舎にビラお断りの掲示を設置したのは，自衛隊のイラク派遣に反対するビラを自衛官やその家族が読んで動揺することを危惧したからのようである。とすれば，Aさんたちのビラ戸別配布のための立入りを拒否することは，国家が自衛官とその家族に伝えられる情報を選別し遮断しようとする，典型的な表現内容規制であったことになる。それは，国家が特定の人たちの知る自由を制限し，いわばマインドコントロールしようとするものであり，とうてい許されないであろう。

裁判所はどのように判断したか

Aらの立川宿舎への立入りは，その管理者の意思に反するものであり，「人の看守する邸宅」に正当な理由なく侵入したものとして，刑法130条に該当する。

本件でAらが立ち入った場所は，防衛庁の職員およびその家族が私的生活を営む場所である集合住宅の共用部分とその敷地であり，自衛隊・防衛庁当局がそのような場所として管理していたもので，一般に人が自由に出入りすることのできる場所ではない。たとえ表現の自由の行使のためといっても，このような場所に管理権者の意思に反して立ち入ることは，管理権者の管理権を侵害するのみならず，そこで私的生活を営む者の私生活の平穏を侵害するものといわざるをえない。したがって，Aらの行為を刑法130条の罪に問うことは，憲法21条1項に違反するものではない。

参考文献

集合住宅へのビラ戸別配布のための立入りを住居侵入で処罰できるかという点につき詳しくは，本事件の最高裁判決以前のものだが，市川正人「自衛隊宿舎へのビラ戸別配布のための立入りと表現の自由」立命館法学311号（2007年）1頁（www.ritsumei.ac.jp/acd/cg/law/lex/07-1/01ichikawa.pdf）参照。本章の事件の最高裁判決については，阪口正二郎「防衛庁宿舎へのポスティング目的での立入り行為と表現の自由」法学教室2008年9月号（336号）8頁，橋本基弘・平成20年度重要判例解説（2009年）20頁，木下昌彦・憲法判例百選Ⅰ（第7版）（2019年）128頁。

事件 21　営業の自由

ネットで薬を買えないの？

ケンコーコム事件

最高裁（第 2 小法廷）2013〈平成 25〉年 1 月 11 日判決

（民集 67 巻 1 号 1 頁）

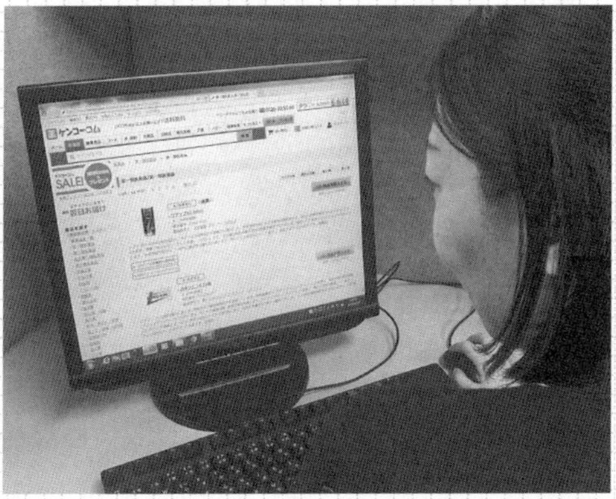

街のあちこちにドラッグストア・チェーン店が並んでいて，多くの人たちが医薬品やサプリメントなどを買っている。健康はみなの願いだ。しかし，定期的に同じものを購入する人，ドラッグストアに立ち寄る時間のない人，地方に住んでいて近くにドラッグストアや薬局がない人なども少なくない。離島に住んでいる人たちもいる。このような人たちにとっては，インターネット上の店からの購入が便利だ。しかし，医薬品は副作用のおそれもあるから，薬局で説明を受けてから買うべきだという考えも根強い。この 2 つの立場が激突する事件が起きた。

☑ できごと

医薬品の販売等については，薬事法という法律が定めていた。もともとこの法律にはインターネットを通じた郵便等による販売（インターネット販売という）に関する規定はないのだが，厚生労働省は，従来から「対面販売」，つまり店頭で説明を受けた上で購入することを原則とする立場をとり，1988年にはカタログやチラシによる通信販売は胃腸薬やビタミン剤など副作用のおそれが少ない医薬品に限るよう都道府県に通知し，2004年にはインターネット上の販売についても同様の通知を行った。しかし，都道府県は具体的な規制を行わず，あたかもこれらの販売は黙認されているかのようであった。

薬事法は2006年に改正され，一般用医薬品を副作用のリスクの高いものから「第一類医薬品」「第二類医薬品」「第三類医薬品」に区分し，第一類の販売については薬剤師が書面を用いて副作用などの説明を行うことを義務づけたが，第二類は努力義務，第三類は情報提供の推奨にとどめられた。しかし，厚労省は，対面販売の原則を固持し，第一および第二類医薬品のインターネット販売を禁止する施行規則を定め，改正薬事法とともに2009年に施行した。なお，離島居住者などについては，第二類医薬品を郵便等で購入することを2年間に限って認めるなどの経過措置が設けられた（その後，さらに2年延長された）。

これに対し，医薬品やサプリメントをインターネットで販売している会社が，国を相手取り，医薬品のネット販売の権利の確認や施行規則の無効確認・取消しを求める訴えを起こしたのである。

第一審（東京地裁2010〈平成22〉年3月30日判決，判例時報2096号9頁）は原告（医薬品販売会社）の訴えを全面的に斥けたが，第二審

（東京高裁 2012〈平成 24〉年 4 月 26 日判決，判例タイムズ 1381 号 105 頁）はそれを覆し，原告の訴えを認めたため，国が上告した。

☑ 当事者の主張

1 医薬品販売会社の主張

施行規則によるインターネット販売の規制は，販売会社の営業の自由を制限するものであるから，その根拠となる法律の規定には明確性が求められるが，薬事法にはインターネット販売を明確に禁止する規定はないので，施行規則は違法である。

2 国の主張

薬事法における医薬品販売業の規制の仕組みを見ると，法はインターネット販売を禁止する趣旨であることは明らかであり，また，薬事法が対面販売を原則とする立法政策を採用していることは，同法に関する国会審議の経過等に照らしても明らかである。したがって，施行規則は薬事法に根拠付けられていると言える。

☑ 考えてみよう

1 何が問題か

この事件には，大きく 2 つの論点がある。1 つは，インターネット上の医薬品の販売規制が憲法 22 条 1 項の職業選択の自由の保障に違反しないか，ということであり，もう 1 つは，インターネット販売を規制する施行規則が，薬事法に根拠を有すると言えるか，ということである。この事件における最高裁判所の判決は主として後者を問題としているが，憲法上の問題としては前者も重要なので，順番に考えてみることにしよう。

2　職業選択の自由とは

憲法22条1項は,「何人も，公共の福祉に反しない限り，居住，移転及び職業選択の自由を有する。」と規定しているが，これについては2つの注意点がある。1つは,「職業選択」の自由の意味だ。例えば，君がケーキ屋を始めるとしよう。ケーキ屋という「職業」については，魚屋ではなくケーキ屋を選ぶこと（職業選択），商品の主力をロールケーキにするか，支店を置くか（職業活動・営業），ケーキ屋をやめて新しい人生に踏み出すか（廃業）といったいくつかのフェーズ（段階）がある。これらの中で，職業選択の部分だけが自由の保障を受けるというのは不合理ではないだろうか。このような書き方になったのには大日本帝国憲法（明治憲法）以来の事情があるのだが，それはともかく，これらのフェーズすべてが憲法の保障のもとにあると考えるべきことには異論はないはずだ。最高裁も，そのことを認め，例えば1972年の判決では憲法22条1項は「営業の自由」を保障していると述べているし（小売市場距離制限事件＝最高裁〔大法廷〕1972〈昭和47〉年11月22日判決，刑集26巻9号586頁），1975年の判決（後掲，薬事法判決）では，職業選択の自由のみならず職業活動の自由も含む「職業の自由」が保障されていると明言した。

もう1つの問題は，なぜ職業選択の自由が居住・移転の自由と一緒に保障されているのか，ということだ。話は昔に遡るが，封建時代のヨーロッパでは，農民は土地に縛り付けられ，自由にその土地を離れることは許されなかった。当時は農業が経済の基盤であり，封建領主にとっては領地から小麦などの農産物が安定的に生産されることが絶対に必要だったからだ。しかし，産業革命が起こり，工場での大量生産が始まると，工場労働者を確保する必要が生まれる。その供給源となるのは農民であり，それを可能とするためには農民を土地から切り離さなければならない。こうして，工場労働という職業を選択することと，土地から離れて工場所在地に移転する自由が結びついたのであり，このような経済体制を基盤にできあがった近代憲法の中にセットで取り入れられたというわけである。

3　職業の自由の規制と違憲審査

このように，近代憲法の1つである日本国憲法は，職業の選択，活動（営業），変更・廃業の自由を全体として保障しているとみるべきなので，ここから先はまとめて職業の自由と呼ぶことにしよう。

さて，職業の自由も無制約のものではなく，自由放任主義の経済が想定されているわけではない。22条1項は「公共の福祉に反しない限り」で職業の自由を保障しているのであり，25条では生存権を保障している。日本国憲法は，経済的・社会的弱者を保護する社会国家（福祉国家）を想定しているというべきであり，そこでは経済活動に対する各種の規制が予定されているのである。

職業の自由に対する規制の合憲性をめぐっては多くの訴訟が起こされているが，なかでも重要なのが適正配置規制と呼ばれる規制方式に関する裁判である。これは一定の業種に就くことには役所の許可が必要だとした上で，過当競争を防ぐために同じ業種の既存の店から法律や条例で定めた距離を置くことを許可条件とするものだ。

この問題を考える上で重要な素材を提供しているのが，実は今回の事件と同じ薬事法をめぐる事件である。原告は，広島県内で化粧品や医薬品などの販売を行っていた業者だが，県内で新たに薬局を始めるために県知事に対して許可を求めた。しかし，当時の薬事法は，薬局の設置場所が適正でないときは許可をせず，適正かどうかの基準は都道府県が条例で定めるとしており，これを受けて広島県条例は既存の薬局からおよそ100メートルの距離を保つことなどの基準を設けていた。原告の薬局開設予定地がこの基準を満たしていないとして不許可とされたため，その取消しを求めて裁判を起こしたのである。

薬事法判決（最高裁〔大法廷〕1975〈昭和50〉年4月30日判決，民集29巻4号572頁）は，職業は「本質的に社会的な，しかも主として経済的な活動であって，その性質上，社会的相互関連性が大きいものであるから，職業の自由は，それ以外の憲法の保障する自由，殊にいわゆる精神的自由に比較して，公権力による規制の要請」が強いと述べたうえ，その「規制を要求する社会的理由ないし目的も，国民経済の円満な発展や社会公共の便宜の促進，経済的弱者の保護等の社会政策及び経済政策上の積極的なものから，社会生活における安全の保障や秩序の維持等の消極的なものに至るまで千差万別」であり，裁判所としては「具体的な規制措置について，規制の目的，必要性，内容，これによって制限される職業の自由の性質，内容及び制限の程度を検討」してその合憲性を判断しなければならないと指摘した。

そして，最高裁は，薬局の適正配置規制は，薬局が集中することにより過当競争が生じ，競争に敗れた薬局の経営が危なくなって，必要のない薬を客に売りつけたり，売れ残りの古い薬を売ったりすることによって国民の生命・健康が害されるのを防ぐことが主たる目的であると認められるとし，そのような職業活動を自由に任せておくことによって社会や国民が被る害悪を防ぐための措置は，「許可制に比べて職業の自由に対するよりゆるやかな制限である職業活動の内容及び態様に対する規制によっては右の目的を十分に達成することができない」と言えるときに限って憲法に違反しないと言えると述べた。そして，薬局の場合には，薬事監視員が見回ったり，必要に応じて強制調査をすることによって上記のような問題は防ぐことができるので，適正配置規制によって開設そのものを規制するのは過度に厳しい規制であるから憲法22条1項に違反し無効だとしたのである。

これ以降も，最高裁は様々な事件で，職業の自由に対する規制措置について上記のような種々の要素を考慮してその合憲性を判断している。

インターネット販売に係る本件では，最高裁は憲法22条1項違反の問題を正面から取り上げていないが，適正配置規制事件に即して考えてみるとどうなるだろうか。第一および第二類医薬品のインターネット販売を規制する理由は，対面販売によって病状に応じた適切な医薬品の販売をさせ，国民の生命・健康を保護することにあると考えられる。これはインターネット販売を業とする会社にとっては，販売できる商品を大きく制限され，適正配置の場合のように開業そのものを規制されるに近いと言えよう。そうであるなら，このような規制によらなければ生命・健康の保護という目的が達成できないかどうか，言い換えれば，対面販売の方がインターネット販売よりも生命・健康の保護に適していると言えなければならないだろう。一般用医薬品の副作用は対面販売によってよりよく防ぐことができるだろうか，考えてみてほしい。薬剤師が薬を買いに来た人の顔色を見て適切なアドバイスができるという説もあるが，本当だろうか。家族が買いに来たときはどうか。副作用に関する新しい情報があるときは，注文者がわかるインターネット販売の方が連絡をしやすいのではないか。

4　委任立法による規制の限界

本件では，薬事法を具体的に施行するために厚労省が作成した施行規則によって医薬品のインターネット販売を規制したことが主たる論点となった。国が国民の権利や義務を定める際には法律によることが基本だが，法律は一般原則だけを定めて，具体的・詳細な事柄については行政機関（内閣や省庁）にルールの作成をまかせることがある。特に専門的な事柄についていちいち法律ですべて決めるのには無理があるからだ。様々な状況の変化に柔軟に対応するにも国会よりも行政機関の方が適切な場合が多い。そのようなルールは一般に委任立法と呼ばれ，個々の法律の実施のために作成されるルールを施行規則という。

委任立法は法律を施行するために作成されるものだから，行政機関にフリーハンドがあるわけではない。根拠となる法律，あるいは憲法に反する施行規則は無効だ。この問題について最高裁は，これまで，委任立法の適否の判断に当たっては，根拠となる法律（授権法という）の規定の文言だけでなく，委任の趣旨や目的を総合的に考えて合理的に判断すべきだとしていたが，今ひとつ決め手に欠けており，多くの場合行政機関の判断を追認するにとどまっていた。

しかし，国民の権利を制限したり，罰則を科したりするときには国民の代表である国会が作成した法律による明確な委任が必要なのではないか。国民に選ばれているわけではなく，国民に直接責任を負っているわけでもない行政機関限りの判断によってそのようなことを行ってよいのか。少なくとも，委任立法によって憲法上の人権を制約する場合には，法律による明確な委任が不可欠ではないか。最高裁は，本件でこの問題について１つの判断を示している。

なお，今回の最高裁判決や2013年6月の日本再興戦略などを踏まえ，使用に特に注意が必要な一部の医薬品を除き，第一～三類のすべての一般用医薬品のインターネット販売を可能とすることを含む法改正が行われ，それに伴って法律の名称も「医薬品，医療機器等の品質，有効性及び安全性の確保等に関する法律」と改められた（2014年6月施行）。

この法改正の後，情報通信技術の進歩，セルフメディケーションの推進，新型コロナウイルス感染症の影響によるオンラインでの社会活動の増加など，さらに一般用医薬品の濫用等，安全性確保に関する課題も生じているなど，医薬品を巡る状況が大きく変化していることを受けて，2023年2月に厚生労働省は「医薬品の販売制度に関する検討会」を立ち上げ，必要な見直し等に関する検討を開始した。

裁判所はどのように判断したか

最高裁は次のように述べて医薬品販売会社の主張を認めた。

医薬品のインターネット販売に対する需要はかなり存在するし，その制限に反対する意見は消費者のみならず専門家の中にも少なからずあり，政府部内でもインターネット販売が対面販売より安全面で劣るとの見方は確立されていない。しかも，旧薬事法の下では違法とされていなかったインターネット販売に対する新たな規制は，憲法22条1項が保障する職業活動の自由を相当程度制約するものである。これらの事情の下で，施行規則の規定が，その根拠となる改正薬事法の趣旨に適合し，その委任の範囲を逸脱しないというためには，立法過程における議論をも考慮し，薬事法中の諸規定も見て，そこから，インターネット販売を規制する趣旨が「明確に読み取れる」ことを要する。

しかるところ，インターネット販売に対する改正薬事法の立場は明確ではなく，その理由が立法過程での議論を見ても明らかではないことからすれば，そもそも国会が薬事法を改正するに際してインターネット販売を禁止する意思を有していたとはいい難い。そうすると，薬事法が，インターネット販売を一律に禁止する旨の施行規則の制定を委任する趣旨であることが明確であるとはいえないから，施行規則の関連規定は薬事法の委任の範囲を逸脱した違法なものとして無効である。

参考文献

本件最高裁判決の解説として，安念潤司・平成24年度重要判例解説（2013年）24頁，木下昌彦・憲法判例百選Ⅱ（第7版）（2019年）451頁がある。職業の自由に対するわかりやすい解説としては，中村睦男編著『はじめての憲法学〔第4版〕』（三省堂，2021年）125頁［寺島壽一］がお勧めである。ちょっと違った角度からの説明としては，笹田栄司編『Law Practice 憲法〔第3版〕』（商事法務，2022年）97頁［常本照樹］などもある。委任立法の問題については，上記『はじめての憲法学』の183頁以下［木下和朗］などを読むと良いだろう。

事件 22　転職の自由

同業他社に移ることは許されない？

アートネイチャー事件

東京地裁 2005〈平成 17〉年 2 月 23 日判決

（判例タイムズ 1182 号 337 頁）

最近は，入社後数年で会社を辞め同業他社あるいは別の業種の会社に移ることが普通に起きているし，起業する人も増えている。そういった場合，前の会社で得た技術やノウハウを売りにすることも多いだろう。ところが，会社側からすると，新人社員にかかる教育・訓練の費用や顧客情報流出のリスクなどから，同業他社に簡単に移られては困るのである。しかし，退職後一定期間，同業他社で就職できない仕組みを認めるならば，退職した「社員」の職業選択の自由はどうなるのだろう。会社の利益のために我慢しなければならないのだろうか？

☑ できごと

Aさんは大学卒業後に，かつらメーカーP社に入り，技術者としてS支店に配属された。その後，同支店長に昇進し，10年近く同支店に勤務していた。Aさんは2002年4月1日付けでP社からH支店の営業職への配置転換の内示を受けたが，Aさんはそれを拒否し同年5月10日付けでP社を退職した。そして，Aさんは同年10月に，S支店と同じK市にある美容室「ワンズクラブ」に入社した。「ワンズクラブ」はかつらのメンテナンスや美容業を行う会社である。その後，P社で営業職に就いていたBさんも同社を辞め，「ワンズクラブ」に入社した。

「ワンズクラブ」では，他社かつら製品の顧客もメンテナンスサービスを利用することができ，修理代金が大手のかつらメーカーの3分の1という低価格を売り物にしている。また，ポスティングや新聞広告を積極的に展開し，顧客120名を獲得した。P社は，AさんとBさんが就職した際に，退職後2年間は，P社S支店と競合するエリアで同業他社に就職，あるいは独立して競業する事業を行わないとの「誓約書」の提出を求めており，AさんとBさんが「ワンズクラブ」に就職し，営業活動を行ったことは誓約書に反すると主張している。P社は，AさんとBさんの転職は競業避止義務（民法415条）に反するとして，顧客の勧誘行為等の差止めと800万円の損害賠償を請求した。

☑ 当事者の主張

1　P社の主張

AさんおよびBさんは競業避止義務を負っているので，P社を退職後に「ワンズクラブ」に入社し，かつらの修理や美容業を行っていることは当該義務に違反する。また，Aさんらによる上記行為および「顧客の勧誘行為等」は，Aさんらに認められた職業選択の自由・営業の自由の範囲を逸脱するものであって，顧客の勧誘行為等の差止めと800万円の損害賠償を求める。

Aさんおよび B さんと交わした「誓約書」は以下のとおりである。

「1. 貴社を退職する場合も次の事業に関して就職したり，役員に就任したり，独立して営業などをしません。ただし，貴社より書面で承諾いただいたものについては，この限りではありません。

ア．貴社が行う主たる事業と競合関係にたつもの

イ．貴社の企画または開発中の事業と競合関係にたつもの

ウ．アおよびイについては，当該店舗との競合エリアに限定

2. 前項による就職または自営等の禁止期間は，原則として退職の日から2年間とします。ただし，それより長期または短期の期間を貴社が定めた場合は，それに従います。

3. 就業期間中はもちろんのこと，貴社を退職した後も，貴社の業務に関わる重要な機密事項，特に『顧客の名簿および取引内容に関わる事項』ならびに『製品の製造過程，価格等に関わる事項』について一切他に漏らしません。」

2　Aさん・Bさんの主張

本件誓約書は職業選択の自由等を侵害するもので，公序良俗に反し，無効である。また，本件誓約書の内容については当初から大いに疑問を感じていたが，本件誓約書をP社に提出しないと，就職が不利になると思いやむなく提出したもので，自由な意思によるものではなかった。したがって，P社と労働者の立場の差を利用して取り交わされた本件誓約書は無効である。

☑ 考えてみよう

1　競業避止義務とは何だろう

「起業」は最近よく聞く言葉だが，ある仕事を始める場合，何の訓練もなく成功するというのはまれだろう。やはり，「師匠」のもとで一定の修業を積むことで，ノウハウを獲得し，それをベースに自分なりの試みを実行に移すというのが定番ではないか。ラーメン店をやろうとしても，ラーメンの作り方がすべて自己流というのは相当リスキーだ。ところで，本件では，競業避止という言葉がよく出てくるが，競業禁止といったほうが分かりやすいだろう。修業したラーメン店のすぐ隣に，弟子が同じラーメン店を開くことを考えてみてほしい。また，あなたがX社で得た職業上のノウハウを武器に，ライバルのY社に「転職」しようという場合，X社とすればライバル会社への「転職」をなんとか阻止したいだろう。X社は，あなたが就職の際に何の気なしに提出した「競業避止義務契約書」を，あなたの退職時に持ち出すかもしれない。

本件での競業避止義務とは，AさんやBさんは，これまで勤務していたP社と競争的な営業をP社S支店の競合区域で2年間してはならないということだ。具体的には，同業他社に就職し，あるいは自ら同業の事業を起こして，P社の「顧客に対する営業活動」をしてはならないのだ。P社に在職中であればAさんらがP社と競業する事業を起こすことができないのはわかるが，退職した後2年間もなぜ営業できないのだろう。この場合，Aさんらの職業選択の自由は侵害されているのではないか。Aさんらはかつら製造やメンテナンスを行う技術者として10年あまりがんばってきたので，他の職業を選ぶことはまったく考えられないという。しかし，P社に提出している誓約書が有効だとすれば，Aさんらはどうやって日々の生活のための糧を得たらよいだろう。それでは，P社は「悪者」ということで片付けられるだろうか。P社側の利益，つまり，AさんBさんの教育・訓練に費やされた時間や費用，品質の良いかつらの製造やメンテナンスについての技術開発に使われた時間や費用，そして，顧客名簿や取引内容に関わる秘密も無視できないだろう。いうならば，P社の経済的利益が損なわれるかもしれないのだ。これは，P社の財産権に関わる問題といえよう。

問題は，AさんやBさんは退職後も競業避止義務を負うか，である。法律を見てみると，2，3の例外（会社の支配人は，会社の許可がなければ競業が禁止される（会社法12条））を除いて，労働者に競業避止義務を課す明文規定は存在しない。そこで，会社側は，本件事例のように，労働者との個別の合意（たとえば，誓約書）で競業避止義務を負わせるわけである。「誓約書」の3を見ると，競業避止義務のほかに，Aさんらは秘密保持義務も課されている。したがって，AさんたちはP社に勤めている間だけではなく退職後も，P社の営業上の秘密を守る義務がある。この義務は同業他社に転職しても守ることはできるから，職業選択の自由を制約する程度は低いと考えられている。とはいっても，「秘密」の範囲が広いと，職業選択の自由や営業の自由が制約される度合いが大きくなるだろう。したがって，「秘密」の射程は重要な問題である。

2 「Aさんらの職業選択の自由・営業の自由」vs「P社の経済活動の自由」

Aさんたちは，P社の主張どおりになれば，K市でのかつらの製造やメンテナンスができなくなる。つまり，自分たちが選んだ職業を遂行する自由（これを営業の自由という）が実現できないのだ。これに対し，P社の経済的利益も重要だ。最高裁判所は，憲法は「22

条，29 条等において，財産権の行使，営業その他広く経済活動の自由をも基本的人権として保障し」，「企業者は，かような経済活動の一環としてする契約締結の自由」を有すると判示している（三菱樹脂事件＝最高裁〔大法廷〕1973〈昭和 48〉年 12 月 12 日判決，民集 27 巻 11 号 1536 頁）。P 社の経済的利益も憲法の保障する「経済活動の一環」であり，財産権や営業の自由が保障されている。

憲法上の人権は，国や地方自治体などの違法な公権力の行使から人々を守るために保障されたものだ。したがって，P 社という私企業による A さんらの人権侵害という図式は，そのままでは使えない。そこで，登場するのが民法 90 条だ。それによると，「公の秩序又は善良の風俗に反する法律行為」は「無効」になる。つまり，P 社と A さんらの間で取り交わされた「誓約書」には職業選択の自由に対する過度の制約があり，それは「公序良俗違反」にあたるから，「誓約書」は無効という構成なのだ。これを「人権規定の私人間効力」といい，人権規定（ここでは憲法 22 条 1 項）が「公序良俗」の解釈にあたり「道しるべ」になっている。裁判所は，職業選択の自由に対する過度の制約あるいは重大な制約をベースに「公序良俗違反」と判断するのである。

3　公序良俗に反する職業選択の自由の制約とは？

2 で見たように，誓約書が職業選択の自由や営業活動の自由に対する「過度の制約」を含むものであれば，それは公序良俗（民法 90 条）に反し，無効である。とはいっても，どういった場合に，「過度の制約」があったといえるのだろう。この問題についてヒントになるのが，「フォセコ・ジャパン・リミテッド事件」（奈良地裁 1970〈昭和 45〉年 10 月 23 日判決，判例時報 624 号 78 頁）だ。奈良地裁は，「競業の制限が合理的範囲を超え，債務者らの職業選択の自由を不当に拘束し，同人の生存を脅かす場合には，その制限は公序良俗に反し無効となる」ことは言うまでもないとする。そして，「合理的範囲の確定」にあたっては，①制限の期間，②場所的範囲，③制限の対象となる職種の範囲，④代償の有無等をあげる。その際，会社側の利益（企業秘密の保護），労働者の不利益（転職，再就職の自由）および社会的利害（独占集中のおそれ，それに伴う一般消費者の利害）の３つの視点に立って慎重に検討していくことが重要と判示している（下級審判決にもかかわらず，この奈良地裁判決はよく引用されている）。

そこで，本件を見ていくと，①は２年間，②はＳ支店との競合エリア，③かつら販売とそのメンテナンス，そして，④について競業禁止の「代償」はない，ということになる。Ｐ社は，「かつら業界では，他業種に比較して顧客の開拓，発見が困難」なので，顧客情報がとても重要という。ＡさんやＢさんは，10年間Ｓ支店に在職していて顧客情報に接していたのだから，「ワンズクラブ」での競業をＳ支店と競合する地域で直ちに認めるならば，「重要な継続的来店顧客数に影響し，原告の経営に深刻な影響を与えかねない」，とＰ社側は主張している。そして，Ｐ社は，ＡさんらがＰ社の顧客の住所に集中してポスティングを実施していることから，ＡさんらはＰ社保有の顧客情報を利用したと言っている。結局，Ｓ支店のカバーする地域の外で営業してくれということだ。

一方で，Ａさん側からすれば，２年の間，代償措置もない，ということは認められないとなろう。また，２人が10年間，慣れ親しんだＳ支店のあるＫ市こそが，経験を生かすには最適の場所なのだ。また，Ａさんらの「ワンズクラブ」の顧客が，Ｐ社の顧客と競合したのは，ＡさんらがＫ市を中心にポスティングや新聞広告を行ったためと主張している。Ｐ社の顧客情報を使ってＡさんらが電話勧誘などをしたわけではないとすれば，Ｐ社の主張とＡさんらの主張のどちらが正しいかは決められそうにない。退職後の「秘密保持義務」が守られたかどうかの判断はなかなか難しいのである。

裁判所はどのように判断したか

東京地方裁判所は，A さんらは，P 社と交わした誓約書に基づく義務を負担するとしたうえで，A さんらが行っている業務は，「本件誓約書により負担する競業避止義務の範囲に含まれない」として，P 社の訴えを斥けた。

① 従業員と使用者との間で交わされる退職後の競業避止に関する合意は，その性質上，十分な協議がされずに結ばれる場合が少なくなく，また，「従業員の有する職業選択の自由等を，著しく制約する危険性を常にはらんでいる点に鑑みるならば，競業避止義務の範囲については，従業員の競業行為を制約する合理性を基礎づける必要最小限の内容に限定して効力を認めるのが相当である」。

この「合理性を基礎づける必要最小限の内容」の確定に当たっては，「従業員が就業中に実施していた業務の内容，使用者が保有している技術上及び営業上の情報の性質，使用者の従業員に対する処遇や代償等の程度等，諸般の事情を総合して判断すべきである」。そうすると，「従業員が，使用者の保有している特有の技術上又は営業上の情報等を用いることによって実施される業務が競業避止義務の対象」とされるのであって，「従業員が就業中に得た，ごく一般的な業務に関する知識・経験・技能を用いることによって実施される業務」は競業避止義務の対象とはならない。

② 本件についてみると，被告 A らが，ワンズクラブにおいて行っている業務は，「被告 A らが，本件誓約書により負担する競業避止義務の範囲に含まれない」。

被告 A らがワンズクラブで行っている業務内容は，「既に購入したかつらの使用者を対象として，営業担当者数名及び技術担当者 1 名によって行う，かつらのメンテナンスや美容業など」である。この業務は，被告 A らが原告 P 社で就業していた際の「日常業務から得た知識・経験・技能を利用した業務」ということができ，「原告が保有する特有の技術上又は営業上の情報を利用した業務」であることを認めるに足りる証拠はない。被告Aらは，ワンズクラブの業務を開始するに際して，「地元新聞等への広告や折り込みチラシ，ポスティングによる宣伝広告活動を行うことにより，自己の顧客を開拓したものであって，原告の特有の営業上の情報を利用したものではない」。

以上のような業務内容等に照らせば，被告Aらのワンズクラブにおける業務は，「本件誓約書による競業避止義務の内容に含まれないというべきである」。

これに対して，原告は，「商品知識，接客サービスの方法等の営業ノウハウなど」についても競業避止義務によって保護されるべきことを主張する。しかし，本件で「被告Aらが行っている，商品知識や営業態様は，正に従業員が日常的な業務遂行の過程で得られた知識・技能であって，このような知識等は，従業員が自由に利用することができる性質のものであると解すべき」であって，「そのような利用までも禁止することは職業選択の自由に対する重大な制約となるから，競業避止義務の内容に含まれると解することは相当でない」。

参考文献

本判決については，川田琢之・ジュリスト2006年12月15日号（1325号）248頁，道幸哲也・法学セミナー2006年4月号（616号）124頁参照。また，本テーマ全体については，小畑史子「退職した労働者の競業規制」ジュリスト1995年5月1＝15日号（1066号）119頁，石橋洋「競業避止義務」土田道夫＝山川隆一編『労働法の争点』（有斐閣，2014年）66頁，菅野和夫『労働法〔第12版〕』（弘文堂，2019年）159頁が参考になる。

事件23 生存権

生活保護の
デザインは国に任せて

老齢加算違憲訴訟

最高裁（第2小法廷）2012〈平成24〉年4月2日判決

（民集66巻6号2367頁）

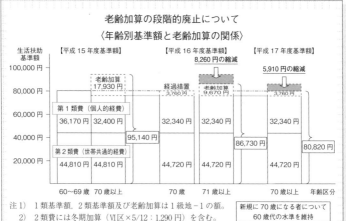

老齢加算の段階的廃止について

〈年齢別基準額と老齢加算の関係〉

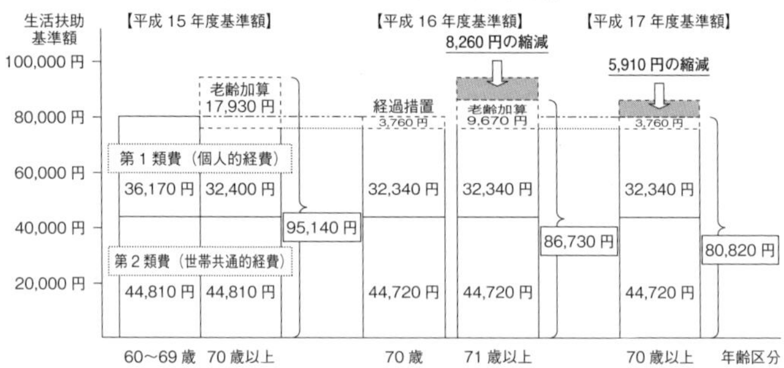

注1）1類基準額，2類基準額及び老齢加算は1級地－1の額。
　2）2類費には冬期加算（Ⅵ区×5/12：1,290円）を含む。

新規に70歳になる者について
60歳代の水準を維持

（厚生労働省資料より作図）

失業や病気，高齢などのために自分で十分な生活費を稼ぐことができなくなったとき，健康で文化的な生活を送るのに必要な金額との差額を国が支給するのが生活保護という制度だ。妊娠していたり，障害があるなどの特別な事情があるときは，その分増額されることになっている。しかし，長引いた不況や経済格差の拡大のために保護を受ける人は増えるばかり。財源に悩む国は引き締めにかかっているが，真に必要な保護を切り捨ててはいないか。この事件ではそれが問題になった。

☑ できごと

生活保護法により支給される金額は，基準生活費と加算とからなる。基準生活費は，食費，被服費などの個人単位の経費と光熱費および家具什器類の世帯単位の経費にあてられるものであり，これに妊産婦，老齢者，母子家庭，障害者などには一定額が加算されることになっていた（今回の事件が起きる前）。本件の原告となったＡさんが住んでいた北九州市の場合，単身世帯の基準生活費は月額７万2740円，２人世帯で10万8360円であり，老齢加算は月額１万7930円だった（当時）。

老齢加算は1960年に70歳以上の人を対象として，観劇，雑誌，通信費などの教養費，毛布や老眼鏡などの身回り品費，湯たんぽ，入浴料などの保健衛生費およびお茶，菓子などのし好品費にあてられるものとして支給が開始された。その後の社会の変化に応じて金額は改定されていったが，2003年に厚生労働省に設けられている社会保障審議会福祉部会の「生活保護制度の在り方に関する専門委員会」が行った検討の中で，調査によると年齢が高くなるにつれて消費額が少なくなっており老齢加算の前提が崩れているなどの指摘があり，委員会として老齢加算は廃止すべきとの意見を取りまとめた。厚生労働大臣は，これに基づいて老齢加算を廃止するとともに，これによって生活水準が急に低下することを避けるために３年間かけて段階的に減額することにして，2006年をもって廃止する旨の保護基準の改定を行ったのである。

この改定に基づき，Ａさんを担当する福祉事務所長が，老齢加算の廃止に伴って生活保護支給額を減額する決定を行ったため，これを不服とするＡさんがこの決定は生存権を保障する憲法25条１項および生活保護法56条等に反するとして，取消しを求める訴えを起こしたのである。

第一審の福岡地裁はAさんの訴えを斥けたが，第二審の福岡高裁がAさんの逆転勝訴としたため，国が上告した。

☑ 当事者の主張

1 Aさんの主張

老齢加算の減額，廃止は，原告らがかろうじて維持してきた「健康で文化的な最低限度の生活」という具体的生存権を侵害して，現実の生活条件を無視した著しく低い基準を設定するものであり，憲法25条1項および生活保護法に違反する。

2 国の主張

憲法25条は，国家が生活水準の確保向上に努めるべきことを国政上の任務として定めたのであって，個々の国民に具体的権利を付与したものではない。具体的な権利は，同条の趣旨を実現するために制定された法によって初めて与えられるものである。生活保護基準は憲法25条に沿うものでなければならないが，健康で文化的な生活なるものは，抽象的で相対的な概念であり，国民一般の所得水準・生活水準や社会経済情勢等の多数の不確定要素を総合的に考慮して初めて決し得るものであるから，その認定判断（保護基準の設定）は，厚生労働大臣の裁量に委ねられており，本件では裁量権の逸脱・濫用はなく，違法とされることはない。

☑ 考えてみよう

1　社会権とは

19 世紀が終わるまで，人権とは国家からの自由を意味した。とりわけ契約の自由が重要な権利であり，賃金や労働時間などの労働条件は労働者と雇い主との間の契約によって決定されるものとされていた。しかし，実際には限られた働き口を多くの労働者が奪い合っていたのであり，賃金も労働条件も雇い主のいうがままにならざるをえなかった。労働者には，実は選択の自由はなかったのだ。

本当の自由の実現のためには，それを支えるための生活条件を保障しなければならない。こうして国が国民の生活を保障する福祉国家という考え方が生まれ，これを憲法上の権利として実現したのが社会権と総称される一連の人権なのである。

このような福祉国家理念を初めて憲法で規定したのが，第 1 次世界大戦後のドイツが制定したワイマール憲法であった。その 15 条 1 項は，「経済生活の秩序は，すべての者に人間たるに価する生存を保障する目的を持つ正義の原則に適合しなければならない」と宣言したのである。

2　憲法 25 条の意味

日本国憲法は，社会権に属する権利として，生存権，教育を受ける権利，勤労権および労働基本権を保障しており，その代表とも言うべき憲法 25 条 1 項は，「すべて国民は，健康で文化的な最低限度の生活を営む権利を有する」と定める。ワイマール憲法との違いは，25 条は単なる理念の宣言や国の努力目標の設定にとどまらず，国民の「権利」を保障しているということだ。憲法 25 条を解釈するときには，このことに注意しなければならない。

3　誰が権利を保障するのか

しかし，社会権の１つである生存権の保障のあり方は，例えば表現の自由のような自由権と同じではない。自由権の場合のように国による妨害を排除すればすむのではなく，逆に，国による積極的な行動を要求しなければならない。最低生活の保障は，国による生活保護制度などの確立によってはじめて実現されるのだ。だから，憲法25条の意味は，第１に，政府や国会に対して，健康で文化的な最低限度の生活を保障する行政措置や立法を行うように要求することができるということになる。本件における国の主張のように，25条の意味はこれに尽きるという考え方もある（プログラム規定説）。だが，これだけでは生存権の保障が確保されるとはいえないだろう。同じ問題を抱える人の数が少なく，他の国民の理解を得られないために政治過程による保護が期待できない人々もあろう。また，政府や国会による対応が不適切であったり，不十分であったりすることも少なくない。このような場合には，やはり裁判所による保障が必要になる（法的権利説）。生存権が権利として保障されている真の意義もここにあるといえそうだ。

4　裁判所による保障

それでは，裁判所による生存権保障の特徴は何か。たしかに裁判所には財政を決定する権限はなく，適切な政策判断を行うのに必要な能力や資料収集手段も十分ではない。したがって，生存権を実現するにはどのような福祉制度を新たに確立すべきか，といった問題を扱うことはできない。これは政府や国会が判断すべき事柄だ。

しかし，例えば，憲法25条を具体化するものとして制定されたある法律による給付を申請したのに拒否された人や，ある法律が改正されたり廃止されたため最低生活が維持できなくなった人，ある法律に基づいて政府が決定した給付額が不十分だと思う人は，憲法25条に基づいて裁判所に救済を求めることができるのではないか。

これらに共通していることは，国会がいったん生存権を具体化する立法を行っているということだ。裁判所は，このような法律があるときにはそれを手がかりにして裁判を引き受け，その法律の内容が適切・十分かどうかを判断することができる。逆に言えば，そのような法律が存在しない白紙の状態では裁判は難しいということだが，すでにわが国には数多くの社会福祉関係の法律があるという現実を忘れてはならない。このような法律を専門に研究する社会保障法学という学問分野ができているほどだ。

ただ，裁判所が判断できるとしても，多かれ少なかれ財政や政策問題が関わってくることは避けられない。したがって，政府や国会による政策的，専門技術的判断をまったく無視することはできないだろう。結局のところ，生存権に関する違憲審査の問題は，どの程度政府や国会の判断（裁量という）を尊重すべきかという問題に尽きるといっても言い過ぎではない。

この点について最高裁は，「健康で文化的な最低限度の生活」の内容は「時々における文化の発達の程度，経済的・社会的条件，一般的な国民生活の状況等との相関関係において判断決定されるべきもの」であり，それを法律として具体化する場合には「国の財政事情を無視することができず，また，多方面にわたる複雑多様な，しかも高度の専門技術的な考察とそれに基づいた政策的判断を必要とする」から，「具体的にどのような立法措置を講ずるかの選択決定は，立法府の広い裁量にゆだねられて」いると考えるべきであり，それが「著しく合理性を欠き明らかに裁量の逸脱・濫用と見ざるをえないような場合」に限って違憲審査をすることができるとしている（堀木訴訟＝最高裁〔大法廷〕1982〈昭和57〉年7月7日判決，民集36

巻7号1235頁)。

しかし，生存権に関して一律に国会のきわめて広い裁量を認めることに対しては，学説からの批判が強い。とりわけ，生活保護法のように最低限度の生活そのものの保障が問題になる場合には，裁判所はよりていねいな審査を行うべきだろう。何が最低限度の生活水準であるかは，特定の時代の特定の社会においては，ある程度客観的に（つまり裁判所自身で）決定できるだろうし，なにより，最低限度の生活が維持できているかどうかは，被保護者の生活実態を見れば，特別の専門知識がなくても常識的に判断できるはずだというわけだ。

5　本件の意義と生活保護制度

本件で最高裁は，堀木訴訟の際の判決を引用して，憲法25条について一般的に国会の広い裁量を認めた。しかし，具体的な問題のあり方に応じて，裁判所の判断のあり方も変わってくるべきだという声も強い。例えば，上で述べたように，国民の最低生活保障に直結する問題と，それを上回る生活の安定を図る施策に関する問題とでは，違憲審査のあり方は同じでいいだろうか。24時間介護が必要な身体障害者に対するサービス支給量削減のような緊急度が高い問題はどうだろう。本件などもそうであるように，長く続いてきた給付の場合，受給者はその存在を前提とした生活を長く送ってきたのであり，それが続くと信頼してきたのであって，それを削減・廃止するには特に制約があるといえないだろうか。給付を削減・廃止する合理的理由，それによって当事者が受ける不利益の大きさなどについてていねいな審査が必要なのではないだろうか。

ともあれ，本件で問題となった生活保護は，とくに2008年のリーマン・ショック以降，受給者が増加し，2015年3月に217万人とピークに達した。受給者増加に対処するため2013年に生活保護法が改正され，不正受給対策と保護費抑制策が盛り込まれて2014年7月から実施されることになったが，その後，景気の持ち直しのなかで生活保護受給者数は連続して減少傾向を見せるようになった。2020年に新型コロナウイルス感染症の感染拡大が始まったが，受給者数の微減傾向は続いたものの，申請件数と受給世帯数は増加に転じた。その背景には，コロナ禍で職を失った健常者や高齢者などの単身世帯の受給増加という新しい事情があるようだ。「最後のセーフティネット」が真のセーフティネットとして機能しうるのか。生活保護制度をめぐるこれらの問題の中には裁判所の救済になじむものもあるが，広汎な国民の議論を踏まえた政府・国会による抜本的な制度改革こそが待たれていると言えよう。

裁判所はどのように判断したか

生活保護法8条2項によれば，保護基準は，要保護者（生活保護法による保護を必要とする者をいう）の年齢別，性別，世帯構成別，所在地域別その他保護の種類に応じて必要な事情を考慮した最低限度の生活の需要を満たすに十分なものであるのみならず，これを超えないものでなければならない。そうすると，仮に，老齢加算の一部または全部についてその支給の根拠となっていた高齢者の特別な需要が認められないというのであれば，老齢加算の減額または廃止をすべきことは，同項の規定に基づく要請であるということができる。もっとも，同項にいう最低限度の生活は，抽象的かつ相対的な概念であって，その時々における経済的・社会的条件，一般的な国民生活の状況等との相関関係において判断決定されるべきものであり，これを保護基準において具体化するに当たっては，国の財政事情を含めた多方面にわたる複雑多様な，しかも高度の専門技術的な考察とそれに基づいた政策的判断を必要とするものである（最高裁〔大法廷〕1982〈昭和57〉年7月7日判決，民集36巻7号

1235 頁参照）。したがって，保護基準中の老齢加算に係る部分を改定するに際し，最低限度の生活を維持する上で老齢であることに起因する特別な需要が存在するといえるか否かを判断するに当たっては，厚生労働大臣に上記のような専門技術的かつ政策的な見地からの裁量権が認められるものというべきである。

参考文献

本件最高裁判決の解説として，前田雅子・平成 24 年度重要判例解説（2013 年）38 頁がある。生存権についてのわかりやすい解説としては，中村睦男編著『はじめての憲法学〔第 4 版〕』（三省堂，2021 年）135 頁［岩本一郎］がお勧めである。本件でも引用されている堀木訴訟についての詳しい解説としては，野坂泰司『憲法基本判例を読み直す〔第 2 版〕』（有斐閣，2019 年）351 頁などがある。

事件24 参政権

外国にいても日本国民だ！

在外国民選挙権訴訟

最高裁（大法廷）2005〈平成17〉年9月14日判決

（民集59巻7号2087頁）

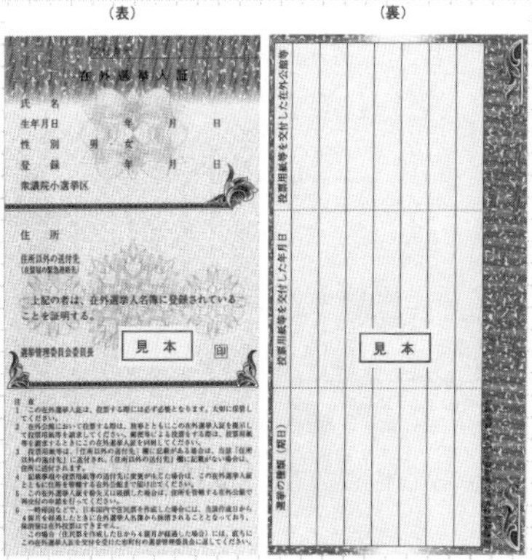

（在外選挙人証の見本。写真：在タイ日本国大使館ウェブサイトより）

グローバル化時代の今日，３か月以上国外に滞在する日本国民は約130万９千人（2022年10月１日現在の統計）に上るが，そうした在外国民も主権者である日本国民に違いない。長らく在外国民は国会議員の選挙に参加できなかったし，在外国民の選挙権制度ができた後も比例代表選挙でしか投票できなかった。他方，欧米諸国では，比較的早くから，在外国民に選挙権を行使する機会を与える制度が一般的であった。日本だけがどうしてできなかったのであろうか。外国にいても日本国民であるのだから，国民を代表する国会議員の選挙で投票できるのが当たり前ではないのか。

☑ できごと

1998（平成10）年に公職選挙法（以下，公選法と略す）が改正されるまで，国外にいる日本国民（在外国民）は国政選挙（衆議院議員の選挙，参議院議員の選挙）において投票することができなかった。当時，公選法は，選挙人名簿に登録されていない者は投票をすることができないと定めており（42条），選挙人名簿は市町村の住民基本台帳に基づき作成されることになっていた（21条1項）。そこで，在外国民は，住民基本台帳に記録されていないため，選挙人名簿に登録されず，投票できなかったのである。

1998年の公選法改正で，新たに在外選挙人名簿が調製されることとなり，在外選挙人名簿に登録されている者も投票できることとなった（42条1項）。しかし，同法の附則8項において，在外選挙制度の対象となる選挙は，当分の間，衆議院比例代表選出議員の選挙と参議院比例代表選出議員の選挙に限るとされたため，在外国民は，なお衆議院小選挙区選出議員の選挙と参議院選挙区選出議員の選挙で投票することができなかった。

そこで，Xさんたち53人の在外国民は，1996年10月に，国を相手取って，①当時の公選法が，Xさんたち在外国民に衆議院議員の選挙および参議院議員の選挙について選挙権の行使を認めていない点において，違法（違憲）であることの確認と，②直前の衆議院議員総選挙において投票をすることができなかったことに対する損害の賠償を求めて，訴訟を起こした。その後公選法が改正され上記のような在外選挙制度が創設されたので，Xさんたちは，③改正後の公選法が，在外国民に衆議院小選挙区選出議員の選挙および参議院選挙区選出議員の選挙における選挙権の行使を認めていない点において，違法（違憲）であることの確認と，④Xさんたちが衆議院小選挙区選出議員の選挙および参議院選挙区選出議員の選挙において選挙権を行使する権利を有することの確認の請求を追加した。

☑ 当事者の主張

1 Xさんたちの主張

① 1998年改正前の公選法が海外に居住しているというだけで選挙権の行使を全面的に認めないことについて，憲法上これを適法とさせる利益は存在しないのであるから，改正前の公選法は，憲法14条1項等に違反する。

② 政党に関する情報伝達が困難でない以上，候補者個人に関する情報伝達がきわめて困難であるとする理由はないのであるから，候補者個人に関する情報伝達の困難性を理由に，衆議院小選挙区選出議員および参議院選挙区選出議員の選挙権の行使を認めていないことを正当化できない。したがって，改正後の公選法も，憲法14条1項等に違反する。

③ 選挙権を行使し得ない在外国民の数は数十万人という莫大な人数に達しており，国会は，直ちにこのような違憲状態を解消すべき義務を負っていたにもかかわらず，40年あまりもの長期間にわたって問題解決を図らないままにしておいた。よって，国は，1996年10月の衆議院議員総選挙において投票できなかったために原告が被った精神的損害の賠償をすべきである。

2 国の反論

① Xさんたちは，一般的に，公選法が違法（違憲）であることなどの確認を求めているが，実際に選挙があって初めて選挙権の侵害が現実化するのであるから，これは，具体的な紛争を離れて，抽象

的，一般的に法律の憲法適合性についての判断を求めているものであり，裁判所の審理の対象となる「法律上の争訟」にあたらない。

② 憲法47条は投票の方法その他選挙に関する事項の具体的決定を原則として立法府である国会に委ねているのであるから，在外国民の選挙権の行使のための制度を設けるか否か，また，具体的にどのような制度とするかは，国会に広い裁量権が認められていると解すべきである。そして，在外国民の選挙権の行使については，それがわが国の領土外で行われるという特質により，選挙の公正を確保するため一定の措置を講ずる必要があるほか，選挙権の行使を認める選挙の範囲，選挙人名簿への登録手続，投票の方法，選挙犯罪の取扱い等の立法政策・立法技術上の問題点が多数存在する。したがって，在外国民の選挙権の行使のための制度が設けられていないことは，国会議員の立法行為が国家賠償法上違法となる，「立法の内容が憲法の一義的な文言に違反しているにもかかわらず国会があえて当該立法を行うというごとき，容易に想定し難いような例外的な場合」にはあたらない。

☑ 考えてみよう

1 選挙権の意義

憲法は，国民主権を宣言し（前文・1条），主権者である国民に公務員を選定・罷免する「国民固有の権利」を認め（15条1項），全国民の代表である国会の両議院の議員は選挙によって選ばれるものとし（43条1項），公務員の選挙は普通選挙でなければならず（15条3項），両議院の議員の選挙人の資格については，人種，信条，性別，社会的身分，門地，教育，財産または収入によって差別してはならないと定めている（44条ただし書）。このように憲法は国民の代表者である国会議員を選挙によって選定する権利を保障しているが，この国会議員の選挙権は，議会制民主主義の根幹をなす重要な権利である。こうした選挙権を行使することは，国民に平等に認められなければならない。

それゆえ，国民は，だれでも成人者であれば，選挙権の行使が認められるはずである。国会は，成人者である国民（有権者）全員が選挙権を行使できるように選挙制度を作らなければならない。選挙権についての制限（投票機会を保障しないことを含む）にはやむをえない事情が必要であろう。確かに，憲法47条は，「両議院の議員の選挙に関する事項は，法律でこれを定める」としているが，国会が選挙に関する事項を法律で定めるにあたっては，選挙権行使機会の平等な保障という憲法上の要請によって拘束されるのである。

この事件の最高裁判決も，「国民の選挙権又はその行使を制限すること〔国民の選挙権の行使を可能にするための所要の措置を執らないことを含む〕は原則として許されず，国民の選挙権又はその行使を制限するためには，そのような制限をすることがやむを得ないと認められる事由がなければならないというべきである」が，「そのような制限をすることなしには選挙の公正を確保しつつ選挙権の行使を認めることが事実上不能ないし著しく困難であると認められる場合でない限り，上記のやむを得ない事由があるとはいえず，このような事由なしに国民の選挙権の行使を制限することは，憲法15条1項及び3項，43条1項並びに44条ただし書に違反するといわざるを得ない」，としている。

2　在外国民の選挙権

公選法が制定されたのは1950年であるが，当時は敗戦から間がなく占領下であったのであるから，日本政府が在外国民を把握し，在外国民に選挙権を行使させるための制度を作ることは著しく困難であった。また，1951年にサンフランシスコ平和条約が締結されわが国が独立を回復した後も，在外選挙制度を実現することに制度的，技術的な困難があったのは確かである。たとえば，当初は在外公館の人的な体制は十分でなかったであろうし，短い選挙期間の間に立候補者の情報をどのように在外国民に知らせるのかという問題もあった。しかし，こうした在外選挙制度を創設することの制度的，技術的な困難は，次第に克服されていったはずであった。たとえば，FAXの登場で候補者情報の在外国民への伝達をめぐる困難は相当解消されていた。そして，ついに内閣は1984年4月に在外選挙制度を創設するための公選法改正法案を国会に提出した。選挙事務の運営に責任を負う内閣が在外選挙制度が可能になったと判断したわけである。しかし，この法案は1986年6月の衆議院解散で廃案になり，その後10年以上にわたり在外選挙制度を創設する公選法改正はなされなかった。これは，全くの国会の怠慢であったというほかないであろう。

この訴訟の提起後，公選法が改正され在外選挙制度が創設されたが，それは，「当分の間」，比例代表選挙についてのみ投票を認めるものであった。在外国民は，なお衆議院小選挙区選出議員の選挙と参議院選挙区選出議員の選挙で投票できなかったのである。このように在外国民が国政選挙で投票できる範囲を限定した理由について，法律案提案理由説明では，「国外に居住する選挙人への候補者個人に関する情報を伝達することは極めて困難であること等を勘案」したものとされていた。在外公館にとって選挙事務は初めてのことなので，まず問題の少ない比例代表選挙から始めようというのであった。

しかし，インターネット時代になっていた1998年当時に，在外国民に衆議院小選挙区選挙・参議院選挙区選挙の候補者に関する情報を周知することが困難であったのか，疑問である。仮に比例代表制の選挙についてのみで在外選挙制度を発足させることがやむを得なかったとしても，その後，インターネットがめざましく発達する一方で，何回も国政選挙が実施されたこと，2000 年に参議院議員の比例代表制選挙が非拘束名簿式（政党名か政党提出名簿上の候補者名のいずれかを記載して投票する方式）となり，在外国民も名簿に登載された者の氏名を書くという投票を行ってきていることからして，最高裁への上告（2000 年 11 月）後には，選挙の公正を確保しつつ在外国民に衆議院小選挙区選出議員の選挙と参議院選挙区選出議員の選挙について投票させることが事実上不可能ないし著しく困難であるとはいえなくなっていたのである。

3　法律上の争訟

国は，公選法が違憲であることや，X さんたちが衆議院小選挙区選出議員の選挙および参議院選挙区選出議員の選挙において選挙権を行使する権利を有することの確認を求める訴えは，司法権の対象である「法律上の争訟」にあたらないと主張した。

裁判所法３条１項は，「裁判所は，日本国憲法に特別の定のある場合を除いて一切の法律上の争訟を裁判」すると定めているが，この「法律上の争訟」の裁判が裁判所本来の仕事である。そして，一般に，特別な法律がない限り，「法律上の争訟」にしか司法権は及ばないとされている。「法律上の争訟」は，判例上，①当事者間の具体的な権利義務ないし法律関係の存否に関する紛争であって，かつ，②法令の適用により終局的に解決することができるものを意味するとされている。この訴訟において，国は，実際に選挙があって初めて選挙権の侵害が現実化するのであるから，今のところ X さんたちの選挙権は具体的に侵害されているとはいえず，「当事者間の具体的な権利義務……の存否に関する紛争」はなく，「法律上の争訟」は存在しない，というのであった。

しかし，改正後の公選法の下では，国政選挙が実施されれば，在外国民は衆議院小選挙区選出議員の選挙と参議院選挙区選出議員の選挙については投票できないと定められているのだから，選挙が実施されれば確実にそうなるのである。にもかかわらず選挙権は現実に侵害されていないといわれても，読者の皆さんは釈然としないであろう。最高裁判所も，衆議院小選挙区選出議員の選挙および参議院選挙区選出議員の選挙において選挙権を行使する権利を有することの確認の訴えが法律上の争訟にあたるのは当然である，としている。

4　立法不作為に対する国家賠償請求

国家賠償請求権を保障している憲法17条を受けて制定されている国家賠償法は，「国又は公共団体の公権力の行使に当る公務員が，その職務を行うについて，故意又は過失によって違法に他人に損害を加えたときは，国又は公共団体が，これを賠償する責に任ずる」と定めている（1条1項）。では，国会が憲法違反の法律を制定したり（立法行為），憲法上必要な法律を制定していない（立法不作為）場合に，国会議員という公務員が国民の憲法上の権利を侵害したとして，国に損害賠償を請求することができるのか。この点について，最高裁判所は，「国会議員の立法行為は，立法の内容が憲法の一義的な文言に違反しているにもかかわらず国会があえて当該立法を行うというごとき，容易に想定し難いような例外的な場合でない限り，国家賠償法1条1項の規定の適用上，違法の評価を受けない」，としていた（最高裁〔第1小法廷〕1985（昭和60）年11月21日判決，民集

39巻7号1512頁)。そこで，Xさんたちの訴訟において，国は，国会が在外国民に投票する機会を与えるよう公選法を改正していなかったという立法不作為は，そうした例外にあたらないと主張したのであった。

これに対して，この事件の最高裁判決は，①立法の内容または立法不作為が国民に憲法上保障されている権利を違法に侵害するものであることが明白な場合，②国民に憲法上保障されている権利行使の機会を確保するために所要の立法措置をとることが必要不可欠であり，それが明白であるにもかかわらず，国会が正当な理由なく長期にわたってこれを怠る場合には，例外的に立法行為（立法不作為を含む）が国家賠償法上違法となるとした。

裁判所はどのように判断したか

最高裁判所は，次のような憲法判断を示して，Xさんたちが，次回の衆議院議員の総選挙における小選挙区選出議員の選挙および参議院議員の通常選挙における選挙区選出議員の選挙において投票をすることができる地位にあることを確認すると共に，Xさんたちのうち1996年10月の衆議院議員総選挙において投票できなかった人たちに対し1人5000円の損害賠償をするよう命ずる判決を下した。なお，この違憲判決を受けて公選法が改正され，在外国民は全面的に国政選挙で選挙権を行使できるようになっている。

① 在外選挙制度創設を内容とする公選法改正法案が廃案となった後，国会が，10年以上の長きにわたって在外選挙制度を何ら創設しないまま放置し，選挙において在外国民が投票をすることを認めなかったことについて，やむを得ない事由があったとは到底いうことができない。そうすると，改正前の公選法が，1996年の衆議院議員総選挙当時，在外国民であったXらの投票を全く認めていなかったことは，憲法15条1項および3項，43条1項ならびに44

条ただし書に違反するものであったというべきである。
②　遅くとも，本判決言渡し後に初めて行われる衆議院議員の総選挙または参議院議員の通常選挙の時点においては，衆議院小選挙区選出議員の選挙および参議院選挙区選出議員の選挙について在外国民に投票することを認めないことについて，やむを得ない事由があるということはできず，公選法附則 8 項の規定のうち，在外選挙制度の対象となる選挙を当分の間両議院の比例代表選出議員の選挙に限定する部分は，憲法 15 条 1 項および 3 項，43 条 1 項ならびに 44 条ただし書に違反するものといわざるを得ない。

参考文献

本章の事件の最高裁判決につき，さしあたり野坂泰司・憲法判例百選Ⅱ（第 7 版）（2019 年）318 頁，米沢広一・平成 17 年度重要判例解説（2006 年）7 頁参照。本章の事件の経緯については，担当した弁護士による喜多村洋一「在外邦人選挙権制限違憲訴訟」奥平康弘ほか『憲法裁判の現場から考える』（成文堂，2011 年）117 頁が詳しい。

日本国憲法（1946年11月3日公布）抜粋

（前文）

……

日本国民は，恒久の平和を念願し，人間相互の関係を支配する崇高な理想を深く自覚するのであつて，平和を愛する諸国民の公正と信義に信頼して，われらの安全と生存を保持しようと決意した。われらは，平和を維持し，専制と隷従，圧迫と偏狭を地上から永遠に除去しようと努めてゐる国際社会において，名誉ある地位を占めたいと思ふ。われらは，全世界の国民が，ひとしく恐怖と欠乏から免かれ，平和のうちに生存する権利を有することを確認する。

……

第1章　天　　皇

第1条【天皇の地位・国民主権】 天皇は，日本国の象徴であり日本国民統合の象徴であつて，この地位は，主権の存する日本国民の総意に基く。

第2章　戦争の放棄

第9条【戦争の放棄，戦力及び交戦権の否認】 ①　日本国民は，正義と秩序を基調とする国際平和を誠実に希求し，国権の発動たる戦争と，武力による威嚇又は武力の行使は，国際紛争を解決する手段としては，永久にこれを放棄する。

②　前項の目的を達するため，陸海空軍その他の戦力は，これを保持しない。国の交戦権は，これを認めない。

第3章　国民の権利及び義務

第10条【国民の要件】 日本国民たる要件は，法律でこれを定める。

第11条【基本的人権の享有】 国民は，すべての基本的人権の享有を妨げられない。この憲法が国民に保障する基本的人権は，侵すことのできない永久の権利として，現在及び将来の国民に与へられる。

第12条【自由・権利の保持の責任とその濫用の禁止】 この憲法が国民に保障する自由及び権利は，国民の不断の努力によつて，これを保持しなければならない。又，国民は，これを濫用してはならないのであつて，常に公共の福祉のためにこれを利用する責任を負ふ。

第13条【個人の尊重・幸福追求権・公共の福祉】 すべて国民は，個人として尊重される。生命，自由及び幸福追求に対する国民の権利については，公共の福祉に反しない限り，立法その他の国政の上で，最大の尊重を必要とする。

第14条【法の下の平等，貴族の禁止，栄典】 ①　すべて国民は，法の下に平等であつて，人種，信条，性別，社会的身分又は門地により，政治的，経済的又は社会的関係において，差別されない。

②　華族その他の貴族の制度は，これを認めない。

③　栄誉，勲章その他の栄典の授与は，いかなる特権も伴はない。栄典の授与は，現にこれを有し，又は将来これを受ける者の一代に限り，その効力を有する。

第15条【公務員選定罷免権，公務員の本質，普通選挙の保障，秘密投票の保障】①　公務員を選定し，及びこれを罷免することは，国民固有の権利である。

②　すべて公務員は，全体の奉仕者であつて，一部の奉仕者ではない。

③　公務員の選挙については，成年者による普通選挙を保障する。

④　すべて選挙における投票の秘密は，これを侵してはならない。選挙人は，その選択に関し公的にも私的にも責任を問はれない。

第16条【請願権】何人も，損害の救済，公務員の罷免，法律，命令又は規則の制定，廃止又は改正その他の事項に関し，平穏に請願する権利を有し，何人も，かかる請願をしたためにいかなる差別待遇も受けない。

第17条【国及び公共団体の賠償責任】何人も，公務員の不法行為により，損害を受けたときは，法律の定めるところにより，国又は公共団体に，その賠償を求めることができる。

第18条【奴隷的拘束及び苦役からの自由】何人も，いかなる奴隷的拘束も受けない。又，犯罪に因る処罰の場合を除いては，その意に反する苦役に服させられない。

第19条【思想及び良心の自由】思想及び良心の自由は，これを侵してはならない。

第20条【信教の自由】①　信教の自由は，何人に対してもこれを保障する。いかなる宗教団体も，国から特権を受け，又は政治上の権力を行使してはならない。

②　何人も，宗教上の行為，祝典，儀式又は行事に参加することを強制されない。

③　国及びその機関は，宗教教育その他いかなる宗教的活動もしてはならない。

第21条【集会・結社・表現の自由，通信の秘密】①　集会，結社及び言論，出版その他一切の表現の自由は，これを保障する。

②　検閲は，これをしてはならない。通信の秘密は，これを侵してはならない。

第22条【居住・移転及び職業選択の自由，外国移住及び国籍離脱の自由】①　何人も，公共の福祉に反しない限り，居住，移転及び職業選択の自由を有する。

②　何人も，外国に移住し，又は国籍を離脱する自由を侵されない。

第23条【学問の自由】学問の自由は，これを保障する。

第24条【家族生活における個人の尊厳と両性の平等】①　婚姻は，両性の合意のみに基いて成立し，夫婦が同等の権利を有することを基本として，相互の協力により，維持されなければならない。

②　配偶者の選択，財産権，相続，住居の選定，離婚並びに婚姻及び家族に関するその他の事項に関しては，法律は，個人の尊厳と両性の本質的平等に立脚して，制定されなければならない。

第25条【生存権，国の社会的使命】①　すべて国民は，健康で文化的な最低限度の生活を営む権利を有する。

②　国は，すべての生活部面について，社会福祉，社会保障及び公衆衛生の向上及び増進に努めなければならない。

第26条【教育を受ける権利，教育の義務】①　すべて国民は，法律の定めるところにより，その能力に応じて，ひとしく教育を受ける権利を有する。

② すべて国民は，法律の定めるところにより，その保護する子女に普通教育を受けさせる義務を負ふ。義務教育は，これを無償とする。

第27条【勤労の権利及び義務，勤労条件の基準，児童酷使の禁止】① すべて国民は，勤労の権利を有し，義務を負ふ。

② 賃金，就業時間，休息その他の勤労条件に関する基準は，法律でこれを定める。

③ 児童は，これを酷使してはならない。

第28条【勤労者の団結権】勤労者の団結する権利及び団体交渉その他の団体行動をする権利は，これを保障する。

第29条【財産権】① 財産権は，これを侵してはならない。

② 財産権の内容は，公共の福祉に適合するやうに，法律でこれを定める。

③ 私有財産は，正当な補償の下に，これを公共のために用ひることができる。

第30条【納税の義務】国民は，法律の定めるところにより，納税の義務を負ふ。

第31条【法定の手続の保障】何人も，法律の定める手続によらなければ，その生命若しくは自由を奪はれ，又はその他の刑罰を科せられない。

第32条【裁判を受ける権利】何人も，裁判所において裁判を受ける権利を奪はれない。

第33条【逮捕の要件】何人も，現行犯として逮捕される場合を除いては，権限を有する司法官憲が発し，且つ理由となつてゐる犯罪を明示する令状によらなければ，逮捕されない。

第34条【抑留・拘禁の要件，不法拘禁に対する保障】何人も，理由を直ちに告げられ，且つ，直ちに弁護人に依頼する権利を与へられなければ，抑留又は拘禁されない。又，何人も，正当な理由がなければ，拘禁されず，要求があれば，その理由は，直ちに本人及びその弁護人の出席する公開の法廷で示されなければならない。

第35条【住居の不可侵】① 何人も，その住居，書類及び所持品について，侵入，捜索及び押収を受けることのない権利は，第33条の場合を除いては，正当な理由に基いて発せられ，且つ捜索する場所及び押収する物を明示する令状がなければ，侵されない。

② 捜索又は押収は，権限を有する司法官憲が発する各別の令状により，これを行ふ。

第36条【拷問及び残虐刑の禁止】公務員による拷問及び残虐な刑罰は，絶対にこれを禁ずる。

第37条【刑事被告人の権利】① すべて刑事事件においては，被告人は，公平な裁判所の迅速な公開裁判を受ける権利を有する。

② 刑事被告人は，すべての証人に対して審問する機会を充分に与へられ，又，公費で自己のために強制的手続により証人を求める権利を有する。

③ 刑事被告人は，いかなる場合にも，資格を有する弁護人を依頼することができる。被告人が自らこれを依頼することができないときは，国でこれを附する。

第38条【自己に不利益な供述，自白の証拠能力】① 何人も，自己に不利益な供述を強要されない。

② 強制，拷問若しくは脅迫による自白又は不当に長く抑留若しくは拘禁された後の自白は，これを証拠とすることができない。

③　何人も，自己に不利益な唯一の証拠が本人の自白である場合には，有罪とされ，又は刑罰を科せられない。

第 39 条【遡及処罰の禁止・一事不再理】 何人も，実行の時に適法であつた行為又は既に無罪とされた行為については，刑事上の責任を問はれない。又，同一の犯罪について，重ねて刑事上の責任を問はれない。

第 40 条【刑事補償】 何人も，抑留又は拘禁された後，無罪の裁判を受けたときは，法律の定めるところにより，国にその補償を求めることができる。

第 6 章　司　　法

第 81 条【法令審査権と最高裁判所】 最高裁判所は，一切の法律，命令，規則又は処分が憲法に適合するかしないかを決定する権限を有する終審裁判所である。

第 82 条【裁判の公開】 ①　裁判の対審及び判決は，公開法廷でこれを行ふ。

②　裁判所が，裁判官の全員一致で，公の秩序又は善良の風俗を害する虞があると決した場合には，対審は，公開しないでこれを行ふことができる。但し，政治犯罪，出版に関する犯罪又はこの憲法第 3 章で保障する国民の権利が問題となつてゐる事件の対審は，常にこれを公開しなければならない。

第 7 章　財　　政

第 89 条【公の財産の支出又は利用の制限】 公金その他の公の財産は，宗教上の組織若しくは団体の使用，便益若しくは維持のため，又は公の支配に属しない慈善，教育若しくは博愛の事業に対し，これを支出し，又はその利用に供してはならない。

第 8 章　地方自治

第 92 条【地方自治の基本原則】 地方公共団体の組織及び運営に関する事項は，地方自治の本旨に基いて，法律でこれを定める。

第 93 条【地方公共団体の機関，その直接選挙】 ①　地方公共団体には，法律の定めるところにより，その議事機関として議会を設置する。

②　地方公共団体の長，その議会の議員及び法律の定めるその他の吏員は，その地方公共団体の住民が，直接これを選挙する。

第 10 章　最高法規

第 97 条【基本的人権の本質】 この憲法が日本国民に保障する基本的人権は，人類の多年にわたる自由獲得の努力の成果であつて，これらの権利は，過去幾多の試錬に堪へ，現在及び将来の国民に対し，侵すことのできない永久の権利として信託されたものである。

第 98 条【最高法規，条約及び国際法規の遵守】 ①　この憲法は，国の最高法規であつて，その条規に反する法律，命令，詔勅及び国務に関するその他の行為の全部又は一部は，その効力を有しない。

②　日本国が締結した条約及び確立された国際法規は，これを誠実に遵守することを必要とする。

事項索引

［さ　行］

［た　行］

［な　行］

【有斐閣選書】

基本的人権の事件簿〔第7版〕

1997年3月10日　初　版第1刷発行
2002年10月30日　第2版第1刷発行
2007年4月15日　第3版第1刷発行
2011年3月25日　第4版第1刷発行
2015年3月30日　第5版第1刷発行
2019年9月30日　第6版第1刷発行
2024年1月30日　第7版第1刷発行

著　者　棟居快行・松井茂記・赤坂正浩
　　　　笹田栄司・常本照樹・市川正人

発行者　江草貞治

発行所　株式会社有斐閣
　　　　〒101-0051 東京都千代田区神田神保町2-17
　　　　https://www.yuhikaku.co.jp/

装　丁　与儀勝美

印　刷　大日本法令印刷株式会社

製　本　牧製本印刷株式会社

装丁印刷　株式会社亨有堂印刷所

落丁・乱丁本はお取替えいたします。定価はカバーに表示してあります。

Printed in Japan ISBN 978-4-641-28155-4